刀水歴史全書 100

スイスの歴史百話

森田安一

刀水書房

まえがき

スイスの歴史を語ることは難しい。ヨーロッパの中央に位置するスイスは、その国土面積は狭く、山がちで、九州より一回り小さい。その中に二六の独自の憲法をもつカントン（州）がひしめき合って、いわば自己主張をしている。つまり、きわめて強い地方自治が行われている。ヨーロッパの大国のように王朝史を語ることで、その国の歴史のおおよそがわかるというわけにはいかない。

その上周囲をヨーロッパの大国に囲まれているために、いつの時代でもそれらの国との関係を無視して歴史を語ることはできない。ケルト文化の中心であったが、ローマ帝国の支配下に入り、ローマ文化の洗礼を受ける。次いで、メロヴィング、カロリング両王国の版図内に入ったあと、神聖ローマ帝国の一部を構成する。スイスの歴史はこうした王国、帝国の歴史と切り離せない。

さらにスイスの特異なことは、神聖ローマ帝国の中で、農村や都市の住民が自分たちの「自由と自治」を守り、拡大するために相互に盟約を結んで複雑な同盟関係を形成していったことである。この同盟関係をもとに近代スイスも建設されるが、ドイツ語の正式国名は「スイス盟約者団」（Die Schweizerische Eidgenossenschaft）という中世以来の表記を使っている。詳細は本文に譲るが、このため本書は中世の話題が多くなっている。また、筆者の専門の関係で宗教改革時代の記述も多くなった。

宗教改革時代以降には、隣国の中ではとくにフランスとの関係が濃厚だった。フランスとの傭兵契約が長期にわたっていたからである。また、フランス革命の影響を強く受け、一七九八年に中央集権的なヘルヴェティア共和国が生まれたが、長続きはしなかった。中世以来の伝統である地域を重視する体制に反していたからである。一八四八年に成立した近代国家スイスもカントンが部分的に主権を持つミニ国家連合に近い連邦制国家になった。

本書では近代国家スイスの成立以降のテーマに触れるところが少ないが、それは本書の姉妹本と位置づけられる『スイス　歴史から現代へ』（刀水書房、一九九四年〔三補版〕）においてスイス現代の基本体制、重要な歴史事件に触れており、重複を避けたからである。ただ、最後の第一〇〇話においてスイス独自の直接民主制に触れ、現代の諸問題がどう扱われているかを考察した。

また、スイスは観光立国でもあるので、観光案内を込めた記述に気を配るとともに、できるだけ多くの写真・図版・地図で工夫をしたつもりである。なお、本文の行間に小さく書かれた（★数字）、たとえば★34は関連の記事が第三四話にあることを示している。

刀水歴史全書100

スイスの歴史百話

目次

スイスの歴史百話

第一章

ヘルヴェティアとはスイスのこと？

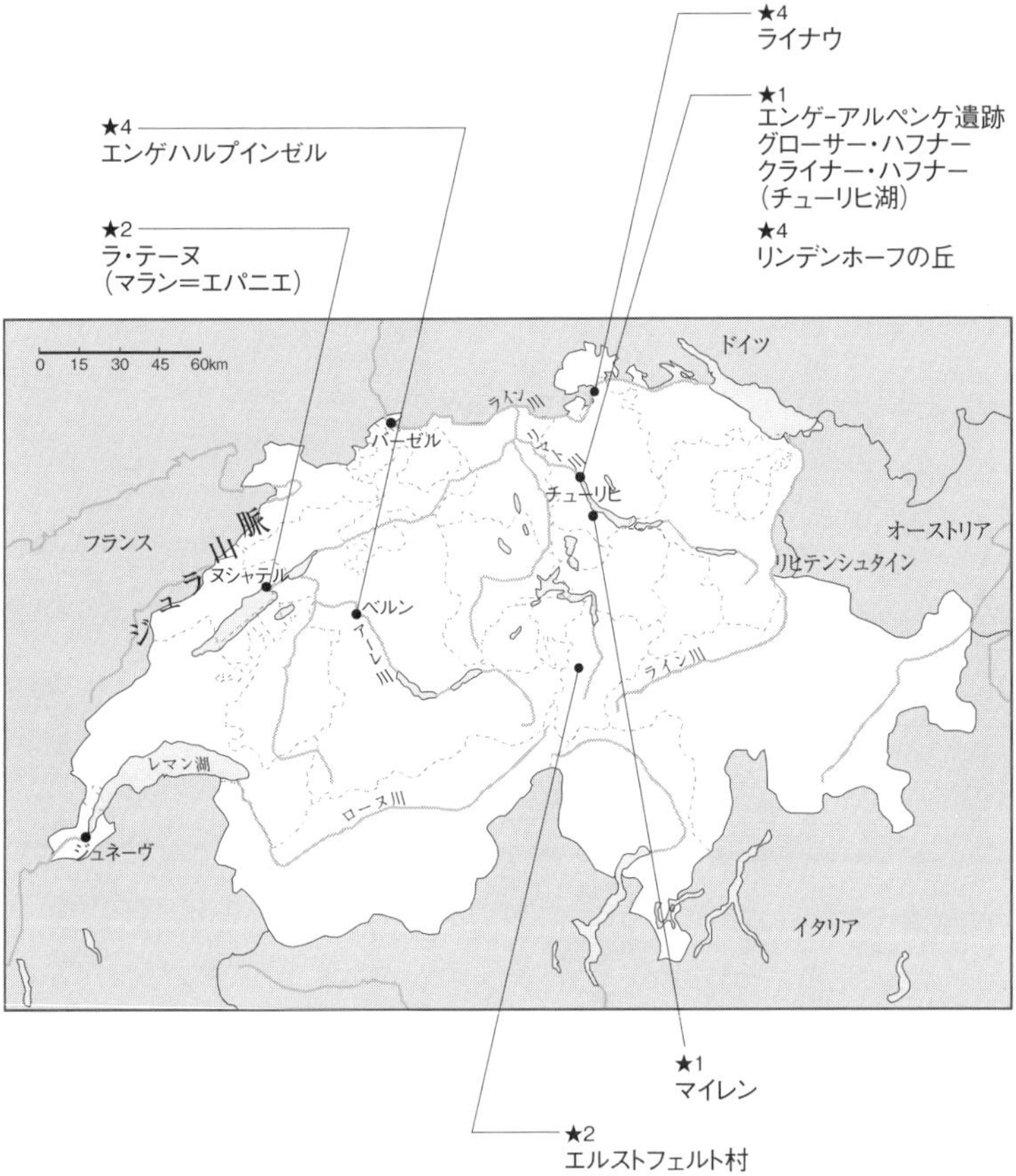
★4
ライナウ
★1
エンゲ-アルペンケ遺跡
グローサー・ハフナー
クライナー・ハフナー
(チューリヒ湖)
★4
リンデンホーフの丘
★4
エンゲハルプインゼル
★2
ラ・テーヌ
(マラン=エパニエ)
0 15 30 45 60km
ドイツ
ライン川
バーゼル
チューリヒ
フランス
ジュラ山脈
ヌシャテル
ベルン
アーレ川
オーストリア
リヒテンシュタイン
ライン川
レマン湖
ローヌ川
ジュネーヴ
イタリア
★1
マイレン
★2
エルストフェルト村

1 アルプス山脈周辺の先史時代

先史時代にアルプス周辺に住んでいた人々はどのような生活をしていたのだろうか。スイスの中心都市チューリヒで発見された杭上住居遺跡群から見る

ユネスコ世界遺産委員会は二〇一一年に「アルプス山脈周辺の先史時代の杭上住居群」を世界遺産リストに登録した。杭上住居とは湖中、湖岸や川辺の湿地帯に杭を打ち込み、それを基礎とした高床式の住居を言う。このような住居群遺跡はアルプス山脈周辺の六カ国にまたがり、多数存在するが、そのうち一一一件が世界遺産に指定された。その数の内訳は、スイス（五六件）、イタリア（一九件）、ドイツ（一八件）、フランス（一一件）、オーストリア（五件）、スロベニア（二件）となっていて、ここスイスに圧倒的に多いのだ。しかもチューリヒ市内には「グローサー・ハフナーとクライナー・ハフナーの遺跡」と「エンゲ－アルペンケ遺跡」の二件がある。

そもそも杭上住居群の遺跡発見の発端は一八五三〜五四年に起きた大干魃で湖の水位が下がり、湖底が一部露出したことにある。スイスの考古学者フェルディナント・ケラー（一八〇〇〜八一）がチューリヒ湖中央部東岸のマイレンで木杭、陶片、骨片などを発見し、杭上住居論を展開したことから研究が始まった。次いで、ケラーは一八六〇年代末頃に湖岸工事の折にチューリヒの町の中心部に近いところに杭上住居群遺跡を発見する。それがチューリヒ湖からリマト川が流れ出るあたりの湖底にある「グローサー・ハフナーとクライナー・ハフナーの遺跡」である。グローサー・ハフナーは観光客で賑わうビュルクリ広場から五〇〇メートルほど離れた湖底にある。紀元前四五〇〇年から紀元前四五〇年までの新石器時代から青銅器時代の住居地であった。クライナー・ハフナーはチューリヒ市内のトラム（路面電車）の重要な乗換駅があるベルビュー広場から一〇〇メートルほどの離れた湖底にある。

もう一件の「エンゲ＝アルペンケ遺跡」はゲネラール＝ギザン＝ケの湖岸通り沿いに近い水深二メートルの湖底にある。この遺跡は中央ヨーロッパにおける後期青銅器時代の遺跡の中でも、鉄器時代への移行を示す重要な遺跡として位置づけられている。これらの二件の遺跡は湖底や湖畔の地中に埋もれているため、残念ながら実際には見ることはできない。

ところが、二〇一〇年にオペラ劇場の地下駐車場建設中に大きな遺跡がさらに発見された。場所はクライナー・ハフナーの近く、ゼクスロイテン広場の地下で、一万六〇〇〇本の杭が見

復元された杭上住居群　ボーデン湖畔，ウンターウルディジンゲン

つかった。それらを年輪年代学で調査した結果、紀元前三二三四〜二七二七年のものであることが判明した。この間に六回にわたって集落が建設されたらしい。

このような杭上住居群遺跡は、新石器時代・青銅器時代の初期農耕社会におけるアルプス地域の人々の生活ぶりや自然環境との共存を示してくれる。水上に住居を建てた理由は、漁労ができたうえに外敵や猛獣から身を守りやすいというだけではなく、農業に適した土地の少ないアルプスでは、住居用の土地を

農耕や牧畜のために確保するためだったと考えられる。実際に農耕や牧畜に関わる出土品が多いのである。

Keller, Ferdinand, translated by John Edward Lee, *The Lake Dwellings of Switzerland and Other Parts of Europe*, 2d ed. London, 1878.

2 黄金の首飾り

ヨーロッパに広く居住していたケルト人は文字を知らなかったが、後期鉄器時代に高度なラ・テーヌ文化（前五世紀〜前一世紀）を産んだ。ラ・テーヌとはスイス西部にあるヌシャテル湖北岸に発見された遺跡名である

一九六二年に二人のイタリア人出稼ぎ労働者が中央スイスのエルストフェルト村で金の首飾りを偶然発見した。それはきわめて精巧な細工が施された純金製に近いものだった。検証の結果なんと紀元前四世紀のものだった。当時この地域にはケルト人が居住しており、彼らの文化レベルの高さを示す遺物であった。黄金製の首飾りや腕輪は当時の権威者の象徴であり、各地で発掘されている。

この発見より一〇〇年以上前に、スイス西部にあるヌシャテル湖北岸でも遺跡の発見があった。一八五七年長い旱魃が続いてヌシャテル湖の水位がおよそ二メートル下がったときに、湖底から木杭の列が発見されたのである。そこから多くの鉄製の刀剣も発見され、その後の調査では馬具、車輪、金細工なども多数発掘された。この遺跡が発掘された村マラン＝エパニエの湖岸地域名ラ・テーヌを取って、紀元前五世紀中頃から紀元前一世紀中頃までの後期鉄器時代におけるケルト文化のことをラ・テーヌ文化と名づけたのだ。

馬具、車輪、刀剣といった発掘遺物からケルト人は巧みに馬を操り、二輪の戦車を戦いに使用していたことが推測されている。実際にラ・テーヌ時代にケルト人はヨーロッパ各地に勢力を拡大し、紀元前三八七年にはローマを略奪・破壊してさえいる。ローマ人はケルト人をガリア人と呼んで、恐れていた。

また、遺跡からは多くの鋳貨も発見されている。西・中央ヨーロッパでは紀元前三世紀中頃から金貨が鋳造されるが、スイスでは紀元前二世紀前半頃からである。当初金貨は商業活動に使用されると言うより、外交上の贈り物、婚資、兵士の給与、墓の副葬品として使われていた。紀元前一五〇年頃より商業活動が盛んになり、金貨以外の鋳貨が作られるようになる。一八九〇年にチューリヒの工事現場から銅貨の融解された塊が発見されているが、重さが約七五キログラム、一万八千枚ほどの銅貨と推定されている。これもラ・テーヌ文化の一端である。

ところで、ケルト人とはこうした文化の担い手集団で、一体的な民族意識をもっていたわけでもなく、共通の政治組織ももっていなかった。それぞれ独立した部族に分かれていて、紀元前一世紀にはヘルウェティイ族、ラウラキ族、セークアニ族などがいた。

3 『ガリア戦記』が語るヘルウェティイ族

アルプス山脈とジュラ山脈に挟まれたスイスの中部平原に定住したヘルウェティイ族はどこから移住してきて、どのような運命をたどったのだろうか

ローマ帝政期の政治家・歴史家コルネリウス・タキトゥス（五五頃〜一二〇頃）は著書『ゲルマニア』のなかで、「ヘルウェティイ族はかつてシュヴァルツヴァルト、ライン川、マイン川に挟まれた地域に居住していた」と述べている。たしかにキンブリ・テウトニ戦争（紀元前一一三〜前一〇一）の折にヘルウェティイ族の一支族ティグリニ支族が南ドイツからこの戦争に参加同行している。キンブリ・テウトニ戦争とは、キンブリ族などがユトランド半島付近から南下し、繰り返しローマ軍と戦った戦争である。その中で紀元前一〇七年南フランスのアジャン付近の戦いでは、ティグリニ支族のディウィコが指揮し、ローマ軍を壊滅させた。ローマ軍を指揮していたコンスルのルキウス・カッシウス・ロンギヌスと副将ピソを戦死させ、兵士たちには軛《くびき》の下をくぐらせて、屈辱を与えた。しかし、その後ローマ軍は勢いを取り戻し、キンブリ軍は敗退し、故郷に戻るが、ヘルウ

シャルル・グレール画（1858年）
屈辱の象徴である軛の下をくぐらされるローマ人
ローザンヌ美術館蔵

エティイ族はスイスの中部平原に定住することになった。

　時代を下って、『ガリア戦記』の語るところによると、紀元前六一年にヘルウェティイ族のオルゲトリクスという富裕な有力貴族が他の貴族たちと語らって、山がちな狭いスイス領域を出て、地味豊かな広い土地を求めて、南西フランスのガロンヌ川中・下流域への移住を計画した。移住には二年間の準備期間が設けられたが、その間にオルゲトリクスはクーデタを起こし、ヘルウェティイ族の国王になろうと画策した。その陰謀が暴かれて裁判にかけられそうになるが、逃亡することに成功した。しかし、彼は死んでしまった。カエサルは、彼が自殺したにちがいないと、推測している。

　移住計画はオルゲトリクスが死んでも、前五八年三月に実施に移された。スイスから南西フランスに行くには南北二ルートがあった。ジュネーヴ付近でローヌ川を渡り、南西フランスへ向かうルートは、地形は比較的平坦であったが、この地域はすでにローマの属州になっていたので、通過するにはカエサルの同意が必要だった。カエサルはレマン湖からジュラ山脈に向けて延長およそ三〇キロメートル、高さ約五メートルの堡塁を築き、ヘルウェティイ族の通過を認めなかった。そこでヘルウェティイ族は、荷車一台しか通れないジュラ山脈の険しい山道を越える北ルートをとることになった。

　カエサルは、堡塁の守備を副将にゆだね、ヘルウェティイ族を追撃した。ヘルウェティイ族がソーヌ川

カール・ヤウスリン画（1885年？）
左手にカエサル，橋の上に年老いたディウィコが描かれている

（ラテン語ではアラル川）を渡ろうとしているところを攻撃した。渡りきれずに残っていたのは、ティグリニ支族だった。アジャンで戦死したローマの副将ピソはカエサルの義父の祖父だったので、仇討ちのようにカエサルはティグリニ支族の大半を殺戮した。恐れをなしたヘルウェティイ族はかつての英雄ディウィコに和平交渉に当たらせた。交渉は決裂し、カエサルはヘルウェティイ族をオータン近郊のビブラクテで撃滅した。生き残ったヘルウェティイ族の人々は故郷へ連れ戻された。カエサルは北から南下してくるゲルマン人の侵攻を防ぐ盾の役割をヘルウェティイ族に担わそうとしたのである。こうしてヘルウェティイ族はローマ帝国の支配下に入っていった。

カエサル、國原吉之助訳『ガリア戦記』講談社学術文庫、一九九四年。

4　ヘルウェティイ族の城砦都市（オピドゥウム）

ヘルウェティイ族の中心居住地はオピドゥウムと呼ばれ、小高い丘の上や複雑に蛇行する川を利用して作られた天然の城砦のような都市だった

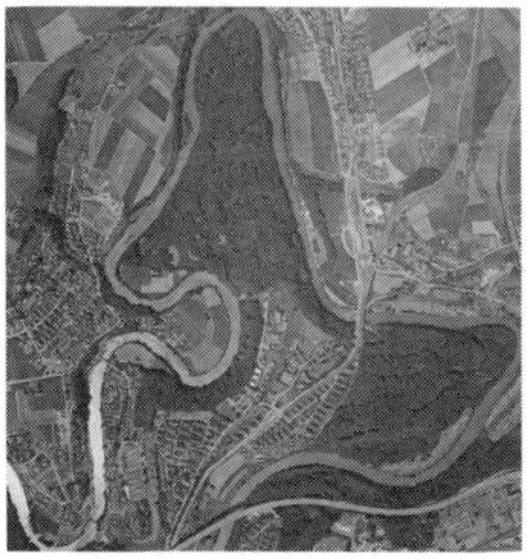
エンゲハルプインゼルの地図

ヘルウェティイ族の移住は周到に準備され、二年間の準備の間に、行軍に必要な駄馬や荷車を多数用意し、十分な穀物も蓄えた。そして、出立にあたり、居住していたオピドゥウムや村、家屋をすべて焼き払い、二度と故郷に戻らない決心をした。カエサルの『ガリア戦記』によると、焼かれたオピドゥウムは

一二、村は四〇〇だったという。ヘルウェティイ族は四支族からなり、オピドゥウムの数は支族数に三を、村は一〇〇を掛けた数値と推測されている。

現在スイス内で確認されているオピドゥウムには、チューリヒのリンデンホーフの丘、ライン川の蛇行部にあるライナウ、バーゼルのミュンスターの丘、アーレ川の複雑な蛇行部にあるエンゲハルプインゼルなどがある。エンゲハルプインゼルは首都ベルンの北、数キロのアーレ川によって袋状に囲まれた台地上にある。その台地はアーレ川より急斜面をなし、部分的には高さ五〇メートルに及ぶ部分もあり、川が完全な堀の役割を果たしている。急斜面でない部分には塁壁が築かれ、袋の口にあたる場所フェルゼナウには深い堀が掘られ、堅固な城砦を思わせる。台地の面積はおよそ一四〇ヘクタールもあるが、実際の居住面積はその十分の一程度で、南の城壁とフェルゼナウの間の地域だったらしい。そこには火災の跡が確認され、ヘルウェティイ族が移住する際に焼き払った跡と考えられている。

ローマの浴場跡　Wikimedia Commons

南の城壁から北へまっすぐ伸びる道路の中央部分には、後のローマ時代に建設された集落（ヴィクス）の跡があり、浴場、闘技場、円形劇場の遺跡が発掘されている。

Furger, Andres, *Die Helvetier. Kulturgeschichte eines Keltenvolkes.* Züirich 1984.

5　スイスの国別コード

最近ではインターネットの国別コードトップレベルドメインにも使用され、ＪＰが日本を表すことはよく知られるようになった。多くの国の場合には、ラテン文字から国名を推定できる。中国（China）はＣＨと思われそうだが、中国はＣＮであり、ＣＨはスイスの国別コードである。なぜそうなったのだろうか？

首都ベルンにあるスイス連邦議事堂正面にCURIA CONFOEDERATIONIS HELVETICAEというラテン語が大文字で刻み込まれている。Curiaは古代ローマでは「元老院議院」をさすが、一般に「議場」と考えてもよい。Confoederationis は Confoederatio の所有格で「連合」を意味し、Helveticae は Helveticus の変化形で、「ヘルウェティィイ族の」という形容詞である。したがって、Curia Confoederationis Helveticae は直訳すれば、「ヘルウェティィイ族連合の議場」ということになる。

なぜ、連邦議事堂に紀元前後にスイス地域に居住していたケルト部族の名前が刻み込まれているのだろうか。議事堂だけではなく、スイスのコインや切手にはケルト部族の居住地名のヘルウェティア Helvetia が採用されている。切手と1ラッペン（現在は通用していない）、1／2フラン（50ラッペン）、1フラン、2フランの硬貨には Helvetia と刻印され、5ラッペン、10ラッペン、20ラッペン、5フランの硬貨にはConfoederatio Helvetica と刻印されている。つまり、ＣＨは Confoederatio Helvetica の頭文字をとり、スイスの

1976年発行の旧20スイスフラン紙幣

国別コードとなっているのである。

余談だが、スイスの名産チョコレート Chocolate、チーズ Cheese、それにスキー観光のシンボルであるチェアーリフト Chairlift の頭文字だとからかう人もいる。

スイス連邦憲法は第四条で「国語は、ドイツ語、フランス語、イタリア語、ロマンシュ語である」と規定している。それぞれスイスを表す言葉は、シュヴァイツ Schweiz、スウィス Suisse、スヴィツェラ Svizzera、スヴィッツラ Svizra である。この四つの言語すべてで国名が書ける場合、たとえば紙幣の場合には四カ国語で表記している。紙幣の片面にドイツ語とロマンシュ語、もう一方の面にフランス語とイタリア語でスイス国立銀行名と額面が記されている。しかし、スペースのない切手やコインには四カ国語をすべて書き入れられないので、ラテン語名のヘルウェティア Helvetia を記入しているのである。どの言語にも直接関係ない言葉で、国名を表記して国内の言語紛争が起きないように工夫されているわけである。

6 「スイス」という国名はいつ頃日本で定着したのか

スイスは四カ国語を国語と定めていて、それぞれが独自に国名を名乗っているが、日本ではスイスという国名表記をいつ頃から一般的に使用するようになったのだろうか。その遍歴をたどってみよう

日本がスイスと公式の外交関係を結んだ年は、一八六四年二月（文久三年一二月）である。江戸幕府が日米和親条約を締結してからちょうど一〇年後のことで、スイスは幕府が和親通商条約を結んだ国としては八番目になる。海軍を持たない山国の小国としては素早い動きであった。幕府とスイス使節との交渉文書をみると、さまざまな名称がスイスに対して用いられている。

一八五九年に幕府に提出されたスイス使節の信任状では、スイスは「共和州瑞典」と翻訳され、スウェーデンと間違われていたらしい。その後は瑞西國のほか、交渉が進展する頃には瑞西合衆國、瑞西会盟國と書かれている。瑞西がどのように発音されていたかは定かではない。ただし、ときどきカタカナ表記も使用されている。スエッチェルラント、あるいはスエツユラント、スウヰツルなどが見られる。オランダ語の発音に基づくものであろう。ちなみに、六五年の条約批准書では、瑞西國と漢字だけになっている。

外交文書ではなく、一般書の場合はどうだろうか。スイスの政治制度について日本で最初に触れた加藤弘之は『鄰艸《となりぐさ》』を一八六一（文久元）年に書くが、そこでは瑞士國を「ズウイツル」と仮名をふっている。

しかし、七年後に書いた『立憲政体論』では、本文中に「スイッツル」と書いている。福澤諭吉は一八六七（慶応三）年に『条約十一国記』を書き、その時までに日本と修好条約を結んだ一一カ国を簡単に紹介している。そこではスイスの見出しに瑞西と書き、「すゐちつる」と仮名をふっている。そのうえで、「一名瑞士又「スヰス」又「スヰチツルランド」」と別名を補っている。ただし、福澤は一八六九（明治二）年に書いた『世界國盡』では、瑞西という漢字に「すゐちつる」と仮名をふっている。

徳川昭武は将軍（徳川慶喜）の名代としてパリ万国博覧会（一八六七年）に出席したが、その随員としてヨーロッパ各国を訪問した渋澤栄一は、『航西日記』一八七一（明治四）年のなかで瑞西に「スイツル」とルビをふっている。一方、岩倉使節団に随行した久米邦武は『特命全権大使　米欧回覧実記』一八七八（明治一一）年のなかで「瑞士國、英佛ニテハ「スイツルランド」ト云、独逸ニテハ「シワイツ」ト云」とやや怪しい記述をしているが、本文中では瑞士という漢字に「スイス」とルビをふっている。

ただし「スイス」という表記はこの頃はまだ例外的である。一八七二（明治五）年に文部省によって教科書として指示された西村茂樹の『校正・萬國史略』にスイス独立の記述があるが、そこでは瑞士という漢字を使い、それに「スウヰス」と仮名をふっている。

明治一〇年代に、スイスの伝説的英雄ウィリアム・テルを扱ったシラーの戯曲が翻訳・刊行されている。一八八〇（明治一三）年に斎藤鉄太郎が『瑞正独立自由の弓弦』と題してその一部を訳出しているが、スイスは瑞正と漢字で書かれ、「すいつる」と仮名をふっている。その二年後、山田郁治が『哲爾《テル》自由譚』として戯曲の前半部分だけを翻訳したが、そこでもスイスは瑞正と漢字で書かれ、ふりがなは「すういつる」となっている。スイスの表記は幕末から明治にかけては漢字もカタカナもさまざまである。

明治中期以降のスイスに関する代表的著書である安部磯雄『地上之理想國　瑞西』一九〇四（明治三七）

年では「すいつる」となっている。日本の宗教学の確立者である姉崎正治は、ヨーロッパ旅行記である『花さき日記』で、「白由国スイス」とカタカナ表記だけを用いている。

大正時代に入って、かなり詳しいスイス紀行文を書いた鹿子木員信《かのこぎかずのぶ》は、『アルペン行』一九一四（大正三）年で基本的にはスイスを瑞西と漢字で表記しているが、時折「スヰッツル」とも書いている。日本にスイス・アルプスを本格的に紹介した辻村伊助は、その著書『スウィス日記』一九二二（大正一一）年では漢字を用いず、もっぱら「スウィス」と書いている。

昭和時代では、国際連盟の事務次長としてジュネーヴで活躍した新渡戸稲造が、『東西相触れて』一九二八（昭和三）年のなかで「スヰス」という表記を使っている。『アルプスの娘（ハイヂ）』を一九三四（昭和九）年に岩波文庫で刊行した野上弥生子は「スウィス」を用いている。宝塚少女歌劇団は一九四〇（昭和一五）年にオペレッタと称して「アルプスの山の娘」を公演するが、その脚本には「スヰス」という表記が出てくる。ところが、一九四一年発行の少女雑誌に「スヰッツル」という言葉が見いだせる。それは崎川幾の翻訳『アルプスのハイヂ』を掲載した『少女画報』である。

戦後に「スイス」は定着してゆくが、それでも一九四七～四八年に刊行されたハイヂの著者ヨハンナ・シュピーリの三巻本の翻訳は『スウィス童話集』となっている。また、連合国軍最高司令官ダグラス・マッカーサーの「日本は東洋のスイスたれ」という発言を利用して国会で「平和主義、戦争放棄宣言」を巡る論議のなかで、「スイッツル」という言葉が飛び出している。それは一九四九（昭和二四）年四月一五日の参議院予算委員会において社会党の帆足計《ほあしけい》が「マッカーサー元帥は、日本が太平洋のスイッツルであることを望むと言われた」と発言しているのである。ところが、翌日の衆議院本会議の場で中曽根康弘が「日本國民は、最近のマッカーサー声明中に、日本をスイスのごとき中立國にいたしたいとの文字を共感をもって読んでおる」と発言している。帆足の「スイッツル」発言は例外とみるべきで、戦後、小学校の教科書、新聞は「スイス」で統一されたと言えるのである。

第二章

スイスの道は
ローマに通ず

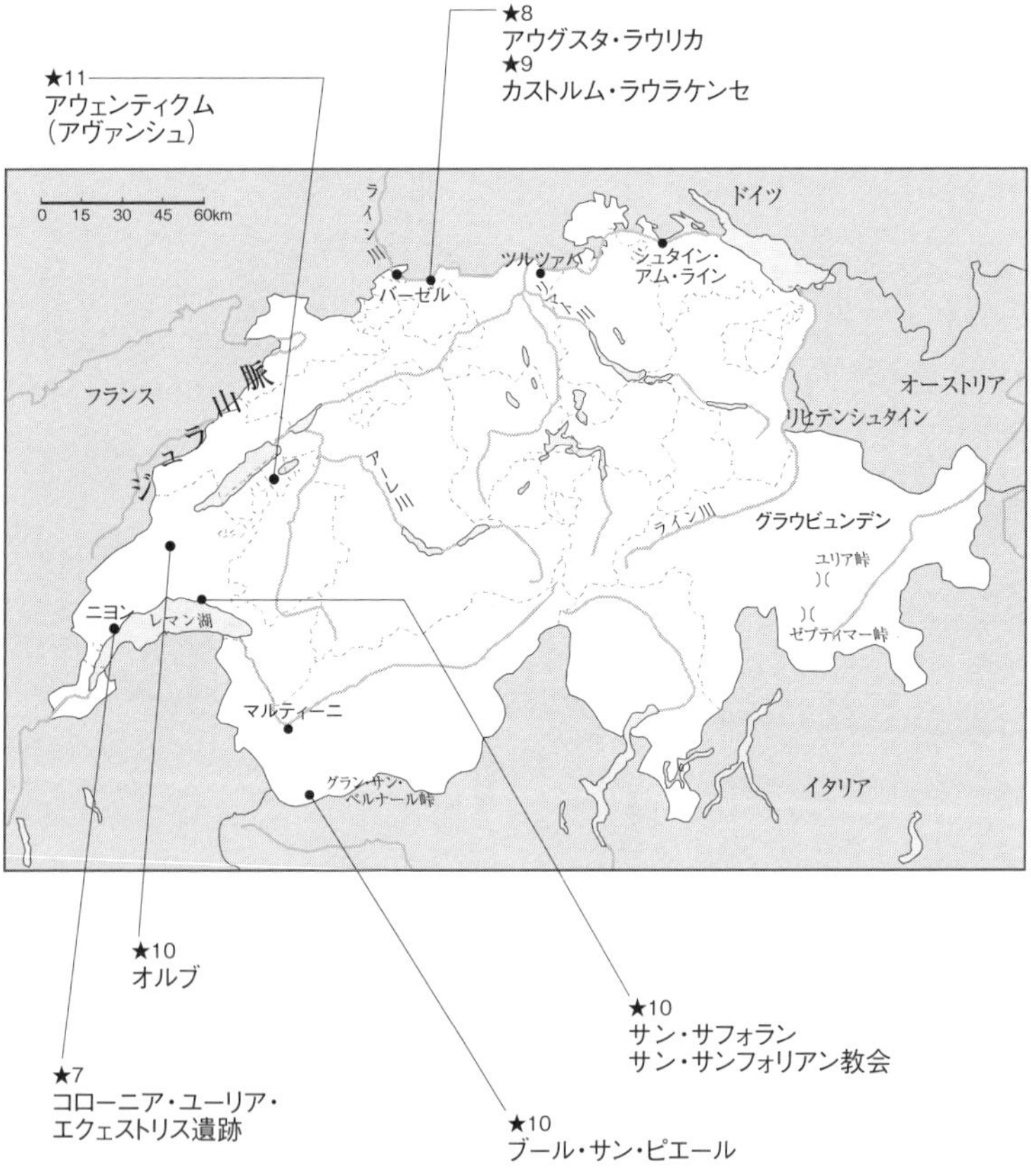
★8
アウグスタ・ラウリカ
★9
カストルム・ラウラケンセ
★11
アウェンティクム
（アヴァンシュ）
0 15 30 45 60km
ライン川
ドイツ
ツルツァハ
シュタイン・
アム・ライン
バーゼル
フランス
ジュラ山脈
オーストリア
リヒテンシュタイン
アーレ川
ライン川
グラウビュンデン
ユリア峠
ゼプティマー峠
ニヨン
レマン湖
マルティーニ
グラン・サン・
ベルナール峠
イタリア
★10
オルブ
★10
サン・サフォラン
サン・サンフォリアン教会
★7
コローニア・ユーリア・
エクェストリス遺跡
★10
ブール・サン・ピエール

7　ニヨン（コローニア・ユーリア・エクェストリス）

ニヨンは欧州サッカー連盟ＵＥＦＡの本部が置かれていることで国際的に有名だが、カエサルがスイスの地に建設した植民都市としても観光の地になっている

カエサルはヘルウェティイ族を屈服させた後、スイスの地に二つのローマ都市の建設に取りかかる。一つはレマン湖西北岸、現在のニヨンに建設された。ニヨンはジュネーヴから普通列車で一五分ほどのところにあり、レマン湖とジュラ山脈に挟まれ、スイス中央平原の南端に位置する。カエサルがガリアのプロコンスル（前執政官、属州総督）についた頃は、この地はヘルウェティイ族の勢力圏の南はずれであった。

ニヨンは前面にレマン湖、両サイドにアッス川とコシー川に抉られた峡谷がある小高い丘の上にある。湖面からの高さがおよそ三〇メートルで、防御に適した場所で、新石器時代から人々が居住していたと思われる。また、ここにはケルト語で「新しい城砦」を意味すると呼ばれたオピドゥウムがあったらしいが、考古学的な遺物は現在のところ発見されていない。カエサルは紀元前四五年頃にこの地に「カエサルの騎兵植民地」（コローニア・ユーリア・エクェストリス）と称する都市を造らせた。その名が示すように、カエサルに従って従軍した騎兵たちが退役し、その功績によりローマ市民権を付与されて、居住した守りの拠点であった。

ニヨンの町は当時のローマ都市の中心部に位置するが、発掘は困難でローマ都市の全貌は見られない。発掘されたモザイク、陶磁器、植物の死と復活を表象した神アッティスやその他の神々の塑像が町のロー

女神アルテミスのモザイク　ローマ博物館（ニヨン）提供

マ博物館に展示されている。一九三二年に発掘されたモザイク（上図）はフォーラムの北柱廊を飾っていたものである。神々と海の怪獣が描かれているが、図の左の弓をもつ神が狩猟の女神アルテミスである。

ニヨンのローマ遺跡の象徴はマロニエ広場に建てられている三本の円柱である。それらはコローニア・ユーリア・エクエストリスの中心広場（都市の住民の集会場所で、政治集会、宗教儀式、商業活動、その他の社会活動が行われるオープン・スペースであるフォーラム）に巡らされていた列柱廊の一部である。最初からマロニエ広場に建てられていたのではなく、一九五八年にコローニア・ユーリア・エクエストリス建設二〇〇〇年を記念するために、レマン湖を見渡せるテラスになっているマロニエ広場に移築されたものである。三本の円柱のうち一本は折れて半分ほどしかないが、他の二本は高さ七メートルもあり、その上に高さ九〇センチメールほどのコリント様式の柱頭が載せられている。

ニヨンは二世紀に最盛期を迎え、スイス地域の交通の要になった。ゲルマン人の侵入により衰退するが、中世以降も人々が居住し続けたため、ローマ都市の遺跡は少ない。カエサルが建設を考えた二つ目のローマ都市アウグスタ・ラウリカの遺跡に比べると、観光地としては見劣りがする。

Drack, Walter und Rudolf Fellmann, *Die Römer in der Schweiz.* Stuttgart 1988.

マロニエ広場の三本の円柱
Wikimedia Commons

8　アウグスタ・ラウリカ

初代ローマ皇帝アウグストゥス（在位紀元前二七～紀元後一四）の名に由来するローマ植民都市アウグスタ・ラウリカでは、スイス的風景に溶け込んだ遺跡群を堪能できる

アウグスタ・ラウリカはバーゼルの町から東へ一〇キロメートルほど離れたライン川に近接した場所にある。バーゼルからＳＢＢ（スイス連邦鉄道）に乗って、急行なら一〇分、各駅停車では一二分のところにカイザーアウクストという駅がある。その駅舎を背にして南の方向に一二分ほど歩くとアウグスタ・ラウリカのローマ博物館にたどり着く。

カエサルはライン川の北から侵攻してくるゲルマン人に対する防御施設として植民都市の建設を考えたらしい。バーゼル周辺に居住していたケルト部族ラウラキの名を冠して、当初はコローニア・ラウリカと呼ばれたが、カエサル自身はこの都市を自ら建設することはできなかった。前四四年春にローマで暗殺されて果てたからである。代わってガリア総督になっていたルキウス・ムナティウス・プランクス（紀元前八七〜紀元前一五）の手で前四四年夏に完成された。彼を讃える銅像は現在バーゼル市庁舎の中庭に建立されている。

プランクスは紀元前四二年には執政官（コンスル）に就任し、ローマ本国で政治の中心についた。オクタヴィアヌスにアウグストゥス（尊厳ある者の意）を名乗ることを進めたのはプランクスだと言われている。皇帝アウグストゥスが全スイスを支配下に置くと、コローニア・ラウリカは彼の名を入れ、アウグスタ・ラウリカと呼ばれるようになった。一世紀中頃よりローマ都市にふさわしい多数の石造りの公共施設が建築された。しかし、二五〇年頃にアウグスタ・ラウリカは大地震に襲われ、また、ゲルマンのアラマンニ族の襲撃を受け衰退していった。現在の地名アウクストの初出は一二八八年だが、このローマ都市の上に中世都市が造られることはなかった。そのために広大なローマ都市の公共建築物の配置を遺跡から体験できる。

簡単な図（次頁参照）を見てみよう。アウグスタ・ラウリカは北にライン川、そこへ流入する支流エアゴルツ川、さらにエアゴルツ川に流入するフィーレンバハ川に挟まれた起伏に富んだ地域である。劇場の遺跡は圧巻である。紀元後七〇年頃に建設されたものだが、アルプスの北にあるローマ都市の中では一番良く保存されている。ローマ帝国最盛期には座席の列は三層になっていて、一万人以上の観客を収容できたと思われる。

この劇場に正対する形で神殿があった。現在は礎石だけが残されているが、シェーンビュールという小高い丘の上にある。劇場の舞台からまっすぐ進んで、神殿に上がれるようになっている。シェーンビュールの丘からの眺めはよい。劇場の背後にはジュピター神殿とフォーラムがあった。神殿のあったところには、かつての神殿の規模がわかるように、神殿の正面の骨格だけが再現されている。フォーラムは市民の商業活動の中心だっただけでなく、政治討論会やその他の社会活動が行われるオープン・スペースがあり、市民生活の上で最も重要な都市施設となっていった。それに隣接して、長方形の建物であるバシリカがあり、司法・行政の場となっていた。バシリカに接合する形で半円形のクリアが作られていた。クリアとは都市参事会員が集まって政治協議を行ういわば議事堂である。遺跡としてはクリアの基礎部分だけが再現されている。

　クリアの遺跡に近いところに浴場の遺跡がある。その遺跡の背後には大きなパネルがあって、古代市民の入浴の様子が描かれていて、面白い。浴場の地下一一メートルのところに井戸部屋がある。外部とはトンネルで繋がっていて、入浴客に医療飲料として供された可能性がある。劇場の脇には大きな竈を備えたタベルナ（飲食店）があり、劇場へ来た客向けのいわばレストランだったのであろう。

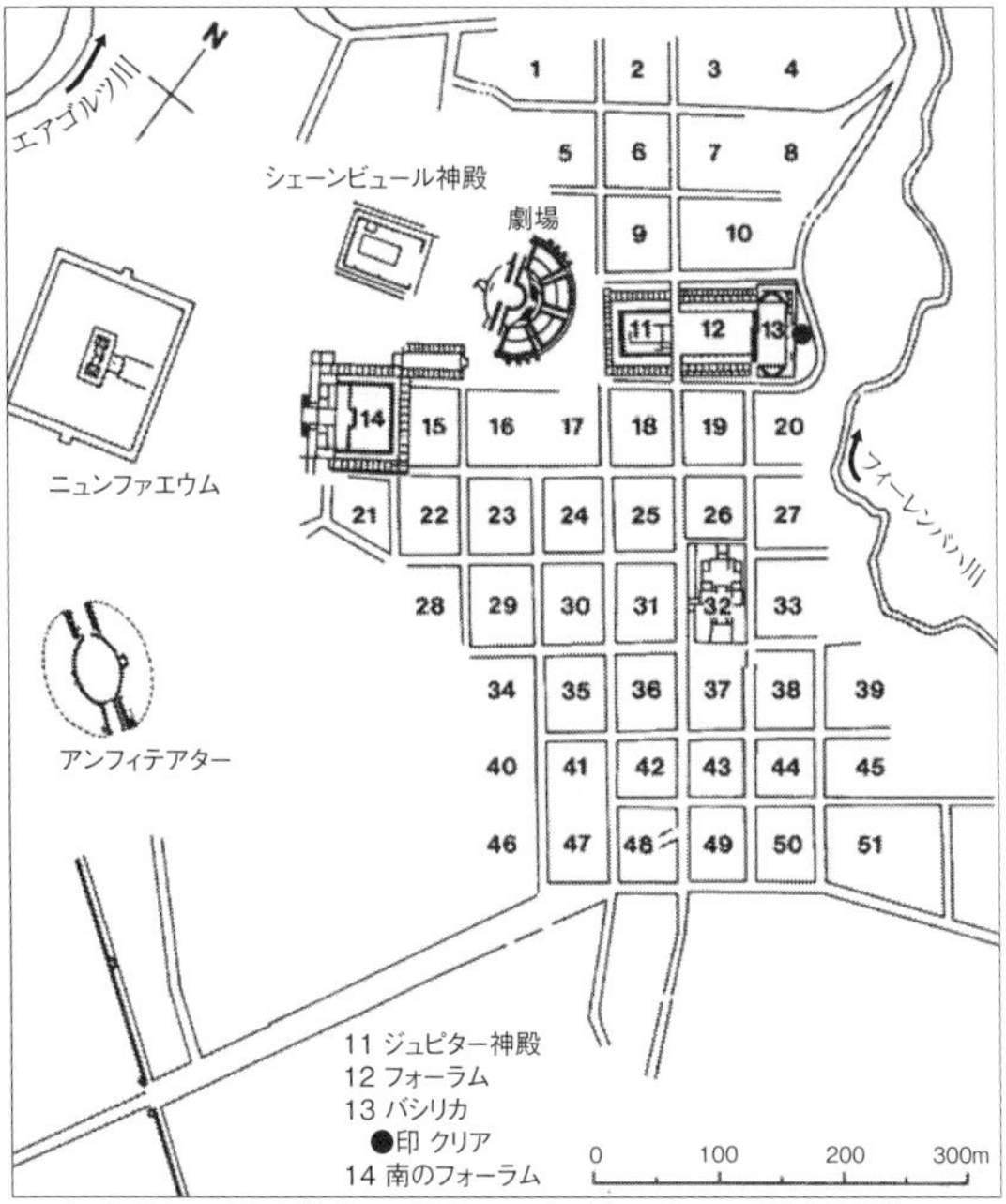

Drack, Walter und Rudolf Fellmann, Die Römer in der Schweiz. Suttgart 1988 より作成

劇場　Wikimedia Commons

劇場などがある遺跡群から南西に少し離れた牧草地にニュンファエウムと思われる遺跡の一部が、時には牧牛に囲まれているのが見られる。ニュンファエウムとは噴水や水汲場に建てられた、装飾を施された建造物のことである。ニュンファエウムの南にはアンフィテアター（剣闘士闘技場）の遺跡がある。四八×三三メートルの楕円形をなし、一万三〇〇〇人の観衆を収容できたであろうといわれている。

その他水道、下水、工房などが広く散らばって見られるが、あまりに広いので、車がなければ一日ですべてを見ることは不可能である。スイスにもこのような広大なローマ都市を見ることができることを不思議に思う人が多いであろう。

南川高志「アウグスタ・ラウリカ―スイスのローマ都市の衰退について―」『西洋古代史研究』第一四号、二〇一四年。
Lavr-Belart, Rudolf, *Führer durch Augusta Raurica*. Basel 1978.

9 カストルム・ラウラケンセ

繁栄を誇ったアウグスタ・ラウリカが衰退し、放棄されるとライン川辺に北方ゲルマンからの脅威を防ぐために、四世紀初めにカストルム・ラウラケンセと呼ばれた要塞都市が建設される

カストルム・ラウラケンセ出土の銀器

SBB（スイス連邦鉄道）のカイザーアウクスト駅を降りて、地下道を通って駅舎とは反対側に出ると、カストルム・ラウラケンセの城壁跡にすぐにたどり着ける。

駅を挟む形で、ローマの遺跡が二つある理由は何だろうか。二五〇年代末に北方の「万里の長城」とも言われる防御施設（リーメス）が崩壊し、ゲルマンのアラマンニ族がライン川を渡ってスイスに侵入し始める。アウグスタ・ラウリカも繰り返し襲撃された。繁栄を誇った都市も衰退し、四世紀に入ると都市は事実上放棄され、北のライン川に沿う場所に新しく要塞が建設された。それがカストルム・ラウラケンセである。この要塞建設にあたっては、アウグスタ・ラウリカの公共建設物の石材が再利用された。要塞はややゆがんだ長方形で、北側のライン川に沿った長辺は二八四メートル、南側の長辺は二六一メートル、幅は約一六〇メートルである。周囲を囲む城壁は驚くほど厚く、およそ二〇メートル置き毎に塔も建設されていた。

城壁内には十字に道が走り、比較的大きな浴場（約五〇×四三メートル）もあり、多数の銀器が出土している。単に守りの要塞ではなく、城壁内では一般の市民生活も営まれていた。ライン川側の城壁に接して教会が建てられていた。四世紀中頃にはキリスト教徒の存在は知られ、司教も選出されていたと思われ

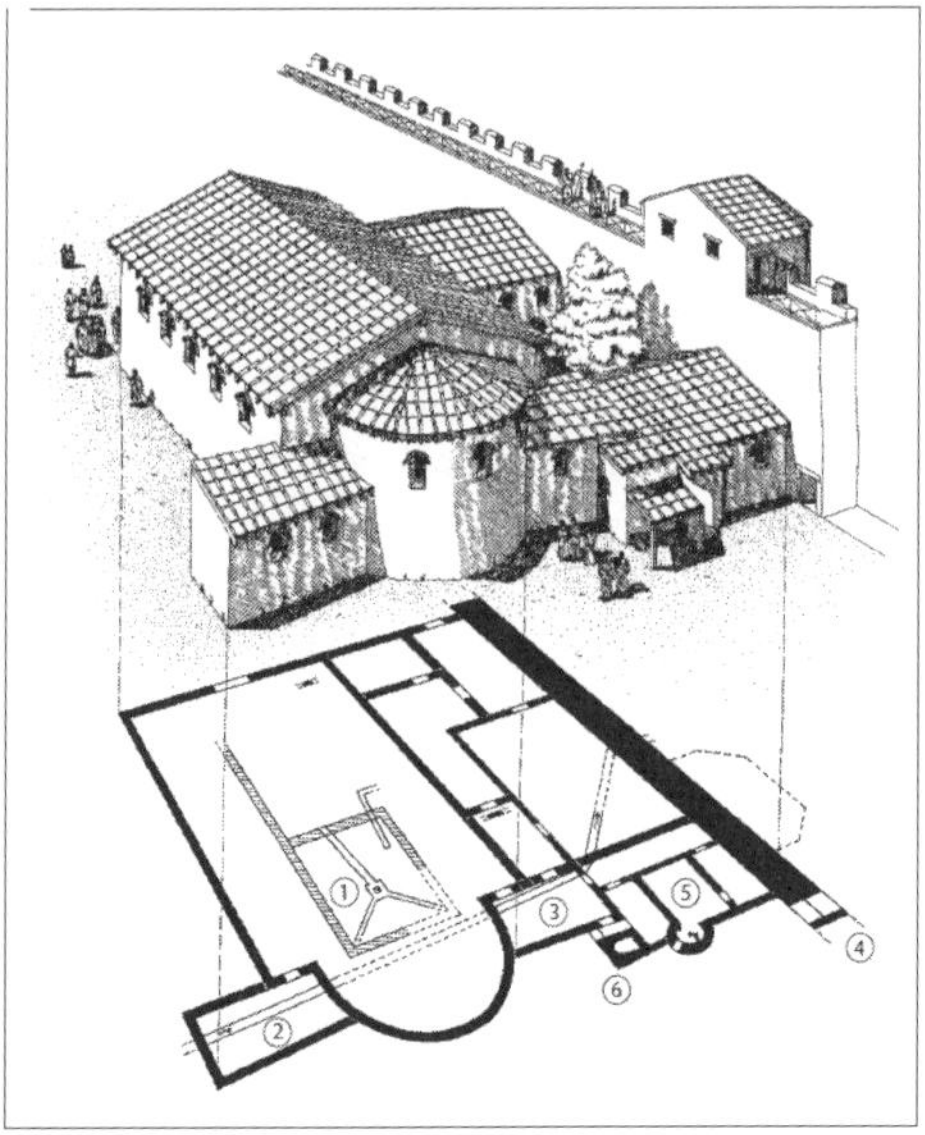

Faccani, Guido, Bischofskirche St. Gallus in Kaiseraugst, in: Augusta Raurica 2008 (2) より

る。発掘に基づき復元された教会図は興味深い。身廊の長さは一八メートル、幅は一〇メートルで、身廊の東側に当たる後陣（アプス）の直径は七・五メートルもある。この教会と城壁の間の建物は後に増築されたものと考えられている。興味深いのは、後陣の北側の部屋（番号③）と城壁（番号④）のあいだにある部屋（番号⑤）には暖房施設が整っていて、浴場であった可能性が高い。近くに水盤（番号⑥）があることから、洗礼の前に身を清める場所ではないかと推測される。しかし、こうした宗教儀式が初期キリスト教で定着していたかは不明である。むしろ、この場所は司教の私的な浴場であったと考える方が自然であろう。この時代ローマの支配階級に属する人物が司教になっており、公衆ではなく、私的な浴場に浸るという貴族的な習慣が続けられた可能性が高いからである。

アラマンニ族の侵入を防ぐために、カストルム・ラウラケンセだけではなく、ライン川に沿ってシュタイン・アム・ライン、ツルツァハ、バーゼルなどにも要塞は築かれた。しかし、これらの要塞からローマ軍は五世紀初頭に撤退した。アラマンニ族の襲撃に敗退したのではなく、西ゴート王アラリック（在位三九五～四一〇）がイタリア本国を攻め、帝都ローマに迫ってきたからである。アルプスの北側で国境警

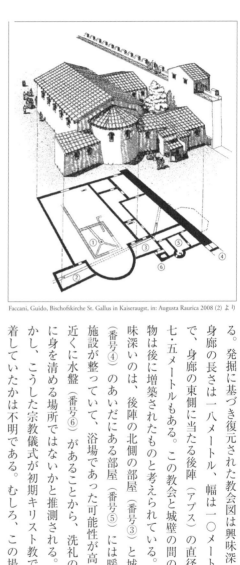

備をしていたローマの軍隊は急遽イタリア防衛に振り向けられた。ローマ軍の撤退は徹底的だったらしく、スイス地域で発見されるローマ貨幣やラテン語碑文には四〇一年以降のものはない。

さらに、七世紀にはこの地にいたキリスト教の司教はバーゼルに移り、この地域の中心はバーゼルになっていく。★23

Stäihelin, F. *Die Schweiz in römischer Zeit*. 3. Aufl. Basel 1948.

10 すべての道はローマに通ず

紀元前三一二年にローマから南東へ軍事道路として建設されたアッピア街道は、最初のローマ街道として有名だが、古代ローマ帝国は支配領域の拡大に伴い、街道をヨーロッパ各地に網の目のように張り巡らした。スイスには「ヨーロッパの屋根」と称されるアルプス山脈を越える重要な峠ルートが建設された

ヨーロッパ中世における交易路は水運が重視されたが、ローマ時代は圧倒的に陸路であった。スイス地域のローマ街道を考えるときには、イタリアからのアルプス峠越えのルートを考えなければならない。カエサルは『ガリア戦記』第三巻の冒頭で「アルプス越えの道を開拓」することを望んだと書い

ユリア峠（標高 2284m）Wikimedia Commons

ジュラ山脈越えのローマ街道
車輪の跡がはっきり残っている
Wikimedia Commons

ブール・サン・ピエール村にあるマイル・ストーン
Wikimedia Commons

ている。そのために副官のガルバを派遣したが、失敗した。このアルプス峠とはのちのグラン・サン・ベルナール峠のことである。この峠がローマの支配下に入るのはアウグストゥス帝の時代だが、クラウディウス帝（在位四一～五四）が峠を整備するまではせいぜいロバで荷を運べる程度の峠道だった。

グラン・サン・ベルナール峠を越える街道を西ルートとすると、ユリア峠やゼプティマー峠を含むグラウビュンデンの諸峠を利用する東ルートがあった。ユリア峠にはローマ時代の神殿に使われていた柱の一部を今も見ることができる。神殿の存在は当時人々が繁く往来していたことを示している。

ローマ街道沿いには里程標であるマイル・ストーンが設置されていた。ストーンは円柱で、直径五〇～八〇センチメートル、高さ二～四メートルの大きさが一般的である。マイル・ストーンはローマ尺度で一・四八キロメートル毎におかれていたと言われるが、実際にはマイル毎に設置されていたのではなく、次の重要都市あるいは分岐点までの距離が書かれ、道標の役割をしていた。また、ストーンには道路の建設者あるいは改修者の皇帝名などが刻印されている。

マイル・ストーンはたくさん残されているが、断片の場合が多く、完全な状態のものは少ない。グラン・

サン・ベルナール峠の麓ブール・サン・ピエール村★91の教会脇に建てられているものは保存状態がよい。このマイル・ストーンは、もともとは三一〇年頃に道路が改修された折に峠に建てられていたものと思われる。そこには「マルティーニまで二四マイル」と記されている。

最も保存状態の良いマイル・ストーンはレマン湖北岸ラヴォー地区の村サン・サフォランにある。この地区は丘陵地の急斜面を支える石垣で作られた段々畑でぶどう作りが行われ、その文化景観が二〇〇七年に世界遺産（文化遺産）に登録されている。そこでは「三つの太陽」、つまり本物の太陽、レマン湖の反射光、石垣が蓄える輻射熱に恵まれ、素晴らしいぶどうが生産されている。この村のサン・サンフォリアン教会入口の支柱として一本のマイル・ストーンが一六世紀に転用されている。その大きさは直径六〇センチメートル、高さは台座の三二センチメートルを含め二六五センチメートルである。クラウディウス帝がグラン・サン・ベルナール峠越えの街道改修の折の五三年に建てられたもので、マルティーニから三七マイルと刻印されている。

オルブのモザイク画（オルブ－ボセアのローマ邸宅跡）
Wikimedia Commons

　ローマ街道は軍隊の移動のためだけではなく、商業活動にも重要であったが、どのような運輸手段があったのだろうか。それを端的に示してくれるモザイク画が西スイスのオルブで発見されている。三世紀初め頃の作品で、四輪の牛車だが、車輪には輪金が取り付けられている。速度はせいぜい時速一・六キロメートルだったろうと推定されている。こうした牛車や馬車が頻繁に行きかったことは深い車輪跡が各地のローマ街道に残されていることからわかる。

ところで、マイル・ストーンはなぜ大きなものだったのか。街道を整備した皇帝を賛美するためだった可能性が高いが、もっと実用的な理由があったと考えられる。それは牛車の御者が御者台に乗ったまま、あるいは騎手が馬に乗ったまま円柱の道標を読めるようにしたのであろう。円柱の文字が高いところに刻印されていることからも推測される。

Schweizerische Verkehrszentrale (Hg.), *Römerwege. Eine Publikation im Rahmen des Projektes*《*Wege zur Schweiz*》. Bern 1992.

サン・サフォラン村にあるマイル・ストーン
Wikimedia Commons

11 アウェンティクム

六八〜六九年に皇帝乱立による「ローマの内乱」が起きた。その後ウェスパシアヌス帝の治世に現在アヴァンシュと呼ばれているスイス最大のローマ都市アウェンティクムが建設された

マルクス・アウレリウスの黄金の胸像

悪名高きネロ帝の死後、六八〜六九年に相次いでローマ皇帝を名乗るものが現れ、皇帝乱立による「ローマの内乱」が起きた。六九年には四人の皇帝が次々と擁立され、「四皇帝の年」とさえ呼ばれる。先ず六八年春に、ヒスパニア・タラコネンシス州総督ガルバが、ルシタニア州総督オトーとともに反ネロの蜂起に立ち上がり、皇帝に就いてネロを自殺に追い込んだ。

ネロの自殺後、下ゲルマニア州の諸軍団は軍司令官ウィテリウスを皇帝に擁立した。ウィテリウスを擁した軍団はローマに向けた軍を進めるにあたり、軍資金調達のために略奪を恣にした。これに対してヘルウェティアの人々はガルバを支持して激しく抵抗した。しかし、多くの犠牲者を出し、アウェンティクムを含むヘルウェティアの人々の居住地も破壊された。帝位に就いたガルバ（在位六八年六月〜六九年一月）が軍隊の支持を失うと、オトーはガルバを暗殺して、帝位に就いた（在位六九年一〜四月）。

ウィテリウスはポー河畔でオトーを破り、ローマに凱旋した。ウィテリウスも軍団に担がれ、皇帝（在位六九年四〜一二月）になったものの瞬く間に人気を失い、ウェスパシアヌス（在位六九〜七九）が登極した。彼は内乱によって乱れた社会秩序・財政を立て直し、有名なローマのコロセウムを建設している。

ウェスパシアヌスの治世、七〇年代初めにアウェンティクムはローマ都市に格上げされ、城壁、公共建

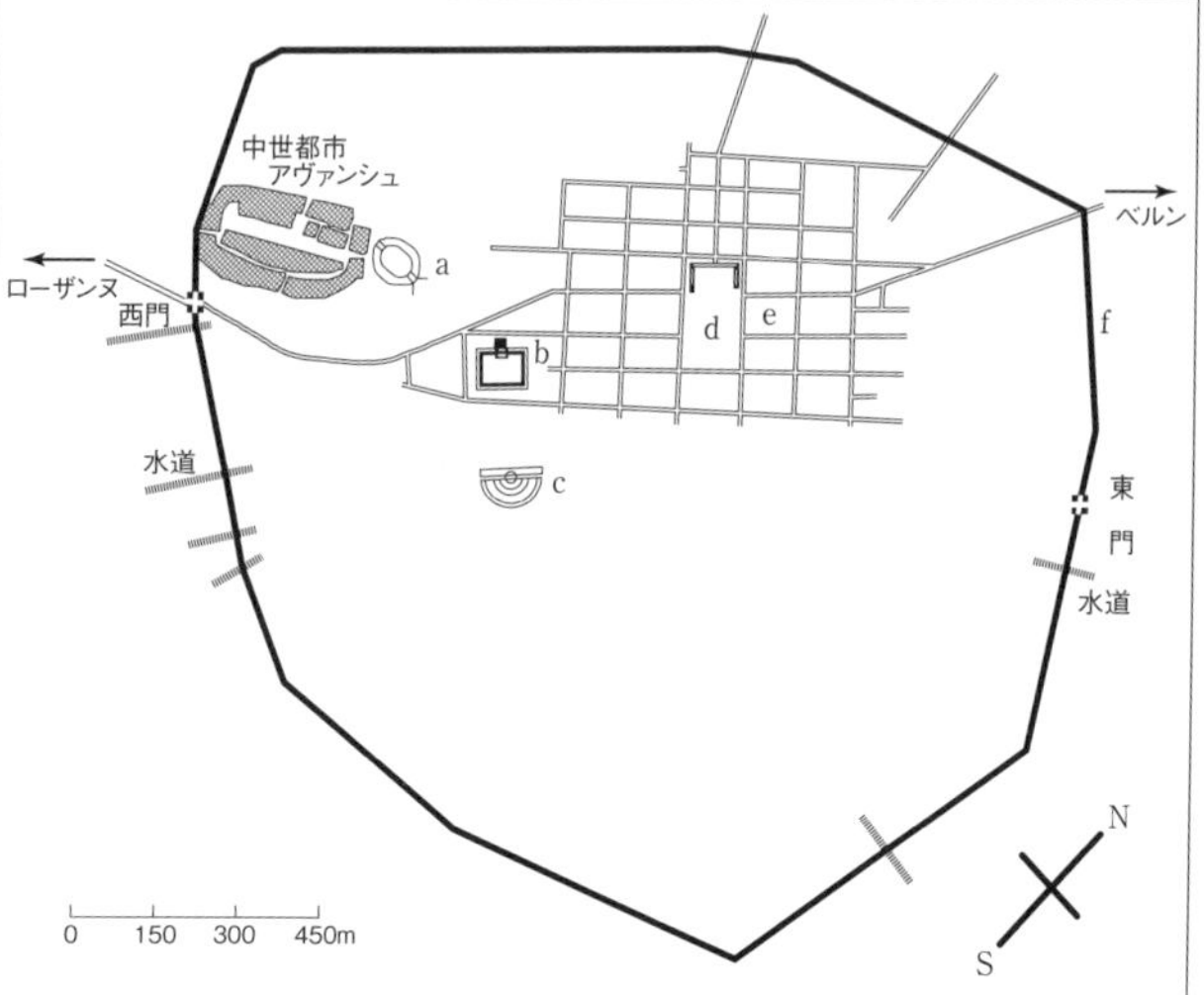

a　円形闘技場
大きさ 115×87m
収容人数　8,000 人
b　神殿
c　劇場
大きさ　1層　8列
2層　10列
3層　20列
収容人数　8,000～9,000 人
d　フォールム（広場）
e　浴場（71×105m?）
f　城壁　周囲5.7m　厚さ　2.4m
高さ　7m　棟の数　73

築物も建設されはじめた。ウェスパシアヌスの両親は長くアウェンティクムに居住しており、ウェスパシアヌスは少年時代にこの地で過ごしたこともあり、思い入れがあったと推測できる。しかし、単に思い入れだけで城壁の建設をしたのではなく、ヘルウェティアの人々が蜂起するのを防ぐ意図もあったであろう。

二世紀の始め、皇帝トラヤヌス（在位九八～一一七）の時にアウェンティクムは最盛期を迎え、神殿、劇場が作られ、円形闘技場も八〇〇〇人収容の規模に拡張された。都市を囲む城壁も拡張され、総距離は五・七キロメートルで、六〇～九〇メートルおきに七三の塔が建てられていた。城壁に囲まれる面積は二三〇ヘクタールという広大さである。

一九三九年の発掘調査の折に、『自省録』の著者でもある哲人皇帝マルクス・アウレリウスの黄金の胸像が発見された。それは高さ三三・五センチメートル、重さ一五八九・七グラムもあり、金細工技術の高さを誇るものである。皇帝の黄金製胸像は他にはセプティミウス・セウェルス帝（在位一九三〜二一一）のものがあるだけで、貴重なものである。それが神殿の排水溝から発見されたことから、アラマンニ族の略奪を恐れて急遽隠したのではないかと想像されている。しかし、考古学調査ではアラマンニ族がアウェンティクムを襲撃した根拠は見いだされていない。アラマンニ族がスイスに侵入した頃よりおよそ一〇〇年後のローマの歴史家アンミアヌス・マルケリヌス（三三〇頃〜三九五頃）はその著書『歴史』の中で次のように書いている。「アウェンティクムは、今はまったく寂れてしまったが、かつては重要な都市だった。それは半分壊れかけている大建築物で証明される」と。四世紀にはローマ支配は衰退していたことがわかる。

Bögli, Hans, *Aventicum. Die Römerstadt und das Museum.* 1991 Avenches.

12 ゲルマン諸族の侵入とローマ支配の終焉

現在、スイスの国語はドイツ語、フランス語、イタリア語、そしてロマンシュ語である。ゲルマン諸族がスイス地域に侵入し、定住した結果、現在のスイスの多言語状況のもとが形成された

カラカラ浴場を建設したことで有名な皇帝カラカラ（在位二一一〜二一七）は、二一二年にアントニヌス勅令を出し、奴隷と降伏者を除くローマ帝国全域の自由民にローマ市民権を付与した。この勅令によりへルウェティアの人々もローマへの納税や兵役など、市民としての義務も課せられることになった。ローマとの一体感を植え付け、北から侵攻してくるゲルマン諸族に対抗させようとした。二一三年夏、カラカラ帝はドイツ南西部のライン川上流地域を原住地としたゲルマンの一部族であるアラマンニ族と鉾を交えた。歴史家カッシウス・ディオ（一五五？～二二九以降）が大著『ローマ史』第七八巻でこのことに触れているが、アラマンニ族の名が史料的に初めて登場する。

すでに触れたように、アラマンニ族は三世紀中頃にライン川を越え、スイスの都市や村々を繰り返し略奪した。しかし、スイスに定住したのは遅かった。四九六～四九七年にフランク族と戦って敗北してから、ライン川の南、東スイスへ移住してきた。人口の疎らな地域に住み、ケルト－ローマ系の人々と接触を避け、自分たちの慣習・宗教に留まろうとした。東スイスに多くある地名で、語尾がインゲン（-ingen）、あるいはイコン（-ikon）がつく地名はアラマンニ族の人々が居住した所である。たとえばアンデルフィンゲン（Andelfingen）という地名は、アンドルフ（Andolf）の子孫の村、グリュニンゲン（Grüningen）はグルノ（Gruno）の子孫の村という意味である。イコンも同様で、現在スイスの富裕層の居住地になっているツォリコン（Zollikon）は、ツォロ（Zollo）の子孫たちの村を意味した。こうした氏族名に由来する村の数は一一九カ所を下らない。アラマンニ族はローマ都市・要塞に入り込まず、広く農村地帯に分散居住し、言語も古くからの自分たちの言語を使用した。それが現在のスイスドイツ語のもとになったのである。

他方、西スイスにはフン族に追われてきた東ゲルマンのブルグント族が定着した。彼らはアラマンニ族と異なって、故郷から完全に離れゲルマン的性格を失って、積極的にケルト－ローマ系住民のなかに入り込み、ローマ化していった。ブルグント族の入った西スイス地域はのちにフランス語圏となっていく。

スイス東南部グラウビュンデンにはラエティア人が居住していたが、その起源は不明で、エトルリア人説もある。しかし、ローマ帝国の支配が及ぶ以前にケルト人がこの地域にも勢力を張りだしていた。現在この地域の一部で話される言語はロマンシュ語と言われるが、それはレト・ロマンス語のスイスで話される下位言語グループのことである。レトとはラエティアのことで、レト・ロマンス語はアルプス地域に居住した人々の言葉に口語ラテン語が混淆して成立した言語であろうと言われる。なお、アルプス南側のティチーノ地方にはランゴバルド族が侵入したので、イタリア語地域になる。ゲルマン諸族の移動・定住により、現在のスイスの言語状況のもとが形成されたのである。

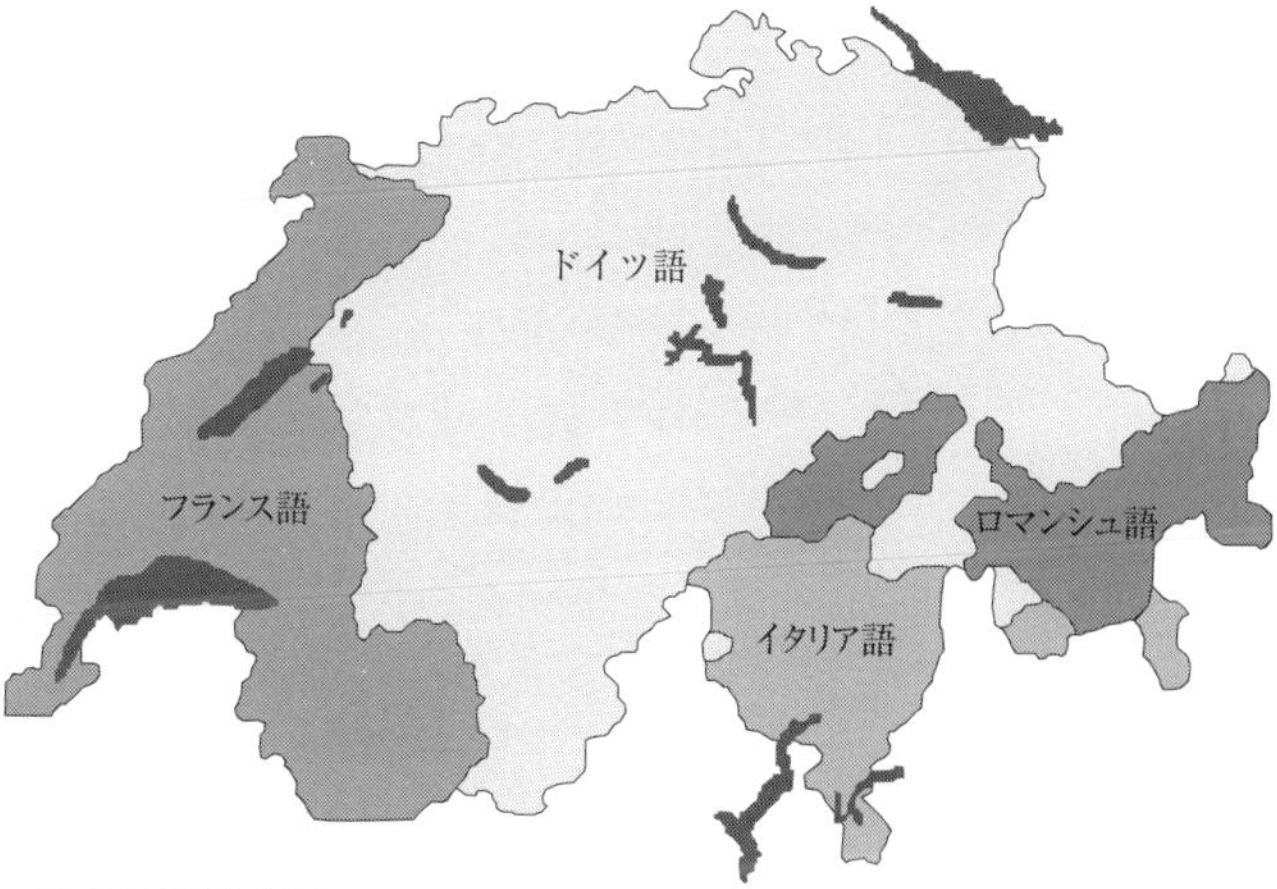

スイス言語分布図
ドイツ語：62.1%　フランス語：22.8%　イタリア語：8.0%
ロマンシュ語：0.5%　その他：6.6%
『スイス統計局 2019 年の資料』及び wikipedia “Switzerland in the Roman era” より作成

第三章

スイスに息づく カール大帝の影

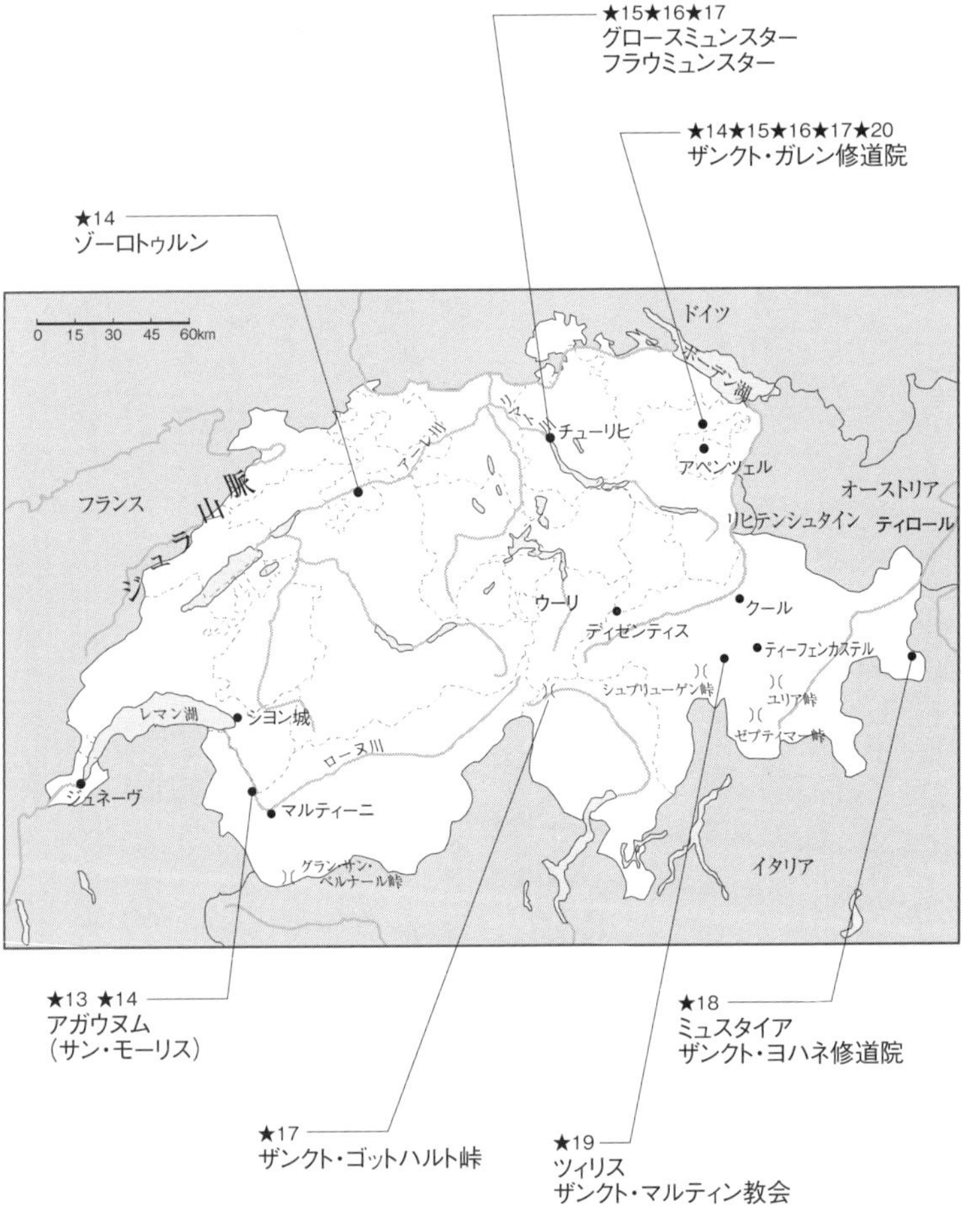
★15★16★17
グロースミュンスター
フラウミュンスター
★14★15★16★17★20
ザンクト・ガレン修道院
★14
ゾーロトゥルン
0 15 30 45 60km
ドイツ
ボーデン湖
リマト川
チューリヒ
アペンツェル
オーストリア
リヒテンシュタイン
ティロール
フランス
ジュラ山脈
アーレ川
ウーリ
ディゼンティス
クール
ティーフェンカステル
シュプリューゲン峠
ユリア峠
ゼプティマー峠
レマン湖
シヨン城
ローヌ川
ジュネーヴ
マルティーニ
グラン・サン・ベルナール峠
イタリア
★13 ★14
アガウヌム
(サン・モーリス)
★18
ミュスタイア
ザンクト・ヨハネ修道院
★17
ザンクト・ゴットハルト峠
★19
ツィリス
ザンクト・マルティン教会

13 殉教（一）―マウリティウス

三〇三年、ローマの伝統的神々への信仰をないがしろにするキリスト教徒への大迫害が行われた。マウリティウスはフランス語ではサン・モーリスの名で親しまれている聖人だが、スイスにおける最初のキリスト教殉教者であった

ローマ帝国では三一三年のミラノ勅令によってキリスト教は公認されるが、それより少し前に皇帝ディオクレティアヌス（東方正帝在位二八四～三〇五）は共同皇帝マクシミアヌス（西方正帝在位二八六～三〇五）とともに激しいキリスト教徒への弾圧をしていた。その犠牲になった代表的な人物にマウリティウスがいる。彼はナイル上流のテーベに生まれ、ローマ軍団の兵士になった。出世街道を歩み、キリスト教徒からなるテーベ軍団の指揮官となった。

ガリア地域の反乱を押さえるために、皇帝マクシミアヌスはテーベ軍団を呼び寄せた。テーベ軍団はグラン・サン・ベルナール峠を越えてきて、アガウヌム（現在のサン・モーリス）に逗留した。マルティーニに滞在していた皇帝は、軍団の出陣にあたり、勝利を願ってローマの神々への犠牲を捧げるように強要し、さらにはキリスト教徒の迫害を命じた。その様子をリヨン司教エウケリウス（在位三八〇頃～四四九頃）が『マウリティウス殉教伝』で次のように伝えている。

皇帝陛下、私たちはあなたの兵士です。それにもかかわらず、私たちは神に奉仕する身であることをはっきり告白します。戦場における私たちの勇敢さはあなたのものですが、私たちの汚れない生命は神のものです。あなたは私たちの辛苦に対して報酬をくださるが、神はあらゆる生命の始まりを私たちにお与えくださる。皇帝の命令といえども私たちは私たちの神・創造者を否認することは許されません。……

あなたはキリスト教徒を探し出し、処罰するように命じられた。……［断れば、自分たちも死を免れない状況にある。］……見よ。私たちは武装しています。しかし、微塵も抵抗しようとは思いません。殺害を行うよりも、むしろ死を甘受し、罪を抱えながら生きるより、罪を犯さずに死にたい。あなたは、今や私たちに対して、望むところのこと、焚刑、拷問、斬首を決定し、命令し、実行することができます。私たちはそれを受け入れる準備はできています。私たちはキリスト教徒であり、キリスト教徒を迫害することはしないと告白します。

マウリティウスのこの断固とした態度に対して、皇帝は「十分の一刑」という厳罰に処する。すなわち、くじ引きで一〇人中一人を選び処刑することを命じたのである。テーベ軍団の人たちはそれでも皇帝の命令に従わなかった。皇帝は再度同じ刑罰を科したが、効果がなかったので、全員の処刑を命じた。

殉教したのは三〇〇〇年頃と言われているが、マウリティウスとテーベ軍団の人々はアガウヌムに埋葬された。四世紀末にマルティーニの初代司教と言われる聖テオドゥールが彼らの遺骨を発掘し、そこへ小さな教会を建てた。その結果多くの巡礼者が訪れるようになった。その後、ブルグント王ジギスムント（在位五一六〜五二三）がカトリック（アタナシウス派）に改宗後、五一〇年代にバシリカ教会と修道院を建てた。マウリティウスはこの地に祀られ、それが今日まで連綿と存続することになったサン・モーリス修道院である。

この修道院の宝物は素晴らしい。聖カンディートゥスの頭部像の銀細工がある。彼はマウリティウスの参謀の地位にあった人物で、彼も首を刎ねられ、殉教している。その場面が頭部像の台座の前面で描かれ、彼の魂が天上に昇り、天使に受け入れられている。この作品は一二世紀中頃の作と思われるが、同じ時期作製されたブルグント王ジギスムントの聖櫃にはマウリティウスの騎馬像が描かれている。

徳田直宏「アガウヌの聖マウリス修道制の成立とその展開一・中世初期のブルグンド修道制に関する政治史的・教会史的考察」『愛知県立芸術大学紀要』二七（一九九七）、九七～一二一頁。

Kaiser, Lothar Emanuel (Hg.), *Die Basilika der Abtei Saint-Maurice*. Lindenberg 1998.

聖カンディートゥスの頭部像の銀細工
筆者撮影

14 殉教（二）―ヴィクトールとウルズス

アガウヌムにおける殉教から逃れたテーベ軍団の兵士たちがいた。ヴィクトールとウルズスと名のる二人の兵士はゾーロトゥルンに逃れたが、結局そこで捕らえられてしまう。そんな二人の受難の物語

ヴィクトールとウルズスは兄弟とも言われるが定かではない。ゾーロトゥルンはジュラ山脈の麓、アーレ川沿いにある。ローマ時代にはサロドゥルム（Salodurum）と呼ばれ、ローマ要塞があった。前述のリヨン司教エウケリウスは『マウリティウス殉教伝』の中で彼らについて簡単に次のように述べている。

かの殉教者ウルズスとヴィクトールもこの同じ［テーベ］軍団の出であったと言われる。彼らがゾーロトゥルンで殺害されたという噂がそのことを確実なものにしている。ゾーロトゥルンはライン川からそう遠くないアーレ川上流の要塞である。

ヴィクトールの受難史はザンクト・ガレン修道院図書館に保存されている六〇〇年頃の複製文書からやや詳しいことがわかる。それによると、ゾーロトゥルンの要塞総督がヴィクトールとウルズスの二人を捕らえ、ローマの神々に犠牲を捧げるか、死を選ぶか、どちらかの選択を迫った。二人は毅然としてキリスト教信仰に留まったので、牢につながれた。翌日焚刑に処せられることになった。焚刑のための薪の山に

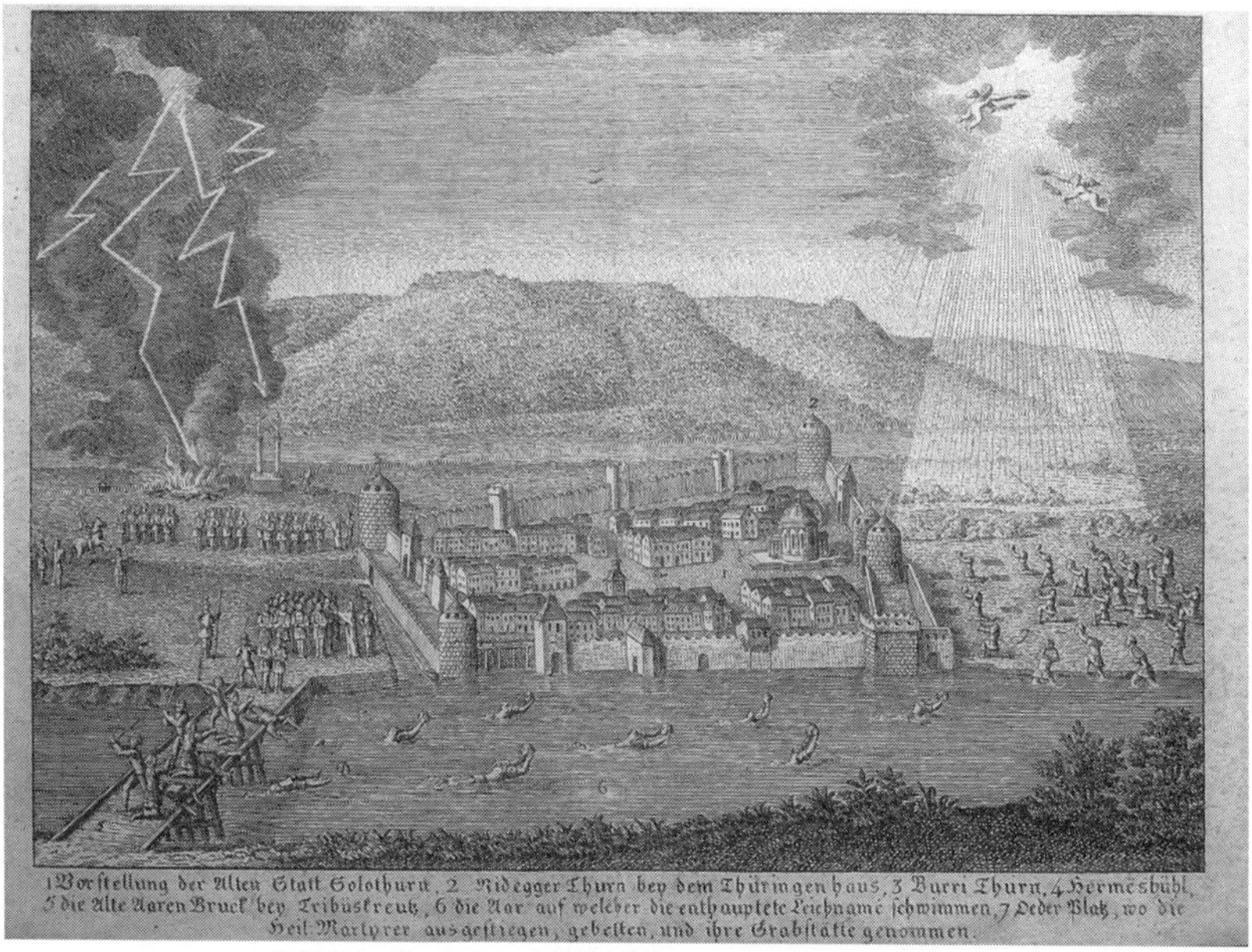

ウルズスとヴィクトールの殉教図　ブルーメンシュタイン歴史博物館蔵

火がつけられると、突然豪雨が襲い、薪の火を消してしまった。そこで要塞総督は彼らをアーレ川に架かる橋に連れて行き、そこで首を刎ね、その首と身体を川へ投げ入れた。すると、彼らの身体が自分の首を腕に抱えて、泳いでいき、キリスト教信者が集まっていた入り江にたどり着き、そこで埋葬された、という。

六〇〇年頃にブルグント王国の王女のたっての願いで、ヴィクトールの聖体は王国の中心地ジュネーヴに移され、ジュネーヴ市門の前にサン・ヴィクトール教会が建立された。その教会は一〇〇〇年頃にクリュニー修道院の分院となったが、サン・ヴィクトールの聖体はそのまま修道院に安置されていたと思われる。修道院最後の院長は、「シヨンの囚人」で有名なフランソワ・ボニヴァール（一四九三〜一五七九）だが、彼についてはジュネーヴの宗教改革絡みで後述したい。★75 修道院自体は一五三四年に破壊され、宗教改革が進展する中でサン・ヴィクトールの聖体の所在はうやむやになった。

ゾーロトゥルンではヴィクトール崇敬は中世にはほとんど忘れられていた。そのためかゾーロトゥルンの大聖堂は通称ではヴィクトールの名を冠せず、聖ウルズス大聖堂と呼んでいる。その聖ウルズス大聖堂の祭壇の下から古い石棺が一五一九年に発見されて、中からウルズスの聖遺物の他にもう一つの遺体が出てきた。そこからジュネーヴへ移されたヴィクトールの遺体は偽物だったのではないかという推測も生まれた。いずれにせよ、これを機会にゾーロトゥルンではヴィクトール崇敬が再び盛んになった。

ヴィクトールはゾーロトゥルンだけではなく、他の都市でも守護聖人として現れる。たとえば、ドイツではクサンテン大聖堂の中央祭壇にある厨子にヴィクトールの聖遺物が納められている。彼はスイスから迫害を逃れてきたが、クサンテン近くで殉教し、沼地に投げ捨てられたと言われている。

フランスのマルセイユにも五世紀初頭に建築されたフランス最古の修道院と言われる大きなサン・ヴィクトール修道院がある。ここでは漁師の守護聖人とされているが、やはりアガウヌムでの迫害を逃れ、この地で殉教したとされている。ヴィクトールが何人もいたことになるが、ヴィクトールの名は「勝利者」の意であって、殉教者が神の勝利者という願いを込めて、各地でこの名が使われたと考えられる。いずれにせよ、テーベ軍団への迫害後、スイスだけではなくドイツ・フランス各地にキリスト教が広がっていたことを示すものであろう。

Haefliger, Eduard, Urs und Viktor und die thebäische Legion. In: *Jahrbuch für solothurnische Geschichte.* Bd. 29, 1956.

15 殉教（三）―フェーリクスとレグーラ

アガウヌムの迫害を逃れた兄妹フェーリクスとレグーラ。二人はチューリヒで殉教して、チューリヒの守護聖人となった。二人の従者エクスウラペンティウスも加えて三聖人は現在チューリヒの様々なモチーフになっている

都市チューリヒの印璽

フェーリクスとレグーラの受難の歴史はザンクト・ガレン修道院図書館[20]にある史料からわかる。それは八世紀末の写本で、失われた原史料は八世紀後半の作だと言われているが、その冒頭の部分には次のように書かれている。

かの時代に聖なるフェーリクス、その妹レグーラ、および彼らの従者は軍指揮官のマウリティウスの助言を受けて主に仕える旅に出た。グラールスと呼ばれる荒れ果ててものさびしい地域を経て、リマト川が流れ出る湖のはずれにやってきた。近くにはチューリヒの要塞があった。彼らはそこに小屋を建て、断食、徹夜、祈り、み言葉を日夜守って、主に心から誠実に信心深く帰依していた。

ところが、マクシミリアヌス帝の迫害はチューリヒにもおよび、フェーリクスたちは捕らえられて、厳しい拷問を受けた。それでも彼らは棄教しなかったので、リマト川の小島で斬首された。現在は島ではなく、

ターラー貨

河岸になっていて、その地にヴァッサー教会（水の教会、場所は第一七話の都市図Ⓔ）が建立されている。その教会の地下にはフェーリクスたちが斬首された場所の石を見ることができる。斬首された場所から彼らは切り落とされた自らの首を抱えて、小高いところにある墓所まで歩いて行った。のちにその場所にチューリヒのランドマークであるグロースミュンスター教会が建立される。

グロースミュンスターとは、大きな［グロース］聖堂［ミュンスター］という意味である。従ってグロースミュンスター教会というと、浅草寺テンプルと言うことと意味合いが同じで、いささか引っかかる。「大きな」という形容があるのは、リマト川対岸に「小さな」ミュンスターがあったからである。それが現在のフラウミュンスターである。フラウとは婦人の意であるが、両ミュンスターの来歴については第一七話で触れたい。

グロースミュンスターには十二使徒祭壇が設けられていて、そこにフェーリクス、レグーラ、従者エクスウペランティウス（彼らの従者に一三世紀以降この名が与えられた）の遺骸は安置された。この三人は両ミュンスターの守護聖人になり、両ミュンスターの印璽のモチーフは自らの首を抱えるフェーリクスたち三聖人の姿になっている。

両ミュンスターを核に発展した都市チューリヒは文書の公的証明のために自らの印璽を所有し出す。その印璽のモチーフは両ミュンスターとも同じで、三聖人が都市チューリヒの守護聖人であることを示している。何度か改正されるが、一三四七年の六番目の印璽が芸術的にも優れた作品となっている（前頁図参照）。また、チューリヒが発行する硬貨の図柄にも同じモチーフが使われている。一五一二年ターラー貨は代表的例である（右図参照）。

ところで、一六世紀の宗教改革の折に聖遺物・聖画像の破壊運動がいたるところで起きるが、チューリヒの場合はどうだったろうか。他の都市に比べ、チューリヒでは比較的秩序だって聖画像の廃棄が行われた。宗教改革については後節で触れるが、チューリヒ市参事会は一五二三年一〇月に公開討論会を開催して、聖画像の廃棄の論議をしている。★68 実際に廃棄されたのは一五二四年六月から七月にかけて、ツヴィングリら改革者と市参事会の代表の立ち会いのもとに教会の扉を閉めて行われた。その時にはフェーリクスらの聖遺物は触れられることはなかった。同じ年の一二月になって十二使徒祭壇は壊され、聖遺物も墓に移され、埋められたという。しかし、カトリック側の言い分では、聖遺物はこっそり持ち出され、カントン・ウーリのアンデルマット教区教会に持って行かれ安置されたという。一九五〇年にチューリヒにカトリックの聖フェーリクス・レグーラ教会が建立されたときに、その聖遺物の一部はチューリヒに返されている。

宗教改革が導入された結果聖遺物は排除されたが、三聖人を描いた一三四七年の都市の印璽は一九世紀中葉まで使用されていた。このモチーフを描かれたスタンプは、二〇〇六年に生体認証が導入されるまでパスポートの発行証明に利用されていた（上図参照）。現在でもチューリヒのいくつかの公文書にはこのスタンプが証明に使われている。

チューリヒ住民用旧スイス旅券

Etter, Hansueli F.(Hg.), *Die Zürcher Stadtheiligen Felix und Regula. Legenden, Reliquien, Geschichte und ihre Botschaft im Licht moderner Forschung*. Zürich 1988.

16 現代にも生きるカール大帝

ローマ帝国崩壊後、ゲルマン・ローマ・キリスト教文化の結びつきを強めて発展の基礎を築いたヨーロッパの父と云われるカール大帝（七四八～八一四）はチューリヒにも強い結びつきがあった

チューリヒ大学紋章

チューリヒの旧市街のランドマークは二本の塔が聳《そび》え立つグロースミュンスターである。東側の塔は鐘塔、西側の塔はカール塔と呼ばれる。カール塔の中程にカール大帝の座像が見える。カールは王冠をかぶり、膝に大刀を置いている。現在の塔は八角形をしたドームを頂いているネオゴシック様式で、古いものではないことがわかる。これ以前の塔は茅葺きの尖塔であったが、一七六三年に落雷を受けて壊れ、現在の塔は一七八一～八七年に再建されたものである。茅葺きの尖塔時代にもカール大帝の座像はあった。それをよく示してくれるのは、グロースミュンスターの十二使徒祭壇に掲げられていたハンス・ロイ（一四六〇頃～一五〇七）作のフェーリクスたちの殉教図である。五枚のパネルで殉教の様子を描いて

ハンス・ロイ殉教図中に描かれたカール大帝像（1497 年頃）
スイス国立博物館蔵

おり、その背景図が当時のチューリヒを忠実に描いている。パネルは偶像破壊を免れ、現在チューリヒにあるスイス国立博物館に所蔵されている。リマト川右岸のチューリヒの町を描いた部分にグロースミュンスターがあり、その塔にカール大帝の像がはっきりと描かれている（前頁図参照）。

因みに塔に鎮座しているカール大帝像は一九三三年に作られたレプリカで、オリジナルはグロースミュンスターの地下聖堂に保存されている。その制作年代は一四七四年以前と言われ、茅葺きの尖塔に描かれた像はこのオリジナルのカール大帝像であろう（次頁図参照）。

カール大帝とグロースミュンスターの関係はどのように生まれたものだろうか。それはグロースミュンスター内の身廊を支える柱の柱頭のレリーフ像から窺える（上図）。左側には百合の形の錫杖をもったカール大帝の騎乗姿が見える。カールの肩の所に鷹が見え、狩りをしている最中だとわかる。中央にフェーリクス、右側にレグーラが光輪を背後にして、手には殉教者を意味する棕櫚《しゅろ》をもっている。

カール大帝の騎馬像　筆者撮影

このレリーフは一二世紀後半の作品であるが、カール大帝の鹿狩りの伝説を描いている。ある時カールは大鹿を発見し、アーヘンからチューリヒにまでずっと追って来た。リマト川右岸に来ると、突然馬が膝を曲げ、動かなくなった。不思議に思ったカールがその場所を掘らせたら、フェーリクスとレグーラの遺骨が発見された。そこでカールは殉教した兄妹を祀るためにグロースミュンスターを建立したのだという。

カール大帝とチューリヒの関係を示す新発見が、二〇一三〜一四年のフ

右：カール大帝金属製のバッジ　チューリヒ市建築部蔵
左：カール大帝座像　筆者撮影

ドゥカート金貨

ラウミュンスター市区の考古学発掘調査であった。それは四センチほどの金属製のバッジで、国王らしき人物の騎馬像である（上図）。飾り立てられた馬は前足が欠けているが、明らかに前屈みになっていて、グロースミュンスターの柱頭のレリーフと同じである。バッジは一五世紀初め頃のものだが、チューリヒではカール大帝は聖人として崇められ、一二三三年以降カールの親指が聖遺物として十二使徒祭壇に保管されていた。バッジは巡礼者や市民に売られたものと想定されている。また、一七世紀に発行されたチューリヒのドゥカート金貨には、表面にフェーリクスとレグーラの像、裏面にカール大帝の座像が刻印されている（上図）。

これに留まらず、カール大帝とチューリヒの関係は今日にも見られる。宗教改革によって聖人崇拝は否定されたが、カール大帝の名は引き続き利用される。ツヴィングリ[★61]は宗教改革の理念に基づき聖書研究の必要性を説き、そのための学校として「預言塾」を創設した。その後「預言塾」はカール大帝の名をつけたカロリヌム学院（Collegium Carolinum）と呼ばれていく。一八三三年にこのカロリヌム学院をもとに現在のチューリヒ大学が創設されたが、大学のロゴはグロースミュンスターとカール大帝の座像からなっている（五〇頁図参照）。現在に至るまでカール大帝とチューリヒとは深い関係にあるのである。

17 中世都市チューリヒの誕生

八四三年のフランク王国三分割の際、チューリヒは東フランク王国内にあって、中部フランク王国に対抗する重要な拠点になった。王権によって建設された修道院を核に商人たちが集住し、中世都市の形成を進めていった

カール大帝と深い伝説的関係があるように見えるチューリヒだが、歴史史料で辿れるチューリヒの姿はどうであろうか。カール大帝の孫の時代にフランク王国は兄弟の間で三分割される。八四三年のヴェルダン条約によって東フランク王国、西フランク王国、中部フランク王国が生まれる。チューリヒはドイツ人王ルートヴィヒ（在位八四三〜八七六）の東フランク王国の支配下に入った。ロタールの支配する中部フランク王国とのスイス地域の国境線は、ライン川―アーレ川―ザンクト・ゴットハルト峠―ティロールに引かれた。チューリヒを含む東スイスは東フランク王国の西南隅にあたり、中部フランク王国に対抗する重要な地点になった。

グロースミュンスター　筆者撮影

そこでルートヴィヒが打った手は修道院政策というものであった。ザンクト・ガレン修道院をはじめ東スイスにある修道院に莫大な寄進をし、特権を付与して拠点作りをした。チューリヒは国境に近く政治的・交通地理的に見て重要地点だったので、八五三年にルートヴィヒはここに女子修道院（フラウミュンスターの前身）を作り、娘のヒルデガルトを修道院長に就けた。寄進した広大な王領地で特に注目すべきは、ザンクト・ゴットハルトの北側の地域ウーリがあった。封建臣下に重要な土地をゆだねるより、修道院に王領地を寄進したうえで、国王がコントロールできる修道院長をおけば、間接的に王領地は安泰と言うことになる。これを修道院政策という。

リマト川右岸のフェーリクスら都市聖人の墓地のあった場所に女子修道院は建立されたらしいが、その後にカール肥満王（三世、在位八七六～八八七）がリマト川左岸の現在のフラウミュンスターがある場所に巨大な修道院を建設した。元の場所には、修道女のためにミサを捧げる聖職者が残り、男子修道院（グロースミュンスターの前身）が作られ、この修道院にもチューリヒ周辺の広大な王領地が寄進された。王権に庇護された両修道院を核に遠隔地商人たちも集住してきて、チューリヒは都市形成の道を歩み出すのである。

一二一八年にチューリヒは神聖ローマ皇帝から自由特許状を得て帝国都市となると、都市の「自由と自治」を物理的に守るために城壁建設を始める。時あたかも托鉢修道会が叢生し、都市を目指してそれぞれが各地に修道院を建設した時期にあたる。チューリヒには三托鉢修道会（ドミニコ会、フランシスコ会、アウグスティヌス会）が一二四〇年代以降相次いで巨大な石造建築物を建てた。托鉢修道会はすべて城壁沿いに作られ、城壁建設と一体化されている。次頁の図に見られるように、Ⓐドミニコ会のエッテンバハ女子修道院とⒷアウグスティヌス会は、都市中心から見てリンデンホーフの向こう側の防衛的観点から見て弱い地点にそれぞれ建設されていた。Ⓖフランシスコ会修道院とⒽドミニコ会修道院は地形的に谷の部分で敵の侵入しやすいところに建設されている。中世都市チューリヒの形成と発展の歴史は、修道院の存在抜きには考えられないのである。
森田安一『スイス中世都市史研究』山川出版社、一九九一年。

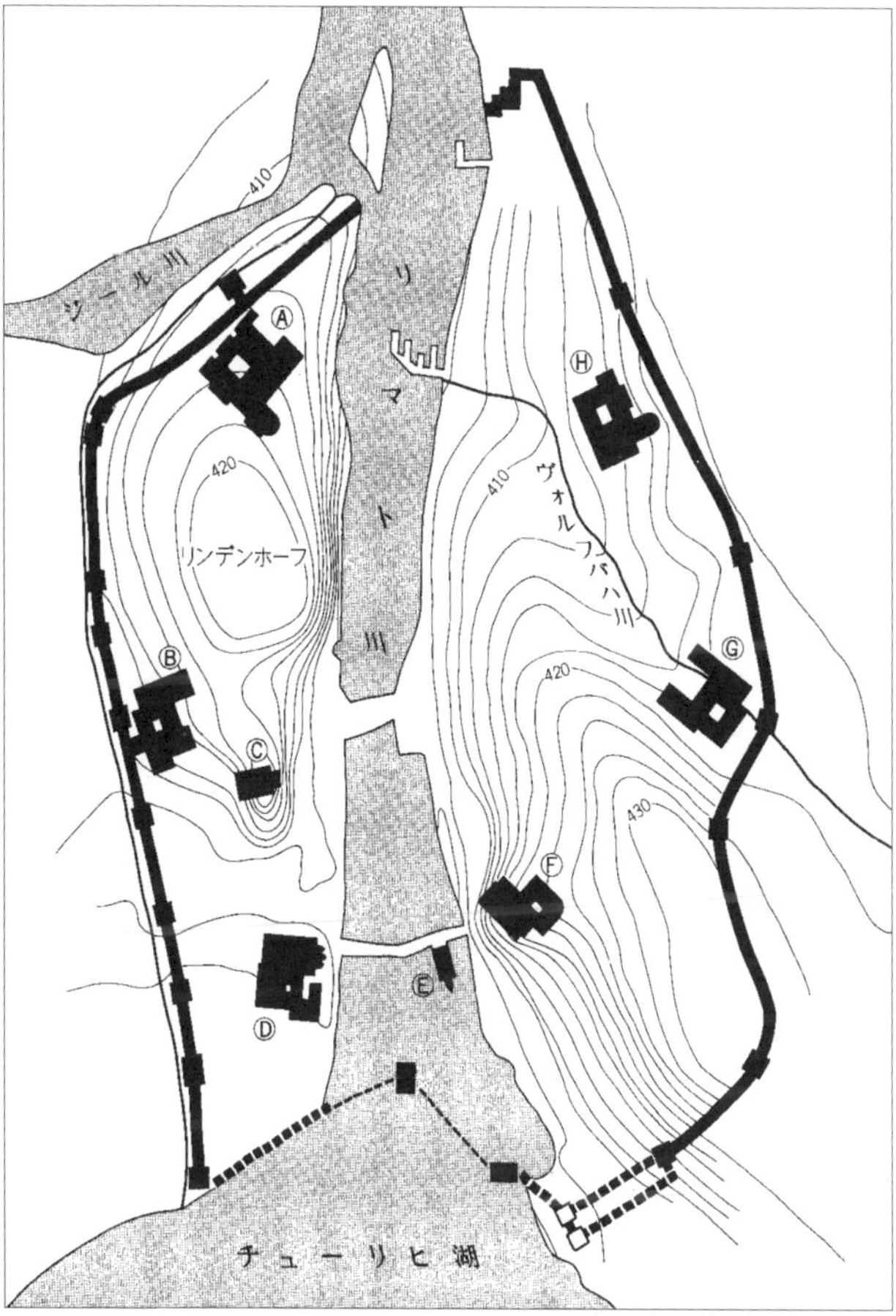

13世紀後半のチューリヒ（修道院・教会・城壁）
Ⓐエッテンバッハ女子修道院　Ⓑアウグスティヌス会修道院
Ⓒザンクト・ペーター教会　Ⓓフラオミュンスター　Ⓔヴァッサー教会
Ⓕグロースミュンスター　Ⓖフランシスコ会修道院　Ⓗドミニコ会修道院

18　カール大帝と峠政策

アルプス山間の秘境ミュスタイアにある世界文化遺産のザンクト・ヨハン修道院にはカール大帝の立像がある。交通不便な秘境とカール大帝とどのような関係があったのだろうか

ミュスタイアはスイス東部（グラウビュンデン）、イタリアとの国境までわずか一キロメートルしかないアルプスの谷間に位置している。そこにカロリング・ルネサンスを思わせる壁画をもつ世界文化遺産のザンクト・ヨハン修道院がある。交通網の発達した現在でも訪れるにはたいへん不便で、秘境と言われるわけがある。しかし、馬か徒歩で旅行した中世では特段不便な場所というわけではなく、むしろ交通の要衝であった。その地にカール大帝が修道院を建設したのは七七五年のことだった。年輪年代学の調査によって、修道院に使用されている建築材がその頃の木材であることがわかっている。

確かに修道院建設の一年前に、カール大帝はランゴバルド王国（イタリア北部地域）を平定し、アルプスの南に支配を及ぼすことに成功している。従って彼にはアルプスの峠ルートをきちんと押さえておく必要があった。もちろんカール自身が修道院の建設に関わったわけではなく、クール司教の仕事だった。当時司教はクール司教座における教会権力を掌握していただけではなく、クール＝レティエンと呼ばれたこの地域の世俗支配権者（レクトール）にも任じられていた。クールの町からはフリュエラ峠とフォルン峠を経てミュスタイアへ行けるが、聖俗の両支配権の合一の中で峠越えルートの維持がなされ、修道院は旅人に宿を提供することもあった。

ザンクト・ヨハン修道院はカロリング様式の建造物で、三つのアプス（後陣、祭室）を備えている。三アプスには素晴らしい壁画が多くあるが、南側のアプスの円蓋には、キリストが剣をパウロに、書物をペテロに手渡すフレスコ画が描かれ、中央アプスにはヘロデ王の祝宴の場が後期ロマネスク様式で描かれている。北側アプスには、キリスト教の最初の殉教者といわれるステファノの殉教の様子が初期ロマネスク様式で描写されている。また、中央と北側アプスを仕切る壁の端にカール大帝のほぼ等身大（一八七センチメートル）の立像が立っている。像は皇帝の完全な正装姿で、王冠をかぶり、右手に神聖ローマ帝国のシンボルである十字付き球を、左手に笏を持っている。このカール像が造られたのは一一六五～六六年と推定されている。神聖ローマ皇帝フリードリヒ一世（在位一一五二～九〇）がカール大帝の遺骨を掘り出し、教皇に彼の列福を認めさせたことと関連すると考えられている。いずれにせよ、カールとミュスタイアのザンクト・ヨハン修道院との関連が古くから認められていたわけである。

ミュスタイアという地名はモナステリウム（monasterium、修道院）に由来する。グラウビュンデンには他にモナステリウム

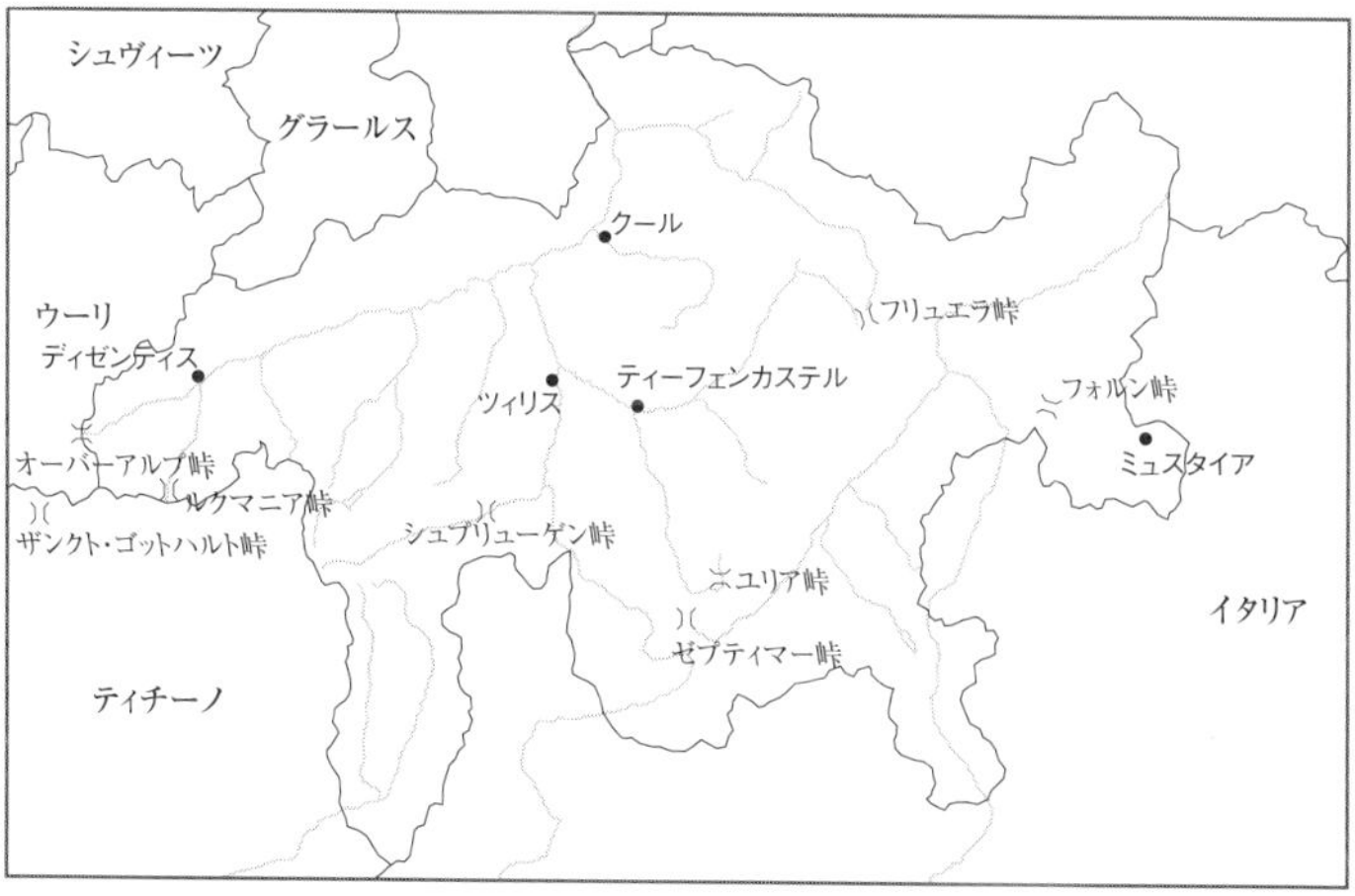

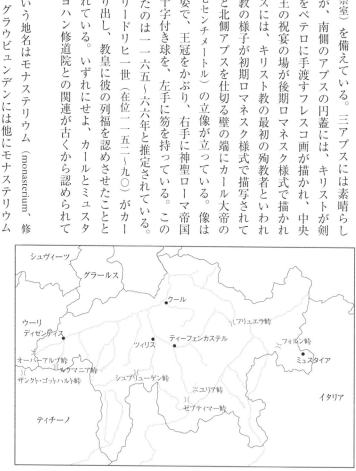

カール大帝像　筆者撮影

円蓋のキリスト像　筆者撮影

に由来する地名や修道院がある。ルクマニア峠とオーバーアルプ峠への入口にあたる交通の要衝に位置する町はドイツ語ではディゼンティスと言うが、ロマンシュ語ではムシュター（修道院の意）と言う。ここには八世紀に創設されたベネディクト会の修道院がある。

また、クールの町から南へ二七キロメートルほどの場所にティーフェンカステルという村があるが、そこの近くに八世紀以来ミスタイルという修道院があった。そこはゼプティマー峠を経てイタリアに行く途上に位置する。ミスタイルはまさに修道院の意だが、ここは一一五四年に廃止されてしまう。カール大帝との直接的関係はわからないが、カロリング時代には修道院が峠ルートの拠点になっていて、旅人を助けるだけではなく、軍事的な意味合いをもたされていたのである。ミスタイルに付属していたザンクト・ペーター教会は現存している。この教会は三アプスをもつカロリング様式の教会としてはスイスで最も古いものである。ミュスタイアのザンクト・ヨハン修道院と同様にフレスコ画や一五世紀初頭のゴシック様式の壁画が残されている。

19 ツィリスの天井画

アルプス山中の小さな村の小さな教会がしばしばアルプス山中の「システィーナ礼拝堂」と呼ばれている。そこにはロマネスク様式の天井画が見られ、一二世紀前半の世界像やキリストの生涯が描かれているのだ

クールの町からイタリアに行くにはシュプリューゲン峠を通るルートもある。途中に断崖絶壁の名勝がある。ヴィアマーラ、ロマンシュ語で「悪い道」という意味だが、深い峡谷を通る交通の難所である。ここをゲーテが一七八八年六月に通り、スケッチを残してくれている。現在は渓谷の底近くまで三〇〇段以上の階段を下っていくことができる。そこから渓谷の石橋を見上げて撮影した写真とゲーテのスケッチを並べてみるとおもしろい。スケッチには石橋を馬に乗って渡る人がいたり、渓谷を見下ろす人がいたりして、情緒あふれているが、谷底からの写真の方が渓谷の深さをよく示している(次頁)。

ヴィアマーラから渓谷沿いに走る道を三～四キロメートル上流に行くと、人口四〇〇人足らずの合併村ツィリス－ライシェンに行き着く。旧ツィリス村には天井画で有名なザンクト・マルティン教会がある。アルプス山中の「システィーナ礼拝堂」とも言われ、天井には一五三枚の板絵がある。一枚の大きさは約九〇センチメートルの正方形になっている。板絵は縦九列横一七列に並べられているが、縦五列目と横九列目、つまり真ん中の列は特別な枠の模様がついていて、天井画の十字架を形成している。

ツィリスには八三〇年頃からすでに教会があったが、現在のザンクト・マルティン教会は一二世紀前半

渓谷の底から見る石橋　筆者撮影

ヴィアマーラ、ゲーテ画　Wikimedia Commons

に建てられたらしい。天井画はその当時の世界像を反映している。大地は四角形をなす平らで、周囲を海に囲まれていると考えられている。したがって、天井画の周辺四八枚は海に関わる図像になっている。網で魚を捕る漁師の絵、斧を手にして裸の男が魚に乗っている図、ハープを弾くセイレン（上半身女性下半身が鳥の姿をした海の怪物）は魚の尾をもち、象やライオンも魚の尾をもって描かれている。他方、内側の一〇三枚の絵は基本的にはキリストの生涯が描かれる。

教会の天井画と言えば、世界遺産に登録されているドイツのヒルデスハイムの聖ミヒャエル教会のものが有名である。制作年代はツィリスより五〇年以上後で、一一九〇〜一二二〇年頃と言われる。ヒルデスハイムにもキリストの生涯が描かれているが、図柄はツィリスの方がはるかにおもしろい。アルプス山中の「システィーナ礼拝堂」と言っても、絢爛豪華でルネサンスの超有名な画家が描いたシスティーナ礼拝堂とは比べようがない。しかし、アルプス山中のみすぼらしい教会にあるロマネスクの天井画も見ておく価値は高い。

Myss, Walter, *Kirchendecke von St. Martin in Zillis. Bildwelt als Weltbild.* Beuron 1965.

ザンクト・マルティン教会天井画　筆者撮影

20　ザンクト・ガレン修道院の誕生

世界文化遺産に指定されているザンクト・ガレン修道院は、中世文化を支えた最も重要な修道院である。修道院の紋章およびザンクト・ガレンの町の紋章に熊があしらわれている理由は何だろうか

東スイスにあるザンクト・ガレン修道院は、そこに付属する図書館とともに一九八三年にユネスコの世界遺産に登録された。現在の建物は一七五五年から六八年にかけてバロック様式で建て直されたもので、スイスにおけるバロック建築の傑作と評価されているものである。また、図書館には数多くの写本や稀覯本が収蔵されている。

そもそもこの修道院は、アイルランドの聖コルンバヌス（五四三頃～六一五頃）の弟子と言われるガルス（五五〇頃～六四六頃）が六一二年に庵を結んだことに由来する。コルンバヌス一行はイタリアへ向けて宣教活動をしようとしていたが、途中ガルスは熱病に冒され、ボーデン湖畔のアルボンに一人逗留せざるを得なくなる。治癒後シュタイナハ川の滝近くに庵を建て、隠修士の生活を始めた。若者たちが彼のまわりに集まって隠道士となり、礼拝堂も建てられた。

ここにガルスの逸話が生まれる。ある日、ガルスが祈りを捧げているときに突然住民が恐れる熊が現れた。ガルスは、消えかかっているたき火に薪をくべるように熊に命じた。熊がそれに従ったので、ガルスはその熊にパンを与え、今後姿を現さないように諭したという。これを目撃したある隠修士は、森の動物

ガルスの逸話
上辺にラテン語で「聖ガルスがパンを熊に与える」と書かれている
ザンクト・ガレン修道院図書館蔵

ですらガルスの言葉に従ったことから、主イエスがガルスとともにいることを確信したという。この光景は九〇〇年頃制作された象牙板の彫刻に彫られ、ザンクト・ガレン修道院文化の一端を示す作品になっている。中央に十字架が立てられ、左側には熊がガルスに薪を届けている場面、右側にガルスが熊にパンを与え、その足下にそれを目撃する狸寝入りの隠修士も彫られている。

この逸話からザンクト・ガレン修道院の紋章は立ち上がった熊の姿を描く図柄になっているが、その熊に金色の首輪をつけた図柄がザンクト・ガレンの町の紋章である。さらに、後に触れるように、[★43] ザンクト・ガレン修道院は広い領域支配をするようになるが、その支配下にあったアペンツェルもカントンとして自立すると、立ち上がる熊の姿を紋章にしている。

話を先に進めてしまった。さて、ガルスの死後彼の居住していた庵は巡礼地となった。しかし、まもなく庵は荒れ果て、周辺に隠修士たちが居住するだけになった。それを見かねて、そこに修道院を建立したのは、クールで勉学を修めたオトマール（六九〇頃〜七五九）であった。彼は七四七年に服従、沈黙などを徳目とするベネディクト会則を採用し、共生する修道制を作った。オトマールはその修道院をガルスの名にちなんで、ザンクト・ガレン修道院と名づけたと言われる。その結果、多くの寄進を受けて、ザンクト・ガレン修道院の基礎が築かれた。オトマールはガルスとともに、ザンクト・ガレンの町の守護者になっている。彼の死後、ザンクト・ガレン修道院は八一八年にルートヴィヒ敬虔王からインムニテート（自治と免税の権利）特権を得た。その後神聖ローマ帝国時代には帝国修道院となり、院長は帝国諸侯の一員になった。一六世紀の宗教改革期に一時動揺があったが、一八〇五年まで修道院として存続し、現在はカトリック大聖堂となっている。

ヴェルナー・フォーグラー編、阿部謹也訳『修道院の中のヨーロッパ　ザンクト・ガレン修道院にみる』朝日新聞社、一九九四年。

Thürer, Georg, *St. Galler Geschichte. Kultur, Staatsleben und Wirtschaft in Kanton und Stadt St. Gallen von der Urzeit bis zur Gegenwart.* St. Gallen 1953.

第四章

スイスは都市の国

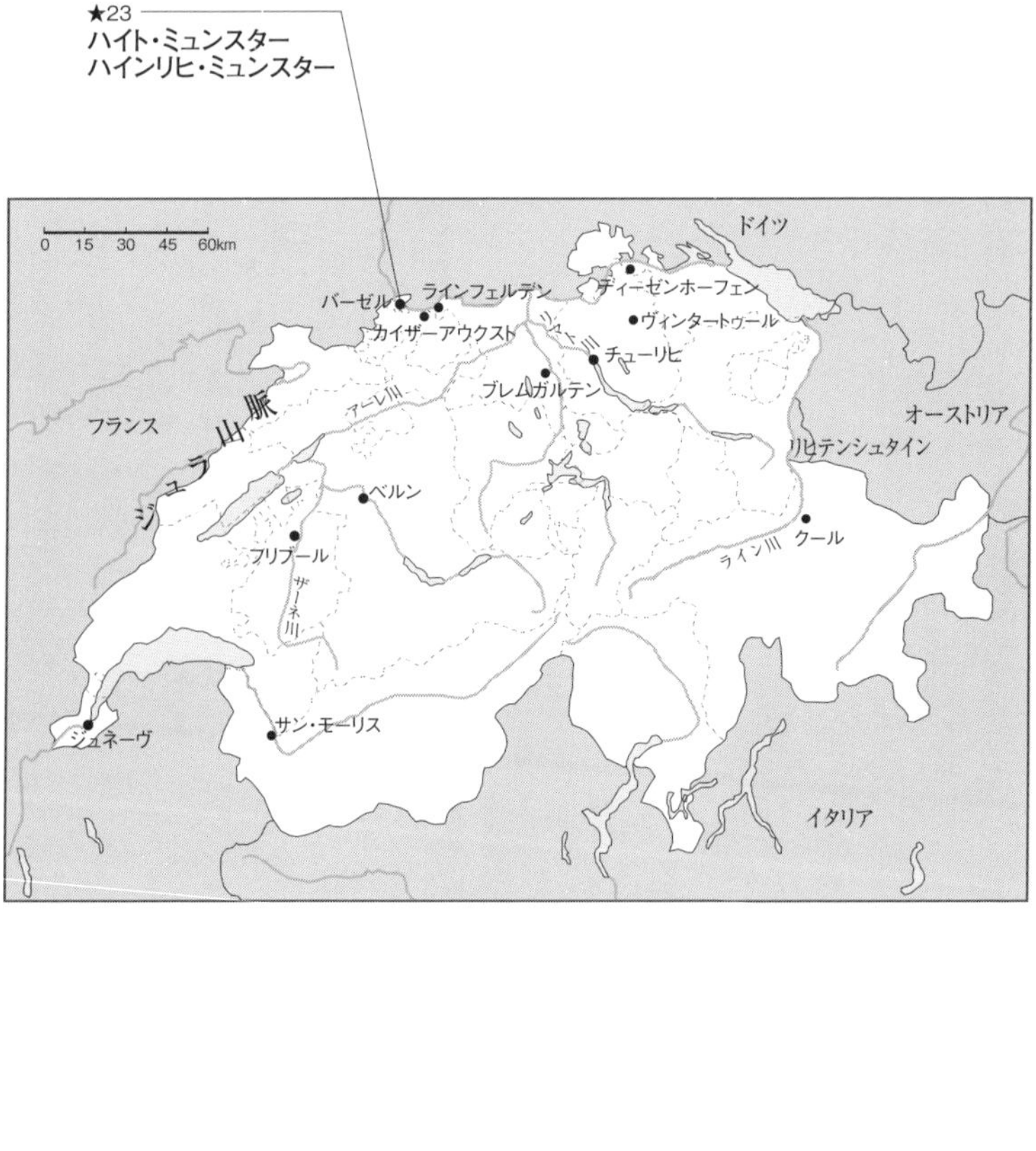
★23
ハイト・ミュンスター
ハインリヒ・ミュンスター
0 15 30 45 60km
ドイツ
ディーゼンホーフェン
バーゼル
ラインフェルデン
カイザーアウクスト
ヴィンタートゥール
チューリヒ
ブレムガルテン
アーレ川
フランス
ジュラ山脈
オーストリア
リヒテンシュタイン
ベルン
フリブール
クール
ライン川
ザーネ川
サン・モーリス
ジュネーヴ
イタリア

21 スイスは都市の国

スイスと言えば、アルプスの美しい山々と湖の国と思われるが、平野部の人口密度は高い。そこでは商業的に自然に成長した都市や軍事的に建設された都市など多様な姿の中世都市が叢生している

スイスはアルプスの国、牛とチーズで象徴される牧畜の国と見る人は多い。しかし、スイスは中世以来都市の国であった。ヨーロッパ中世における交易路は水運が重視されたことはすでに指摘したが、ヨーロッパの四大河川（ライン、ドナウ、ローヌ、ポー）の源流はすべてアルプスにあり、スイスはいわば河川交通の十字路だった。それゆえ、いわゆる商業の復活にともなって一一世紀に主として河川沿いに都市が誕生していった。遠隔地商人たちが交通の便のよいところに定住し、相互扶助システムとしてのギルド（同業組合）を形成した。いわば自然成長的に都市が誕生したと言われる。また、商人たちが定住した場所は王宮・修道院・司教宮廷の近隣であったので、これらの施設に仕えた家人（ミニステリアーレン）たちも何らかの関係で都市形成に関与したと考えるべきであろう。こうして生まれたスイス都市は一七あり、代表例はチューリヒ、ジュネーヴ、バーゼル、サン・モーリスなどである。

一二世紀に入ると、有力な封建領主が都市の経済力に目をつけ、支配地域内に都市を建設する。その際には領国支配のために軍事・支配の観点の考慮された都市建設がされた。代表的な例は、ツェーリンゲン公によるフリブール（一一五一年）、ベルン（一一九一年）、キーブルク伯によるディーゼンホーフェン

（一一七八年）、ヴィンタートゥール（一一七八年頃）、ハプスブルク伯によるブレムガルテン（一二〇〇年頃）などがある。

さらに一三世紀に入ると、有力世俗諸侯だけではなく、弱小の世俗諸侯や聖界諸侯も積極的に都市建設をしてくる。スイス中世都市の数は全部で一九七あるが、そのうちの一五二がこの時期に建設されている。たとえば、サヴォワ伯二三、ヌシャテル伯一四、ローザンヌ司教九、バーゼル司教七などである。

最後にスイスで中世都市が建設されたのは一三九〇年のことだが、一四世紀はむしろ逆に中世都市の消滅する時期である。その主なる理由は、後述するが、★39 スイス盟約者団国家が形成されはじめ、スイスの地からハプスブルクやサヴォワらの封建諸侯が追い出されたからである。建設者たる諸侯が没落するとともに、とくに軍事上の理由で作られた建設都市は消滅するか、単なる村になった。とくにチューリヒやベルンなどスイス盟約者団★34を構成する大都市が都市国家化し、自らに都市機能を集中して、周辺都市の都市機能をうばいとっていったからである。

森田安一『スイス中世都市史研究』山川出版社、一九九一年。

22 ベルンとフリブール

南ドイツに拠点をもったツェーリンゲン家はスイスに進出するに当たって多くの都市を建設した。その代表的な都市はベルンとフリブールで、まさに鉄壁な城砦都市だった

自然成長的に中世都市が生まれた例としてすでに都市チューリヒについて触れたので、典型的な建設都市の例をここで見ておこう。ベルンとフリブールは姉妹都市といえるツェーリンゲン家が建設した都市である。ツェーリンゲン家は南ドイツのシュヴァーベンに勢力を張っていたが、伯の地位から公の地位を得てスイスに進出し、各地に都市建設をする。まずライン川を渡り、一一三〇年にバーゼルに近いラインフェルデンにスイスにおける最初の建設都市を作った。次いで、南下して一一五七年にフリブールを建設する。

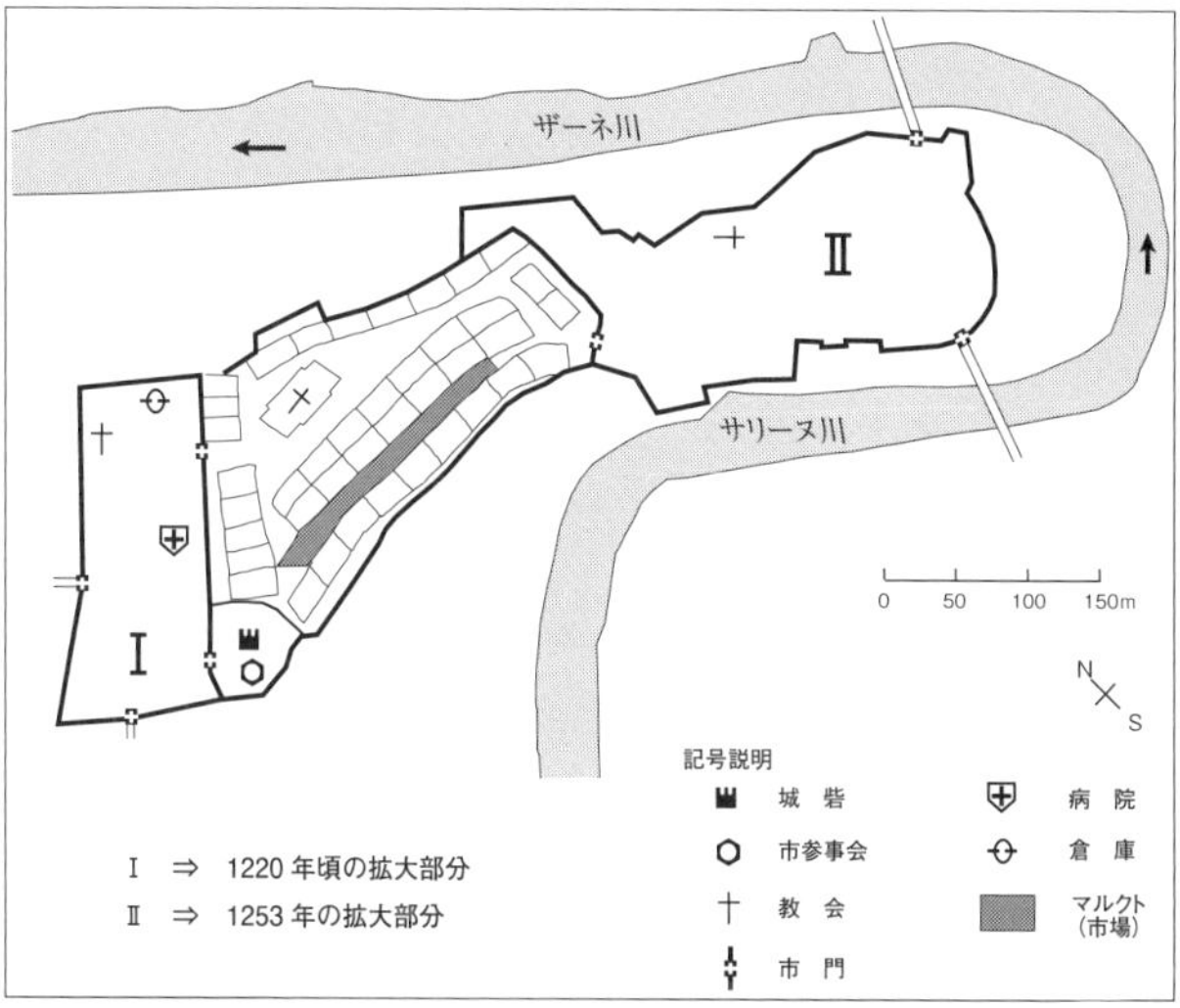

中世都市フリブールの形成

フリブールはサリーヌ川（独表記ザーネ川）の蛇行した半島状の断崖上に作られる。上図でみてみると、中央部分が建設当初の部分で家屋数はわずか四〇戸であった。一二一八年にツェーリンゲン家は断絶し、スイスにおける多くの所領は東スイスの有力諸侯キーブルク家に渡った。キーブルク家は二度にわたり、フリブールの市域を拡大した。一度目は都市を手に入れるとすぐに、一二二〇年頃に北西方向に市域（Ⅰの記号部分）を拡大し、一二五三年には川に向かって（Ⅱの記号部分）拡大した。

ところが、キーブルク家も断絶し、その後ハプスブルク家、ついでサヴォワ家が都市領主になった。しかし、経済力をつけていったフリブールは、ブルゴーニュ戦争★48の折にベルンに従って戦い、一四七七年にサヴォワ家の支配から自立した。自由都市となったフリブールは一四八一年にスイス盟約者団に正式メンバーとして参加できることになった★50。

ベルンの場合もアーレ川の蛇行した半島状の断崖の上に一一九一年にツェーリンゲン公ベルヒトルト五世によって建設された。ベルンもフリブール同様に市域は拡大してゆくが、東と南北の三方をアーレ川に囲まれており、西に城壁を作れば、鉄壁の城砦都市となった。

ベルンという名称は、ベルヒトルト五世がベルン周辺の森で最初に射止めた動物、つまり熊（ベア）に由来すると言われている。ベルン市内にあるベルヒトルト五世の銅像には熊が一緒に立っている。またアーレ河岸には熊牧場が作られ、ベルン市の象徴として飼われていて、観光客に喜ばれている。ベルンの紋章も赤い舌を出した熊を描いている。しかし、ベルンの語源は実際にはケルト語のberna（深い淵）と思われる。ベルンの地理的環境からこちらの方が正しいようである。

一九八三年にベルンは「ベルン旧市街」の名でユネスコの世界遺産（文化遺産）に登録された。中世都市の雰囲気を伝えているとしばしば書かれているが、ベルンは一四〇五年の大火で灰燼に帰している。ラートハウス（旧市参事会館）は火災後すぐに建設されているが、ベルンの銀座通りとも言える有名なクルム小路の建物のほとんどは一八世紀前半に作られたものである。

23 バーゼル大聖堂

二〇一九年にバーゼル大聖堂は建設一〇〇〇年を祝った。建築史的に興味を引くだけではなく、大聖堂は大地震、ペストの大流行、公会議など歴史の目撃者である

七四〇年頃にカイザーアウクストから司教が移ってきたバーゼルは、その後司教都市として大きく発展していった。司教ハイト（七六二／三〜八三六）は考古学調査によって証明されている大聖堂（ハイト・ミュンスター）を八一〇年から八二三年のあいだに建設している。彼は同時にライヒェナウ修道院長としても重要な働きをしている。特にカール大帝の信任が厚く、カールの遺言書の証人に指定されている。また、八一一年に外交官としてコンスタンティノープルに派遣されている。カール大帝の皇帝位の承認を巡る交渉を任されたものと思われる。

九一七年にバーゼルはハンガリー人の祖であるマジャール人の侵略を受け、大聖堂も略奪の対象となった。当時の司教は殺害されたが、大聖堂の具体的な被害はわからない。一〇〇六年に高地ブルグント王国の支配下にあったバーゼルが、神聖ローマ皇帝ハインリヒ二世の支配に属することになると、ただちに彼は大聖堂の再建に多くの寄進をした。大聖堂は中世には珍しくわずか一三年で完成し、一〇一九年に献堂式が執り行われた。この大聖堂はハイト・ミュンスターに対して、ハインリヒ・ミュンスターと呼ばれる。ハインリヒ二世の功績をたたえる意味で、大聖堂の正面、中央入口の左側上方にハインリヒ二世とその后クニグンデの像が据えられている。皇帝は冠をかぶり、左手に笏を、右手に大聖堂を抱えている。

二〇一九年聖堂建設一〇〇〇年を記念して発行された記念切手にはこの姿が印刷されている。

この初期ロマネスク様式で建てられたハインリヒ・ミュンスターは一〇八五年に火災に遭い、一二世紀中葉に後期ロマネスク様式で建て直された。しかし、この大聖堂も一三五六年にバーゼルをおそった大地震によって壊滅的被害を被った。中央ヨーロッパに起きた最大級の地震と言われ、マグニチュード六・五〜七・〇と推定されている。一五世紀に再建が進められ、ゴシック様式の現在の姿になる。この大聖堂において中世末期の有名なバーゼル公会議（一四三一〜四九年）が開催される。フスを処刑したコンスタンツ公会議（一四一四〜一八年）を受けて、バーゼル公会議では徹底した教会改革が試みられたが、失敗した。公会議は公会議至上主義を唱える者と教皇主義権を唱える者が対立し、対立教皇の選出が行われたりして、正式の公会議とはされていない。

また、公会議の最中の一四三九年の夏にペストの大流行に襲われている。毎日死者が一〇〇人以上出て、公会議も中断された。死が蔓延した結果、一四四〇年以降にドミニコ会修道院の墓地の囲壁に「死の舞踏」が描かれる。三九対の生者とその骸骨像がおよそ六〇メートルにわたって壁に行列のように描かれた。身分的に教皇から始まり、皇帝、枢機卿、国王といった高位の人物から一般のさまざまな地位の者が並んでいる。この「死の舞踏」をもとにして、その後バーゼルでは非常に多くの「死の舞踏」が描かれ、印刷されてゆく。「死の町」とも称されるバーゼルについては再度触れたい。★54★63

この公会議において書記官の職務を果たした人物こそが、後に教皇ピウス二世（在位一四五八〜六四）となるが、この教皇によってバーゼル大学が認可される。一四六〇年のことで、バーゼル大学はスイスにおける最古の大学である。この結果、一六世紀にバーゼルは印刷業が勃興し、ルネサンス・人文主義運動の中心になる。

バーゼル大聖堂正面のクニグンデ（左）とハインリヒ二世（右）
ハインリヒは右手に教会の模型を抱え，教会の設立者であることを示している

24　ヨス・ムラーのチューリヒ都市図

ムラーが手がけた木版画の都市図は都市内の様子が詳かに描かれ、視覚的に中世都市の様子を知ることのできる一級の史料である

中世から近世にかけてのチューリヒ都市図は簡単なものから詳細なものまでかなりの数があるが、その中で特筆できるものは一五七六年に作製されたヨス・ムラー（一五三〇〜八〇）の手による木版画の都市図である。一六世紀の宗教改革後の作品だが、中世の都市生活の具体的な姿を見ることができる。

ムラー図は七枚の版木から刷られた縦九八・五センチ、横一三二センチの都市全体の大きな鳥瞰図である。建築物は一軒ずつ正確に描かれ、各所に大工、皮なめしなど仕事をしている姿や水汲みや洗濯といった日常生活を営む人なども細かに描かれている。図の右にチューリヒ湖があり、そこからリマト川が流れ出て、チューリヒの町を貫流している。そこには防御木柵が打ち込まれ、右岸にある通過門からしか船はリマト川に入れない。また、町全体は立派な市壁に囲まれ外敵から守られている。リマトの左岸の市壁の外は水堀があるが、右岸は丘の緩やかな斜面になっていて、市壁の外は空堀になっている。

リマト川には二本の橋が架かっている。湖に近い上流の橋は「上の橋」（現在名ミュンスター橋）、下流の橋は「下の橋」（現在名ラートハウス橋）と呼ばれていた。その二つの橋に巨大な水車が設置されている。さらに下流、図の左側には二つの水車橋（両岸を結んでいない橋）があり、たくさんの水車小屋が見える。それぞれの水車の役割は後述するが、水車の風景が都市の風景であることが注目される。

ムラー図は歴史的な視覚史料として一級の価値があり、これを利用して以下三〇話までの話を展開したい。

25 中世市民はどのように飲料水を確保していたか

ムラー図によれば、中世都市チューリヒでは水車による河川の水の汲み上げ、井戸堀、水道（噴水）の敷設によって水を確保する工夫が十分なされていた

アルプスに源泉をもつ河川が全土に縦横に流れるスイス。その河川利用の歴史に触れないわけにはいかない。

中世における河川の利用は、まずそこから飲み水を確保したことである。ただし近代に入っても、パリの人々はセーヌ川の水を飲んでいたという。しかも、セーヌ川には道路に放り出された汚物が雨に流されて流入し、水質は想像を絶するほど劣悪であった。

前けれど、チューリヒではセーヌ川より遥かに水質のよいリマト川がチューリヒ湖より流れ出ている。前の二四話で触れたように、リマト川には二本の橋（上流に「上の橋」、下流に「下の橋」）が架けられ、両方の橋の中央に巨大な揚水車が設置され、川から水がくみ上げられていた。揚水車でくみ上げる水を清浄に保つために、屠殺場は「下の橋」の袂に建設され、屠殺に使用された汚水は下流に流された。皮のなめしや

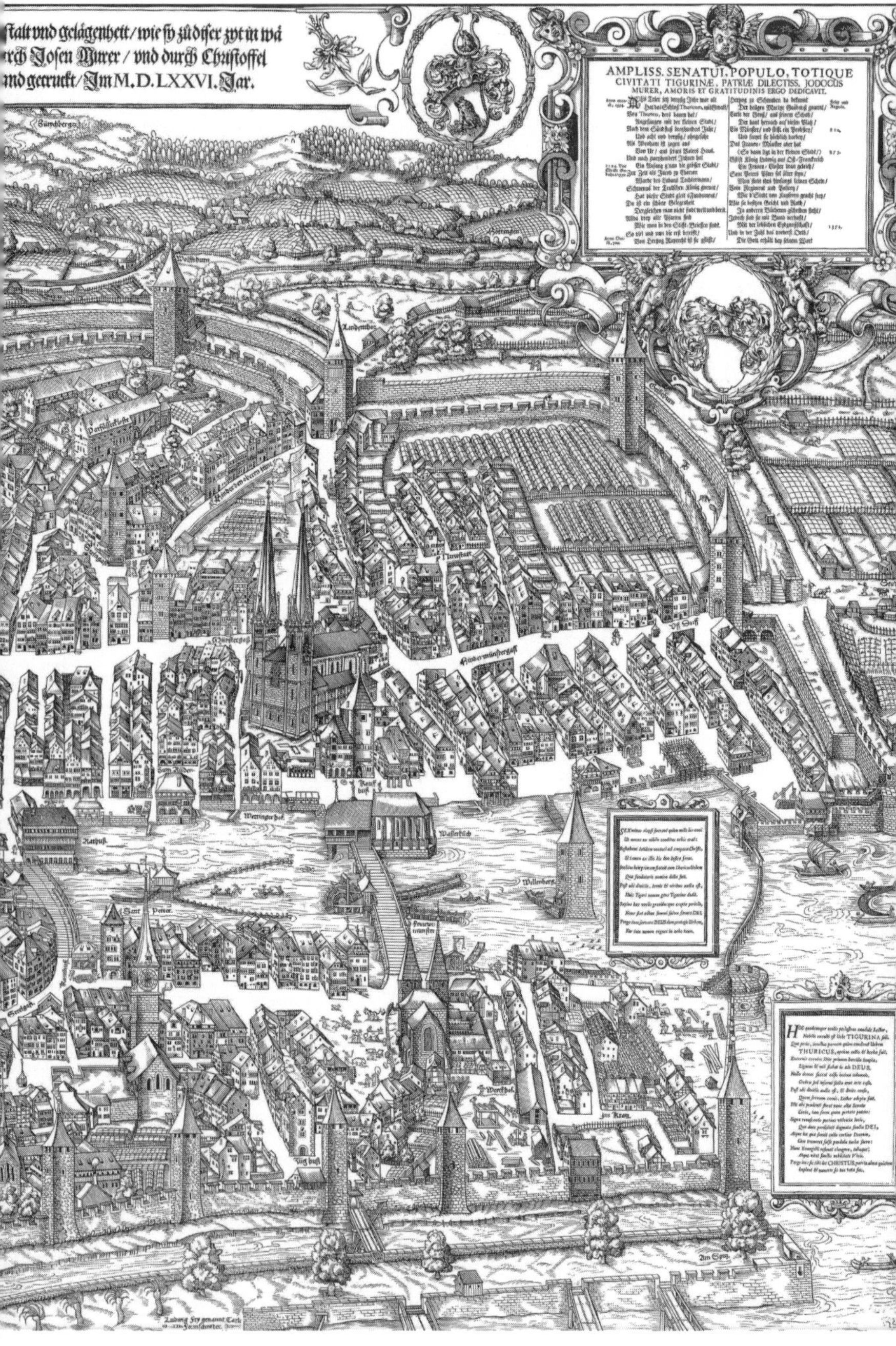
ſtalt vnd gelägenheit / wie ſy zů diſer zyt in wä
rch Joſen Murer / vnd durch Chriſtoffel
and getruckt / Jm M.D.LXXVI. Jar.
AMPLISS. SENATUI, POPULO, TOTIQUE
CIVITATI TIGURINÆ, PATRIÆ DILECTISS. JODOCUS
MURER, AMORIS ET GRATITUDINIS ERGO DEDICAVIT.
Rathuß
Wellenberg
Wasserkilch
Sant Peter
Jm Kratz
Am Sew
THURICUS
TIGURINA
DEUS
DEI
CHRISTUS

ムラー図　リマト川はチューリヒ湖から流れ出る。右がチューリヒ湖で、上流。手前が左岸。

『絵入りルツェルン年代記』より

洗濯も「下の橋」の下流で行われていた。文献史料では一四世紀後半から水車の存在が確認でき、一九世紀まで五〇〇年ほど使用されていた。ムラーの木版画ではこの揚水車を手に取るように見ることができるが、宗教改革以前の一五〇四年に描かれたロイの祭壇画（フェーリクスらの殉教図）の背景図やディーポルト・シリングの『絵入りルツェルン年代記』（一五一三年刊）からもこの揚水車の様子がわかる。

　水車によってくみ上げられた水は大型の木製水槽に流し入れられる。水槽は柿葺《こけら》きの屋根で覆われている。シリングがこの水槽の様子を橋の側から描いてくれている。それは、神聖ローマ帝国の使節とスイス人傭兵が「下の橋」上で交渉している場面で、傭兵の背後に水槽がある。水槽にはリマト川から汲まれた水が三本の筒から勢いよく流れている。屋根の下の壁に当たる部分にチューリヒの都市聖人フェーリクスら[★15]が描かれている。殉教のさいに切り落とされた自らの首を抱えた聖人たちがキリストに迎え入れられている図である。

　水槽に汲まれた水は導管を通じて公衆用と私宅用の噴水に配られた。「下の橋」の場合には、近くに魚市場、屠殺場、肉屋などがあり、業務用に使われたと思われる。ただ、ロイの祭壇画を見ると、水桶を頭に乗せて、橋の上を歩く女性が描かれているので、導管による配水だけではなく、水槽に水を汲みに来ていることがわかる。水道（噴水）の設備がなされる前には特に河川の水も飲料用に汲まれていたのであろう。それでも汚水や業務用の廃水が流れ込んでいただろうから、飲料水としては当然井戸水や水道水が求められていた。

井戸がいつ頃から使われていたか不明だ。ベルンでは都市建設の時以来あったと推定されており、文書史料的には一四世紀後半に確認されている。チューリヒの場合、ムラー図からは一六世紀にどの程度の井戸の数があったかはほぼ推測できる。二種類の井戸があり、はねつるべ方式の井戸一カ所とウィンチ式くみ上げ装置の井戸七カ所である。当時のチューリヒの人口は六〇〇〇人と考えられており、それにしては井戸の数は異常に少ない。おそらく木版画に描けない私宅用の井戸はかなりあったと思われる。あるいは、一四〇〇年頃にチューリヒでは水道システム（噴水）の整備が進められ、すでに井戸への依存度が減っていたのかもしれない。

水道システムを導入するには都市政策がしっかり遂行できる状況にないと難しい。一五〇〇年には総延長一〇キロメートルの導管が敷かれていた。導管は鉄管や鉛管ではなく、太い木をくり抜いて作られ、それを敷設する作業は一大土木工事であった。したがって都市当局の計画的政策に基づき、水を大量に必要とする肉・魚を扱う業者が住む地

水を運ぶ女性と噴水（ムラー図）

域に多くの噴水を設置したりしている。また、スイスのどの都市も一四〇〇年前後に導管敷設を行っていることから、その四〇年ほど前にヨーロッパ全域を席巻したペストの大流行が関連していた可能性もある。ペスト流行の原因が水質汚濁にあると考えられた節があるからである。チューリヒの場合、一四〇三年から市内の道路の舗装が始められ、同時に市内における豚の飼育の禁止、路上に汚物を積み上げておくことが厳しく禁じられ、噴水周辺を清潔に保とうとしている。少し時代を下った一五七四年には次のような噴水条例が出されている。

いかなる者も噴水で葉菜、根菜、肉、洗濯物、その他を洗ったり、清掃したりしてはならない。これを行った場合には、一ポンド五シリングの罰金を科する。噴水からは清浄な水だけを汲んでゆくべきで、洗い物はリマト川やジル川でするべきである。

水道は各家庭にまで敷かれたわけではなく、路上の噴水まで人々は水を汲みに行った。中世都市の家族構成は四~五人と想定されるが、家族が必要とする一日の水は四五リットルと概算されている。その量の水を毎日運ぶのはたいへんだったであろうが、主として女性の仕事だった。ロイの祭壇画だけではなく、ムラー図にも水桶を頭上に乗せて歩く女性の姿が二カ所で見られるのである。

26 中世都市のトイレ事情

中世都市では排水は配水より重視されなかった。それでもチューリヒでは河川利用や建築様式において排水の工夫がなされている

パリを例にして中世都市は汚物にまみれていることがしばしば語られる。一般市民の家にはトイレがなく、「おまる」で用を足していた。「おまる」がいっぱいになれば、それを捨てに行かなければならないが、面倒なので路上に捨てていた。特に二階、三階から運び下ろす労力がたいへんなので、窓から汚物を路上に投げ捨てたと言われている。したがって、パリの町は悪臭に満ちていた。

著名な人文学者ゼバスティアン・ブラント（一四五七／五八〜一五二一）はその代表作『阿呆船』（一四九四年刊）の第六二話「小夜曲のこと」に添えられた木版画挿絵に「おまる」を描いている。阿呆たちが夜中に女性の家に押しかけ、女性が窓から顔を出してくれることを期待して、戸口で音楽を奏でたのに対して、女性は二階から「おまる」の中味を阿呆たちに浴びせている。

チューリヒの場合は、ムラー図で見ると、特にリマト川右岸の家々は川に向かって二列に建てられていることがわかるが、二列の家のあいだに溝があり、屋根からの雨水もそこに落ちるようになっていて、そこへ汚水も流していた。考古学研究によれば、チューリヒには何カ所もの肥溜もあり、「おまる」の汚物を街路に捨ててばかりいたわけではない。一三四三年の条例では汚水を庭に浸透させるように定めている。また、路上に塵芥、堆肥を積み上げていることに対する禁令は一四世紀初頭から出されはじめ、一五世紀

男子ドミニコ会修道院（ムラー図）
この図は宗教改革後の図なので，修道院は病院になっている

一般市民の家のトイレ
ムラー全図の右角にある

にも繰り返されている。一四〇三年の条例では、「都市内においてだれも自分の家の前や街路に堆肥を八日以上放っておいてはならない」とあり、都市当局は市内の清掃に関心を寄せている。

　この堆肥は都市内にある農地への施肥用と考えられる。チューリヒの市壁内面積は四〇ヘクタールで、空閑地が九ヘクタールあるが、その大部分は農地である。また、ムラー図では市壁外にぶどう園が広がっており、多くの肥料を必要としていた。肥溜の人糞、堆肥、塵芥がリサイクルされていたのである。

　ムラー図にはトイレも描かれている。男子ドミニコ会の建物は宗教改革後施療院に転換されているが、その建物の各階に出窓が見られる。その出窓が各階でずらされている理由は、これがいわゆる出窓式落下型トイレである。落下地点にはヴォルフバハ川が流れていて、落下物はリマト川に至ることになっている。一般市民の家でも裏庭のある家ではこの落下方式のトイレを採用している場合がある（上図）。

また、修道院などでは建物の外にトイレを設置していた。左上図では修道士が夜中にトイレに起き、トイレの前で階段を踏み外しているが、そこには便座が二つある。その便座の上にはトイレットペーパー代わりの干し草が置かれている。トイレに干し草が置かれている図は、宗教改革者マルティン・ルターの重要な論敵の一人でフランシスコ会修道士トーマス・ムルナー（一四七五〜一五三七）の傑作『ルター派の大阿呆について』の木版画の挿絵にもある。魂のない死んだルターは便壺に突き落とされるが、その場面にも便座の上に干し草が積まれている（左図）。

大都市パリを例に、中世都市は汚物にまみれているようなイメージが作られているが、それは訂正される必要がありそうだ。

修道院のトイレ
『ヴィキアーナ』（16世紀の珍事・ニュースを収集した書物）より

森田安一『ルターの首引き猫』山川出版社、1993年より

27 水上トーナメントと射撃競争

中世スイス市民の娯楽は何だったのだろう。ムラー図には市民の楽しみでもある水上トーナメントと射撃競争が見て取れる

ムラー図からはっきりと読み取れる市民の楽しみに水上トーナメントと射撃がある。リマト川の中央で馬の代わりにボートに乗って、槍試合をしている。舳《へ》先に槍をもった男が立ち、ボートを進め合って、相手を槍でついて川に突き落とすゲームである。古くは馬上槍試合と同様に鎧を着て、突き合ったらしいが、当然溺死者が出て、その後スポーツ化された。皮の胸当てをつけ、槍の先は丸められ、怪我をしないようになった。一九七九年以降チューリヒでは三年おきに水上トーナメントを行っている。競技者はムラー図とは異なって船尾に立っている。

水上トーナメントはヨーロッパ各地で行われていて、特別スイスに関係するわけではなく、ムラー図での描写が歴史的に古く貴重なだけである。しかし、射撃はかなりスイス的で、熱心に行われている。その様子をムラー図は教えてくれる。「下の橋」の少し下流のリマト川の上にリンデンホーフから右岸に二本のロープが渡されている。射撃の的がリンデンホーフの斜面にあって、右岸から射った矢を右岸に戻す装置である。リンデンホーフ斜面の的小屋はロイの祭壇画にたしかに描かれている。さらにロイの祭壇画はリンデンホーフからエッテンバハの女子修道院方向へ射る射撃場も描いている。市内に二カ所ある射撃場はクロスボウ（弩）用である。

ムラー図にはもう一カ所本格的な射撃場が描かれている。市壁外の北西に位置するプラッツと呼ばれる平坦地に設置されている。手銃（火縄銃）の射撃訓練もされていた。市壁外であれば、騒音も気にせずに射撃が行われたと思われる。また、そこには立派な建物もあり、社交の場になっていた。特に外からの使節が訪れてきたときにも、接待に使われた（三〇話の図参照）。

射撃訓練は都市防衛のためであると同時に、市民の娯楽としてスイスでは盛んに行われていた。現在スイスでは国民皆兵制をとり、各地の射撃訓練場で民兵として訓練をしている。観光をしていても、ときに射撃音を聞くことになる。

ロイの祭壇画
奥の樹木がある場所がリンデンホーフ，その手前に一つの的場が見える。もう一つの的場は右側の人物の頭の脇に見える

水上トーナメント（右の梁の中）と射撃用ロープ（左の梁の上），リンデンホーフと対岸の家と結ばれている

28 街路を闊歩する豚

ムラー図では豚が街路を歩き回る風景が見られる。中世市民の食糧事情をムラー図だけから推し量ることは難しいが、食肉は豚が中心だった

ムラー図には家畜市場がフラウミュンスター脇の広場で行われている様子が描かれている。牛、馬、豚が取引されている。とくに豚は街路が舗装される前には、街路に放置された塵芥等を食べて、掃除をしてくれる便利な家畜であった。そして時期が来れば、市民の腹を満たしてくれる食肉になった。したがって、豚が街路を歩き回る風景は中世都市の景観の一部であった。

ところが街路の清潔保持の点では豚自身が多くの排泄物を出し、問題があった。チューリヒでは次の条例が出されるようになった。

　年間を通じて都市チューリヒ内では家の豚舎以外で豚を飼ってはならない。つまり、豚を街路に放してはならない。日に二度［外で］豚に水を飲ませることはできるが、豚番をつけること。また、豚の糞尿を片づけ、豚舎を掃除するときも、豚を外に出すことができるが、そのさいも豚番をつけること。水を飲ませたあとと掃除のあとは速やかにふたたび豚をもとに戻すこと。

豚の都市内での飼育の不可欠性・有用性を都市当局は認めた上で、街路の清潔保持の努力を傾けている。

現在では考えにくいことは、屠殺場が都市の中心部にあったことである。ムラー図を見ると、「下の橋」の右岸の袂に市参事会館、裁判所と並んで屠殺場がある。道を挟んで大きな建物が見えるが、その一階には肉屋の屋台が多数あって、肉の販売が行われている。販売されている肉の種類は、それぞれの肉の値段を決めている都市条例からわかる。山羊、羊、牛、豚は記載されているが、鶏はない。鶏も豚と同様に都市内で放し飼いされていたと思われるが、ムラー図にも見当たらない。

一方、ムラー図の空堀には鹿が飼われているのが見える。鹿は一般的には貴族の狩猟の対象で市民は食する機会がない。鹿は市民の食用のためではなく、賓客が市を訪れたときなどに、接待用の饗応に供されたものと思われる。

Schwarz, Dietrich W.H., Der Alltag im spätmittelalterlichen Zürich, in: *Das Leben in der Stadt des Spätmittelalters.* Wien 1977, S.89-113.

家畜市場

堀の中に鹿が見える

29 都市生活の中の魚

チューリヒでは肉より魚の方が手に入り易かった。チューリヒ湖やリマト川には漁労の様子が描かれている。そこから中世都市の食生活における魚について読みとっていこう

ムラー図を見ると、リマト川に二つの漁労小屋が見える。小屋から上流に向かって漏斗状に杭を打ち、その杭に枝を編み込み、川を下る魚が梁《やな》に追い込まれるように工夫されている。小屋のしたに筌《うけ》が仕掛けられ、小屋から長い棒で着脱できるようになっていた。小屋の所で長い棒を川に差している人物が見えるが、筌を川からあげようとしているのかもしれない。

小屋は史料的に初めて触れられているのは一二九八年で、たいへん古い。ただし、文字史料ではこの小屋が具体的にどのように使われていたのか記述はない。漁労具の保管に使われていたであろうことは想像できる。下流にある小屋は重罪犯を溺殺刑に処する場所にもされていた。この場所から手足を縛られた重罪犯は、錘を付けられ川に沈められ溺殺させられた。もっとも著名な例は一五二七年に行われた再洗礼派の指導者フェーリクス・マンツの処刑であろう。★68 小屋が撤去されたのは一七八五年で、五〇〇年近くあったことになる。

漁労はリマト川だけではなく、チューリヒ湖で大規模に行われている。ムラー図には四人の漁師が二艘の船で漁網を引いている様子が描かれている。捕れる魚の種類は鱒、鯉、バーブ（にごい）、鯎《うぐい》、かわかます、鮭、鱸《すずき》などであった。漁獲した魚は自分の家や船中に置いておかずに直ちに漁師自身が魚市場に運んで、売却しなければならなかった。都市内の同僚に販売のために魚を引き渡すことは禁止されていた。魚市場は市参事会館の脇にあり、ムラー図には噴水を囲んだ魚売り台が描かれている。町の中央でリマト川から簡単に水揚げでき、常に噴水から流れる水を利用できる場所である。魚市場は週に四日、月水金土に開かれた。魚売り台は七しかなく、都市内の肉売り台の数三三に比較して少ない。ただし、この数は必ずしも消費量を計る基準にはならない。個人消費用の魚はアルメンデ（共用地）としての湖水・河川で釣ることは認められていたからである。

魚は都市の食生活において重要であった。中世カトリック時代には毎週金曜日だけではなく、一年を通じて肉食を禁じられた日がきわめて多かったからである。しかし、都市チューリヒの食料政策において魚と肉の扱いは大きく異なっていた。肉やパンは価格安定のために厳しい価格統制がされていたが、チューリヒ都市当局は魚については需要と供給の関係に任せていた。湖水の多い中世スイスでは予想外に魚が主要な食品であったのである。

Amacher, Urs, *Zürcher Fischerei im Spätmittelalter.* Zürich 1996.

30 ぶどうとパン

ムラー図でひときわ目を引くのはぶどう畑と多くの粉ひき水車である。ここから読みとれる中世スイス市民の生活をさらに深めていこう

リマト川の右岸は斜面になっているので、ぶどう栽培に適し、かなり広いぶどう畑が見られる。「しじゅうから」と呼ばれる職能団体（ツンフト）★38に所属する職種としてぶどう酒店主、ぶどう栽培者が挙げられている。また市壁外にもぶどう畑が広がっているが、そこでぶどう摘みの仕事をする市内居住者もいた。チューリヒではビールの醸造は行われていなかったので、ワインは重要な飲み物であった。

市内にはところどころに家庭菜園とみられる畑があるが、ほんのわずかに野菜畑らしきものがある。ツンフト所属の職種に庭師があるので、可能性としては野菜栽培者かもしれない。野菜市場は「下の橋」で開かれたが、現在もこの橋の上で野菜市場が開かれている。

「下の橋」に接する市参事会館の左角に一階部分に小さなホールがあり、そこはパン屋に賃貸され、パンが売られていた。この橋の反対の袂、リマト川の左岸に市の穀物倉庫がある。倉庫の前には大きな荷車が止まっていて、穀物袋を担いだ人が働いている。荷車を挟んで道の反対側の建物が、パン屋のツンフト会館になっている。そこでもパンは売られていたと思われるが、市内のどこでパンが焼かれ、他にどの程度パン屋があったかは不明である。

市内の中心に大きな穀物倉庫があったのは非常時のための蓄えだが、平常時の利用もあった。パンにす

「下の水車小橋」建物は製紙工場

「下の橋」の手前の建物が穀物倉庫，向こう岸の大きな建物が市参事会館（ムラー図）

るために小麦を粉にすると、虫などがついて日持ちが悪いので、粉ひきは都市生活において日常的に行われていた。リマト川の下手、ムラー図の一番左に水車小屋用の二本の橋、「上の水車小橋」と「下の水車小橋」がある。そこには一二の水車があり毎日粉ひきが行われていた。「下の水車小橋」の先端には、大きな建物があり、製紙水車と記されている。この建物は中世には存在せず、印刷業が発展し、紙の需要が増えた一六世紀に建設されたものである。

製紙工場の脇に四人の漕ぎ手がいる比較的大きな船が人と荷物を運んでいる。そこはジル川がリマト川に合流する地点だが、ジル川を少し遡った場所にも多くの水車が見える。水車小屋に向かっている穀物袋を担いだ人、ロバに穀物袋を乗せた人も描かれている。また、製材用水車もある。山から切り出された木材がジル川を下り、ここで製材されたと考えられる。

中世のチューリヒにはその他にも多数の水車が見られ、まさに水車は都市の風景なのである。

ジル川とリマト川の合流点

第五章

農民たちの自由に向けた大躍進

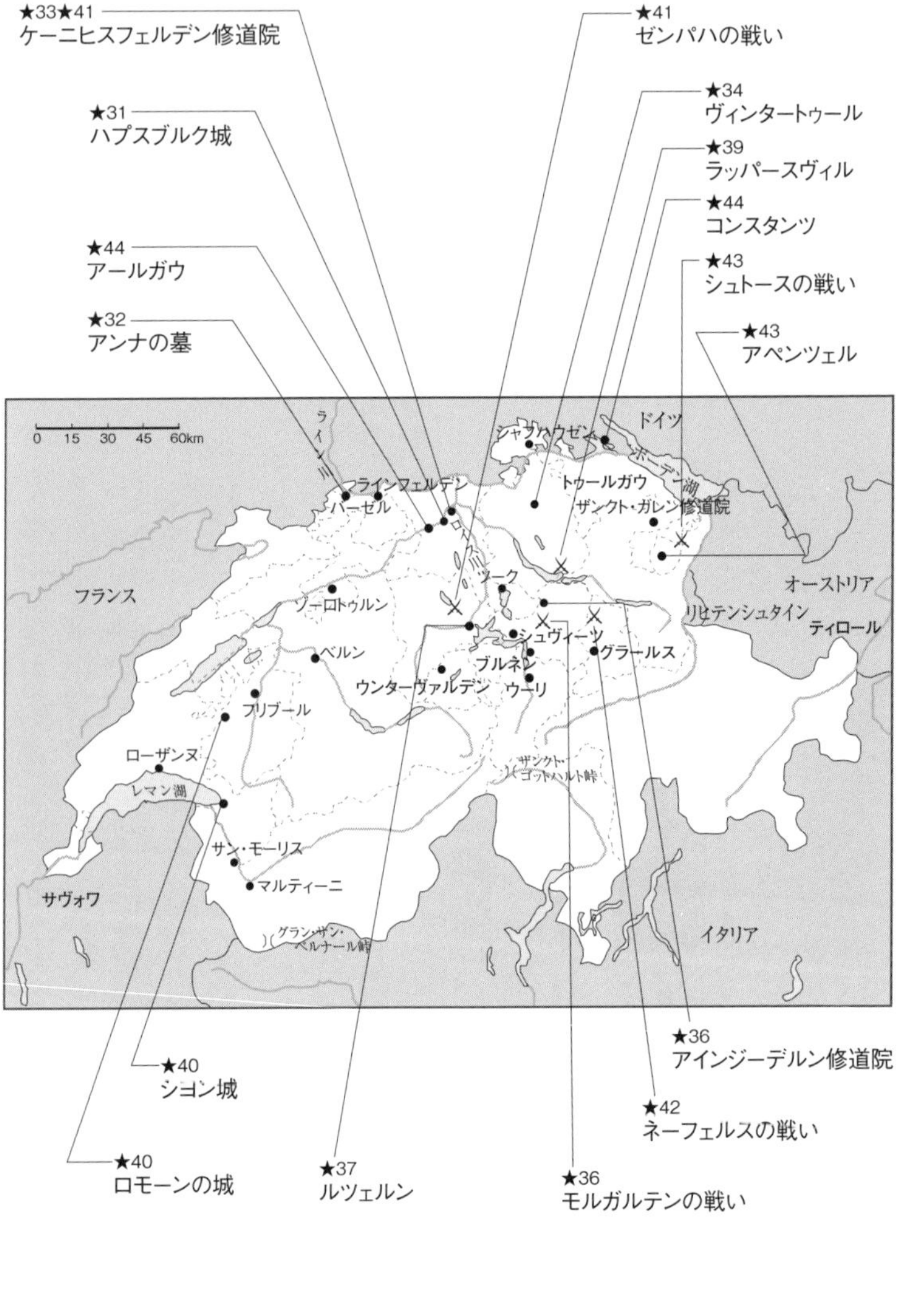

★33★41
ケーニヒスフェルデン修道院
★31
ハプスブルク城
★44
アールガウ
★32
アンナの墓
★41
ゼンパハの戦い
★34
ヴィンタートゥール
★39
ラッパースヴィル
★44
コンスタンツ
★43
シュトースの戦い
★43
アペンツェル
0 15 30 45 60km
ライン川
シャフハウゼン
ドイツ
ボーデン湖
ラインフェルデン
バーゼル
トゥールガウ
ザンクト・ガレン修道院
ロイス川
ツーク
オーストリア
フランス
ゾーロトゥルン
リヒテンシュタイン
ティロール
シュヴィーツ
グラールス
ベルン
ブルネン
ウーリ
ウンターヴァルデン
フリブール
ローザンヌ
ザンクト・ゴットハルト峠
レマン湖
サン・モーリス
マルティーニ
サヴォワ
イタリア
グラン・サン・ベルナール峠
★36
アインジーデルン修道院
★40
シヨン城
★42
ネーフェルスの戦い
★40
ロモーンの城
★37
ルツェルン
★36
モルガルテンの戦い

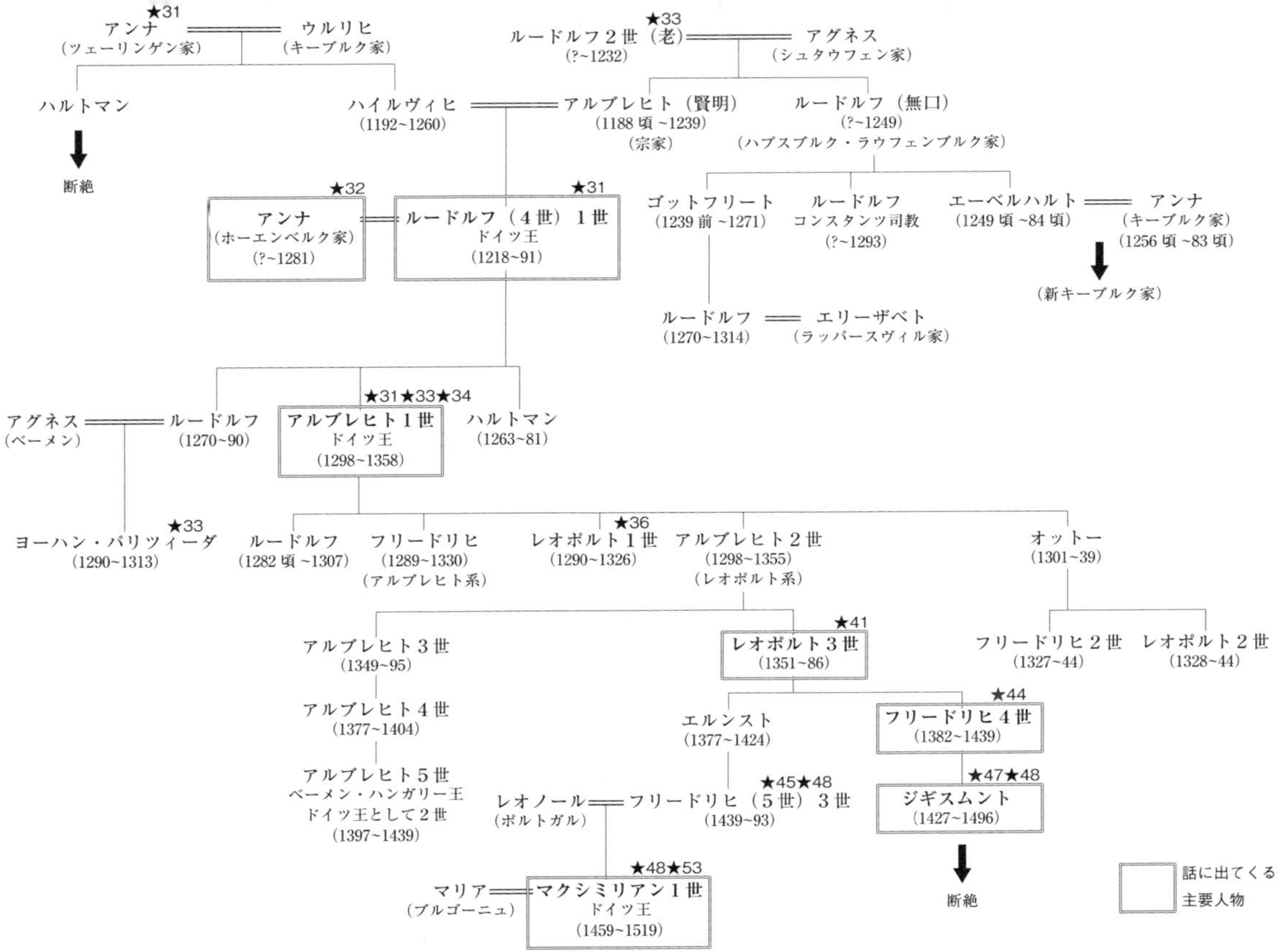

★31 アンナ（ツェーリンゲン家）
ウルリヒ（キーブルク家）
ハルトマン
断絶
ハイルヴィヒ（1192~1260）
★33 ルードルフ2世（老）（?~1232）
アグネス（シュタウフェン家）
アルブレヒト（賢明）（1188頃~1239）（宗家）
ルードルフ（無口）（?~1249）（ハプスブルク・ラウフェンブルク家）
★32 アンナ（ホーエンベルク家）（?~1281）
★31 ルードルフ（4世）1世 ドイツ王（1218~91）
ゴットフリート（1239前~1271）
ルードルフ コンスタンツ司教（?~1293）
エーベルハルト（1249頃~84頃）
アンナ（キーブルク家）（1256頃~83頃）
（新キーブルク家）
ルードルフ（1270~1314）
エリーザベト（ラッパースヴィル家）
アグネス（ベーメン）
ルードルフ（1270~90）
★31★33★34 アルブレヒト1世 ドイツ王（1298~1358）
ハルトマン（1263~81）
★33 ヨーハン・パリツィーダ（1290~1313）
ルードルフ（1282頃~1307）
フリードリヒ（1289~1330）（アルブレヒト系）
★36 レオポルト1世（1290~1326）
アルブレヒト2世（1298~1355）（レオポルト系）
オットー（1301~39）
アルブレヒト3世（1349~95）
★41 レオポルト3世（1351~86）
フリードリヒ2世（1327~44）
レオポルト2世（1328~44）
アルブレヒト4世（1377~1404）
エルンスト（1377~1424）
★44 フリードリヒ4世（1382~1439）
アルブレヒト5世 ベーメン・ハンガリー王 ドイツ王として2世（1397~1439）
レオノール（ポルトガル）
★45★48 フリードリヒ（5世）3世（1439~93）
★47★48 ジギスムント（1427~1496）
断絶
マリア（ブルゴーニュ）
★48★53 マクシミリアン1世 ドイツ王（1459~1519）
話に出てくる
主要人物

31 ハプスブルク家の台頭

スイスの弱小諸侯に過ぎなかったハプスブルク家は、大空位時代後（一二七三年）に神聖ローマ帝国の国王に選出され、急速に勢力を拡大していった

チューリヒの旧市街にあるチューリヒ大学付属図書館の前の広場はツェーリンゲン広場という。ベルンやフリブールと言ったスイスの重要都市を建設した有力諸侯ツェーリンゲン家の名を取っている。同家が一時チューリヒの支配をしたことから名づけられたと思われる。ツェーリンゲン家は南ドイツから南下し、ライン川を越えてスイス一円を支配した。しかし、一二一八年ベルヒトルト五世の死によって同家は断絶する。彼の遺領は二人の姉妹によってライン川を挟んで分割相続される。スイス領域を相続した妹のアンナがキーブルク伯ウルリヒと結婚していたので、キーブルク家がスイス支配領域を大きく広げることになった。ところが、そのキーブルク家も一二六四年に断絶した。キーブルク伯女ハイルヴィヒと結婚していたハプスブルク家のアルブレヒトのあいだに生まれていた男子ルードルフ（一二一八～九一）にキーブルクの相続権が生じることになった。このルードルフが一二七三年に神聖ローマ帝国の国王にハプスブルク家から初めて選出されることになる。神聖ローマ帝国の国王はローマ王あるいはドイツ王とも言われ、国王選出後ローマ教皇から戴冠をしてもらうと、神聖ローマ帝国皇帝となる。生涯国王に留まる国王も少なからずおり、ルードルフも皇帝にはなっていない。

国王に選出されると、ハプスブルク家はスイスにおける最大の封建領主になっていくが、同家がハプスブルクブルクを名乗るようになったのは一一〇八年で、一〇二〇／三〇年に建設された城の名前（Habichsburg 鷹の城）に由来する。この城はスイス北部アールガウにある標高五〇五メートルの山上にある。現在はレストランになっていて、結婚披露宴などに使われている。

ルードルフが国王に選出されたときにはすでに五五歳で、当時としてはきわめて高齢と考えられており、選帝侯たちは大空位時代を終わらせるための一時しのぎの選出と考えていたらしい。スイスでこそ有力な諸侯になったとは言え、神聖ローマ帝国全体から見れば、ハプスブルク家はまだ弱小であった。ところが案に相違して、老獪なルードルフは国王選出の対抗馬であったボヘミア王で、オーストリア公およびシュタイヤー公でもあったオトカル二世に対して国王権力を巧みに使い、最後は戦争によって彼を敗死させた。ルードルフは息子のアルブレヒト〈のちにドイツ王として一世〈在位一二九八～一三〇八〉〉にオーストリア公とシュタイヤー公の所領を授封し、その後ウィーンをハプスブルクの本拠地にしていった。

ハプスブルク城　筆者撮影

32 ドイツ国王ルードルフ妃アンナの墓

ルードルフがドイツ国王に選出され、一三世紀に力を増したハプスブルク家。その強大さは、彼の妻アンナの墓から読み取れる。そこには母の愛も……

ドイツ国王ルードルフの妃アンナ・フォン・ハプスブルクの墓（実際には棺型墓）は奇妙なことにバーゼルのミュンスター（大聖堂）★23内にある。内陣周歩廊の北西にあるステンドグラスの前に横たわっている。ステンドグラスがあるとはいえ、墓の周りは薄暗い。ただし、墓に人が近づくと、明かりが自動点灯してくれて、じっくりと観察できる。

棺は古代の豪華な石棺の伝統を引き継いでいる。棺の大きさは高さ七〇センチメートル、横一一八センチメートル、縦二四一センチメートルで、彫刻装飾が施された蓋板にアンナと六カ月で亡くなった息子のカールの彫像が横たわっている。アンナは等身大で、カールは三歳児位の姿をしている。

棺の正面には三つの紋章が見える。中央は金色の地に神聖ローマ帝国のシンボルである黒色の双頭の鷲をつけた紋章盾、その左には赤地に白色の横木が渡されたオーストリア公の紋章盾、右の緑地に火を吐く豹《ひょう》を描いたシュタイヤー公の紋章盾である。左側（頭側）の側面にはハプスブルク伯の紋章、右側（足側）の側面にはホーエンベルク伯の紋章盾がある。アンナはホーエンベルク伯の出身である。彼女と夫に関わるすべての紋章が掲げられ、強大となったハプスブルク家の姿を示している。

アンナ（アンナは王妃名で、本名はゲルトルート）はハプスブルク伯ルードルフと一二五三年に結婚し、一二七三年にアーヘンで夫とともに戴冠式に臨んだ。大空位時代を終わらすことになったドイツ史上の重要な戴冠式である。彼女は一二七七年以降になってウィーンの宮廷に居住するが、それ以前にわかっているだけでも一一人の子供を産んでいる。末っ子のカールは一二七六年にわずか六カ月の命しか全うせず、バーゼル近くのラインフェルデンで亡くなっている。アンナは一二三〇年頃に生まれ、一二八一年二月一六日にウィーンで亡くなるが、遺言によってバーゼルに埋葬されることを望んだ。理由は最愛の末っ子カールがすでにバーゼルで埋葬されていたからといわれている。カールとともに埋葬されるために、死体は防腐処理を施され、着飾られてウィーンからバーゼルまで長い葬送礼が行われ、三月二〇日にバーゼル・ミュンスターの中央祭壇左脇に葬られた。現在の場所には一三五六年のバーゼル大地震後に移されたと言われる。

バーゼルのザイデンホーフにあるルードルフ像
筆者撮影

母の愛だけでこのような葬礼が行われたのだろうか。実はルードルフとバーゼル司教は一二六二年以来エルザスの所領を巡って厳しい敵対関係にあり、ルードルフは七三年に国王に選出されたという知らせをバーゼル攻囲中に聞いた。直ちに彼は司教と和解し、アーヘンに向かっている。

この文章の冒頭で「奇妙なことに」と書いたのは、敵陣営の本拠に妻の墓を作っていることを指している。老獪なルードルフは妻の墓を敵陣営内に作ることで和解を演出したのではないだろうか。ルードルフがバーゼルを訪問したときには、現在ザイデンホーフと呼ばれる建物に逗留したらしい。ザイデンホーフの中庭には一四世紀後半に制作されたルードルフの彫像がある。

一七七〇年になって、アンナの骨は、女帝マリア・テレジアの希望でハプスブルク家の墓所である南ドイツの聖ブラージエン修道院に移された。現在はさらにオーストリアのケルンテンにある聖パウル修道院に移され、眠っているという。

アンナの墓　筆者撮影

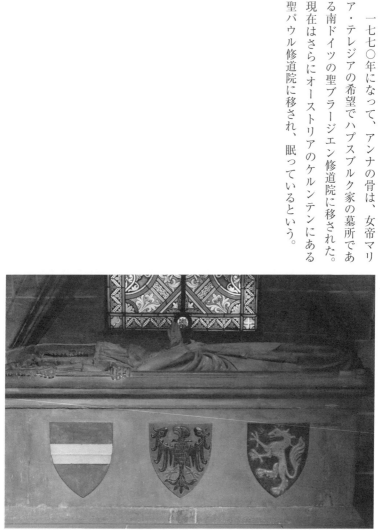

33 アルブレヒト・フォン・ハプスブルク

父王ルードルフに続く国王として選出されなかったアルブレヒト・フォン・ハプスブルクは厳しい所領経営に精を出し、冷徹なオーストリア公と呼ばれた。彼とスイスの関係を見ておこう

一二九一年に国王ルードルフは七三歳になって、生前中に長子アルブレヒトを「ローマ王」に選出させることを願った。しかし、ルードルフの時と異なって、ハプスブルク家が強力になりすぎたことと、アルブレヒトの専制的支配も知られていたことにより、選帝侯たちの支持を受けられず、父親の望みは実現しなかった。一二九一年七月一五日にルードルフは没し、選帝侯たちはふたたび自分たちより弱小のナッサウ伯アードルフを国王に選出した。

国王に選出されなかったアルブレヒトは所領経営に精を出した。脅威を感じたのは帝国から自由特許状を得て、「自由と自治」を享受していたウーリをはじめとするスイス中央部の住民たちであった。ウーリの住民は一二三一年に皇帝フリードリヒ二世（皇帝在位一二二〇〜五〇）の息子でドイツ国王ハインリヒ七世から次のような自由特許状を得ていた。

これにより諸君らをハプスブルク伯ルードルフの占有より買い戻し、解放した。今後は、授与によってであれ、担保としてであれ、諸君らを手放すことをせず、永久にわれわれと帝国の奉仕のために保持し、保護することを約束するものである。

この史料に登場するルードルフは先に触れた国王ルードルフの祖父にあたる人物で、ザンクト・ゴットハルト峠越えルートに関心を示していた。シチリアに育った皇帝フリードリヒ二世がイタリア遠征をする際に必要な資金をルードルフがおそらく援助し、その見返りにウーリをその担保として与えられていたと思われる。ザンクト・ゴットハルト峠の開削は一二一八〜二五年におこなわれ、それによってドイツ・イタリア間の交通・物資輸送・軍隊移動が便利になった。ウーリはこの峠への北側の登り口にあたり、経済・軍事上の重要ポイントになった。同時にウーリは峠の開削に伴い、貨物運搬組織を作り、経済的に潤っていった。この自由特許状では、国王ハインリヒ自身が「占有より買い戻した」かのような表現だが、実際はウーリの住民が自らお金を工面して国王の代わりに直接ルードルフに支払っている。

ウーリの住民は努力して得た「自由と自治」を維持するために、近隣の共同体と同盟を結ぶことでハプスブルク家に対抗することになるが、ここではアルブレヒトの最期に触れておこう。ナッサウ伯アードルフも家門権力の拡大政策を遂行し、選帝侯の意向に反したために罷免された。罷免に貢献したアルブレヒトが一二九八年晴れて国王に選出された。しかし、彼も家門勢力の拡大策をとり、土地台帳をつくらせて所領経営を強化した。亡き弟（ルードルフ二世）の所領相続権をもつ甥のヨーハンを養育していたが、彼にも相続を認めようとはしなかった。

ヨーハンは一三〇八年五月一日に不満を爆発させ、アルブレヒトを暗殺した。スイスの反乱を抑えるために、アルブレヒトがハプスブルク城に向かってロイス川を渡ったところで、ヨーハンの襲撃を受けて命を亡くした。この伯父暗殺によりヨーハンには「尊属殺」を意味するパリツィーダ（Parricida）というあだ名がつけられ、ヨーハン・パリツィーダと呼ばれる。アルブレヒトが命を落とした場所には、妻のエリーザベトと娘たちによって修道院が建てられた。このケーニヒスフェルデン修道院はハプスブルク家とその

後も深い関係があるので改めて触れることにする。★41

ウィートクロフツ・アンドリュー、瀬原義生訳『ハプスブルク家の皇帝たち　帝国の体現者』文理閣、二〇〇九年。

34「自由と自治」に向けたスイス建国

スイスという国の誕生はアルプス山中の三つの地域の農民がハプスブルク家の支配に立ち向かったことに始まる。いよいよこれから原初三邦の「自由と自治」に向けた闘いが始まる

国王ルードルフが没したおよそ二週間後の一二九一年八月一日にウーリは近隣のシュヴィーツおよびニートヴァルデンと相互援助同盟を結んだ。その第一条「今日当面する奸策に鑑み、自己の生命と財産を守る」ために無償で相互援助することを誓約しあっている。つまり、同盟を結んだ他地域が「悪意あるものたちの攻撃」を受けたときには、見返りを求めず自らの費用で援助に赴くことを約束している。

同盟文書に見られる「奸策」とか「悪意あるものたち」が何を指しているか具体的に示されていないが、同盟文書が作成されたタイミングから判断すれば、ハプスブルク家のアルブレヒトを想定しても間違いないであろう。

ハプスブルク家の所領が多かったオプヴァルデンの住民は同じ年のクリスマスの日に同地におけるハプスブルク家の拠点ザルネン城を襲撃・破壊して、その直後に同盟に加わった。オプヴァルデンはこれを機

ヘートヴィヒ像　筆者撮影

会にニートヴァルデンと統合の歩を進め、あわせてウンターヴァルデンと呼ばれるようになった。スイス建国の出発点になったという意味で、ウーリ、シュヴィーツ、ウンターヴァルデンを原初三邦と呼ぶ。

　都市チューリヒもアルブレヒトに警戒心を起こし、一二九一年一〇月一六日に原初三邦のうちウーリおよびシュヴィーツの二邦と三年間の相互援助同盟を結んだ。そして、九二年四月先手を打って無謀にもハプスブルク家支配下の都市ヴィンタートゥールに単独で軍を進め、大敗北を被った。八〇名が戦死し、多くが捕虜になった。

　この勝機を利用してアルブレヒトは一五〇〇名の兵員を引き連れ、武装能力者がほとんどいないはずのチューリヒを攻囲した。ところが案に相違して市内は武装兵が満ちていた。チューリヒのジャンヌ・ダルクが現れたのだ。彼女の名はヘートヴィヒといい、チューリヒの女性たちに完全武装させて、リンデンホーフの丘に集結させた。鈍く光る槍や甲冑の列を見たアルブレヒトはびっくりして軍を撤退させた。危機を救った彼女を記念する像が一九一二年に制作され、リンデンホーフの丘の噴水柱になっている。このヘートヴィヒの話はどこまで史実かわからないが、アルブレヒトは一二九二年八月にチューリヒと和平を結んだ。チューリヒは原初三邦とは縁を切り、帝国都市の地位を失うことなく、ハプスブルク家にしばらく付き従うことになる。

　一二九一年八月一日は現在スイス建国の日とされているが、実際にはスイス中央部のアルプス近くの狭い地域の共同体が結束した日であり、「自由と自治」を守り抜いていく話なのである。

35 ウィリアム・テル

狩人テルは弓の名手として、悪代官を弓で殺してスイスの独立そして建国に貢献した英雄とされてきたが、彼は実在したのだろうか？

スイス建国の話にこれまでウィリアム・テルが登場しないことに不思議に思う人がいるかも知れない。古くから日本でも歴史教科書の中でテルについて触れている。一八七七（明治一〇）年刊の師範学校編『萬國史略』（巻之二）に次のように書かれている。

賦税ヲ重クシ、虐政ヲ施セシヲ以テ國内ノ三州、相結ンデ義兵ヲ起シ、ヰルレム、テルナル者、鎮將ヲ殺シ……

テルは実在の人物で、スイス建国に重要な働きをしたとされている。ところが、本国スイスではこの頃すでに歴史家のあいだではテルの実在が疑われていた。スイス建国時期にテルに関する史料は皆無で、一四七二年の『ザルネンの白書』において初めて彼の存在が書かれているからである。『ザルネンの白書』とはオプヴァルデンの書記ハンス・シュリーバーが作成した記録で、大半は一三一六年以降のスイス国家形成に関わる協定・条約を書き留めているが、二五頁ほどで原初三邦の成立から八邦同盟までの簡略な歴史が記述されている。その部分でテルの有名な場面に触れている。ハプスブルク支配のシンボルである帽子拝礼の無視、子供の頭上のリンゴを射る話、捕らえられて、船で護送中に嵐の湖から脱出し、代官を射る話が書かれている。

この『ザルネンの白書』のストーリーは、ペーターマン・エッターリーン（一四三〇／四〇～一五〇九頃）のスイス史に関わる最初の『年代記』（一五〇七年刊）やエギディウス・チューディ（一五〇五～七二）の『スイス年代記』（一五五〇年頃）に史実として取り入れられた。さらに謝肉祭劇などのテーマとしても一六世紀以降盛んに演じられた。たとえば、一五一二年にウーリで初演されたタイトルは「スイス盟約者団のウーリで演じられた、敬虔な最初のスイス人、その名もウィリアム・テルについての美しい劇」である。また、このウーリ劇を下敷きにヤーコプ・ルーフ（一五〇五～五八）というチューリヒの医者が「新テル劇」を書き、一五四五年の正月に上演している。こうした民衆劇のテーマとしてテル劇が盛んに演じられた。建国の精神、自由のための戦いのシンボルにテルは利用されていく。

一九世紀に入ってテルの話は国際的になっていく。フリードリヒ・シラー（一七五九～一八〇五）が名作

エッターリーン『年代記』より

戯曲『ヴィルヘルム・テル』(一八〇四年)を発表し、大きな影響を与えた。シラーの作品に触発され、ジョアキーノ・ロッシーニ(一七九二～一八六八)がオペラ『ウィリアム・テル』を作曲する(初演一八二九年)。フランツ・リスト(一八一一～八六)はピアノ独奏曲「ウィリアム・テルの礼拝堂」を作曲する。リストは一八三五年から翌年にかけてマリー・ダグー伯爵夫人とスイスを旅行しているが、テルが護送中の船から脱出した湖畔に建てられたという礼拝堂を見て、感激してこの曲を作っている。二人の音楽家によりテルはさらに有名人になった。

実在する歴史上の人物というよりもはるかに象徴としてテルはスイスの自由の歴史を作り上げるのに貢献したことになる。

宮下啓三『ウィリアム・テル伝説　ある英雄の虚実』日本放送出版協会、一九七九年。

36 モルガルテンの戦い

一三一五年に原初三邦はモルガルテンの狭間でハプスブルク家と初めて本格的に鉾を交えた。この事実上のスイス独立戦争に勝利した原初三邦は結束をさらに強めた

一二九一年に原初三邦が成立したとき、ハプスブルク家は静観していた。オーストリア経営の方がはるかに同家にとっては重要だったので、故郷の地の動きを軽く見ていたらしい。アルブレヒトが暗殺されたあと国王に就任したのは、ルクセンブルク家のハインリヒ七世であった。彼は原初三邦の請願を受け、一三〇九年に原初三邦に一括して「帝国自由」の地位を認めた。ところが、ハインリヒはイタリア政策遂行途上の一三一三年八月に早々と亡くなり、次の国王選びが始まった。選帝侯の意見が分かれ、ハプスブルク家のフィリップ美公とバイエルン大公ルートヴィヒの二人が対立国王となり、それぞれ一四年一一月に戴冠した。

原初三邦は、「敵の敵は味方である」の論理にしたがって、バイエルン大公ルートヴィヒを支持した。とくにシュヴィーツの住民はハプスブルク家が保護代官になっていたアインジーデルン修道院を激しく攻撃していたので、尚更であった。住民は修道院領の土地を勝手に開墾したり、放牧に利用したりして、修道院と境界争いをしていた。さらに一三一四年一月には修道院自体を襲撃し、財宝を奪い、修道士にも危害を加えるようになっていた。こうした状況を受けてアインジーデルン修道院はハプスブルク家に直接的介入を要請した。

要請を受けたハプスブルク家は一三一五年秋レオポルト大公率いる大軍をシュヴィーツに向けた。ところが、一一月一五日にモルガルテンの狭間でハプスブルクの騎士軍は壊滅的な敗北を喫した。原初三邦は、一二月九日フィーアヴァルトシュテッテ湖畔のブルネンに会合し、一二九一年の同盟を更新し、同盟の強化をした。この「モルガルテン同盟」によって自治維持のために、どの邦も他の邦の同意なく外国勢力と交渉をして協定を結んだりすることが禁じられた。初歩的な共同の外交・立法が行われることになった。

この一三一五年の「モルガルテン同盟」は翌年対立国王ルートヴィヒによって承認された。この同盟関係は一七九八年のスイス革命の時まで存続するので、スイス盟約者団国家の核心を構成した。しかし、のちにスイス盟約者団の中心をなすチューリヒはモルガルテンの戦いではハプスブルク家に従っていた。壊滅的敗北を喫したハプスブルクの騎士軍の中にはチューリヒの騎士たちも加わっており、多数の死者を出していた。その結果は都市チューリヒの政治制度の変革に影響を及ぼすことになる。[★38]

モルガルテンの戦い　シンリング『ルツェルン年代記』

37 農村と都市の稀有な同盟
ルツェルン同盟

一二九一年に結ばれた原初三邦は農村邦ウーリ、シュヴィーツ、ウンターヴァルデンの「永久同盟」だったが、一三三二年にハプスブルク支配下の都市ルツェルンが新たに同盟に加わる

ヨーロッパ史において農村と都市が相互扶助同盟を結ぶことはきわめてまれであるが、それがスイス国家形成史の重要な特徴になっている。都市ルツェルンが一三三二年に原初三邦と同盟を結んだ。ルツェルンはフィーアヴァルトシュテッテ湖から流れ出るロイス川の両岸に広がる都市で、一一七八年頃に在地領主のエッシェンバハ家により建設された。ザンクト・ゴットハルト峠の開削によってフィーアヴァルトシュテッテ湖の水上交通が盛んとなり、経済的に潤い、都市としても発展した。それに目をつけたハプスブルク家は一二九一年にこの都市を購入し、支配下に置いた。したがって、ルツェルンは一三一五年のモルガルテンの戦いにはハプスブルク家に従って戦わざるを得なかった。

しかし、経済的取引相手であるウーリを敵にまわすと、ルツェルンは経済的に苦境に陥る。その結果市民のあいだにハプスブルク家の支配から離脱する動きが起き、ハプスブルク家に敵対している原初三邦と同盟することになった。一三三二年に結ばれたこの同盟はルツェルン同盟と呼ばれる。同盟内容は基本的にモルガルテン同盟と同じだが、同盟内に亀裂が生じないように、原初三邦のあいだで意見が分かれたときには、ルツェルンは必ず多数派に従うことが決められていた。ルツェルンは一段低い位置に置かれており、他勢力と同盟を結ぶ場合にも、原初三邦の同意が求められていた。こうしたルツェルンの弱い立場は、ルツェルン側が原初三邦と同盟を強く望んでいた表れである。他方、ルツェルンはまだハプスブルク家の都市内の権限を容認しており、同家に臣従した状態から完全に自由になるのは、のちに触れる一三八六年のゼンパハの戦い勝利後の話になる。★41

他方、原初三邦側にとってこのルツェルン同盟は計り知れない利益をもたらした。フィーアヴァルトシュテッテ湖の対岸のルツェルンと同盟したことは、湖が自分たちの内海になったようなもので、湖から敵の攻撃を受けなくなっただけではなく、安全な湖水交易路を確立したことになった。

なお、ルツェルン同盟は原初三邦のモルガルテン同盟にルツェルンが参加したものではない。モルガルテン同盟は解消されずに存続し、ルツェルンが関係しない原初三邦間の事件・事柄はモルガルテン同盟の条文で処理し続けたのである。

38 中世の民主革命　チューリヒのツンフト革命

チューリヒでは門閥寡頭政治が横行していたが、それに対して不満を持ったツンフト（職能団体）が一三三六年にツンフト革命に成功する。その結果、すべての市民が都市政治に参与できる道が拓かれた

一二一八年にチューリヒは帝国都市となり、都市の「自由と自治」を享受する努力をしたことをすでに見てきた。★34 しかし、都市の政治を担っていたのは、いわゆる都市貴族と呼ばれる騎士階層と大商人クラスの上層市民だけであった。市政を担う市参事会は年三期制で、その構成は各期騎士四名、市民八名、計一二名構成であった。その構成者の選出方法は市参事会が一名の騎士と二名の市民の次期参事会員を選び、その三名が残りの三名の騎士と六名の市民を選ぶシステムになっている。この場合の市民は一般市民を指すのではなく、大商人などの門閥市民である。したがって毎年同じ期には同じ人物が市参事会員になっており、典型的な門閥寡頭政治が行われていた。

都市経済の進展にともなってそれを支えていた手工業を担う中層市民はこうした市政のあり方に不満を持ち始めた。いっぽう、先に触れた一三一五年のモルガルテンの戦いで多くの騎士が戦死し、都市内における騎士階層の立場が著しく低下し、やはり不満を抱いていた。そうした状況の中で、一三三六年六月七日、手工業者を中心とする住民が折から会議が開かれていた市参事会建物を襲撃し、都市政府を倒した。ただちに騎士のルードルフ・ブルン（一二九〇年代～一三六〇）を市長に新政府が樹立された。

新市参事会は二期制となり、二つのグループから構成された。一つのグループは旧支配層と言える騎士や大商人からなるコンスターフェルという団体で、そこからレーテと呼ばれる一三人の新市参事会員が選ばれた。もう一つのグループは職能団体であるツンフトである。チューリヒ市内のほぼ全職種が一三のツンフトに振り分けられた。人数の多い靴屋やパン屋は一職種で一ツンフトを形成したが、その他は近似した職種が集まって一ツンフトをつくった。各ツンフトはツンフトマイスターを選び、そのツンフトマイスターが市参事会員となった。ツンフトは単なる職能団体ではなく、市政担当者を選出する政治団体でもあった。つまり、新市参事会は一三名のレーテと一三名のツンフトマイスターからなり、それを市長が統括する体制となった。封建的な中世ヨーロッパにあってこの体制はきわめて民主的なものであった。
ツンフトが形成され、市政運営の中で次第にツンフトが力をつけていく都市体制をツンフト支配型都市と呼ぶ。チューリヒだけではなく、バーゼル、シャフハウゼン、ザンクト・ガレンなどがこの都市類型に属する。それに対してツンフトが形成されず民主化されなかった都市を門閥支配型の都市という。代表的なのはルツェルン、フリブール、ジュネーヴなどである。ベルンは両体制の中間的な都市制度をもっている。スイス都市は多様性があり、中世都市研究の好個な対象である。第二一話でも述べたように、スイスは都市の国と言える側面をもっていたのである。

ツンフト改革後の市参事会構成

2期制

各26名構成，ただし市長は終身

市長 ……………………………1名

レーテ……………………………13名

騎士　6名

市民　7名

ツンフトマイスター……13名

ツンフト　13名

<選出方法>

レーテはコンスターフェルから選出

ツンフトマイスターは各ツンフトから各1名選出（下からの選出）

39 八邦同盟時代のスイス　緩やかなスイス盟約者団国家の誕生

原初三邦とルツェルンとの同盟が結ばれたのちに、同盟網は広がり、緩やかな「スイス盟約者団」が誕生していった

チューリヒのツンフト革命によって町を追われた門閥市民は、チューリヒ湖対岸のラッパースヴィルの町に逃れた。彼らはそこから反革命の機会を狙っていた。チューリヒ市長ブルンは先手を打って、一三五〇年にラッパースヴィルを攻撃し、町を破壊した。しかし、この町はハプスブルク家の支配下にあり、チューリヒは同家と激しい敵対関係に陥った。

こうした窮地から脱出するために、一三五一年五月にチューリヒは原初三邦およびルツェルン（併せて森林四邦と呼ぶ）と同盟③（次頁の図参照）を結んだ。ただし、原初三邦による①モルガルテン同盟の内容とはかなり異なっている。大規模な軍事行動を起こすときにはアインジーデルンで代表者会議を開くことを定め、無条件の相互援助を定めていない。また、他の勢力との同盟を自由に保証し、外交政策の自由が留保されている。繰り返しになるが、モルガルテン同盟、②ルツェルン同盟は存続し、ここに新たに別個の同盟関係が生まれたことに留意する必要がある。

この同盟行動に対して、ハプスブルク家はチューリヒを攻囲するが、逆に原初三邦がハプスブルク家支配下のグラールスを占拠した。グラールスは一二六四年のキーブルク家断絶後ハプスブルクの支配下に置かれていたが、モルガルテンの戦いに原初三邦が勝利すると、ハプスブルク家の支配から離脱を模索し、原初三邦に近づいた。原初三邦による占拠を受けて、グラールスはチューリヒおよび原初三邦と同盟を一三五二年に結んだ。これは④グラールス同盟と呼ばれているが、グラールスがハプスブルク家の支配から解放されたわけで、対等の同盟にはなっていない。

同じようにハプスブルク家の支配を受けていたツークもチューリヒ・シュヴィーツ連合軍によって解放された。しかし、ツークはモルガルテンの戦いの折にはハプスブルク軍の拠点になっており、チューリヒと森林四邦の中間に位置して、軍事上・交易通路上の重要ポイントであった。そのため、チューリヒ同盟とほぼ同じ規約内容で森林四邦およびチューリヒと⑤ツーク同盟を一三五二年に結んだ。

翌年ベルンが原初三邦と同盟⑥を結ぶが、この同盟締結はハプスブルク家とは無縁であった。この当時すでにベルンは都市国家を形成し、原初三邦に隣接する農村地帯を支配していた。この地域の農民は原初三邦の農民に近づき、自分たちも「自由と自治」の状態を獲得することを願っていた。ベルンは農民たちの願望を阻止するために、一三五三年に原初三邦とのみ同盟を結んだ。原初三邦側としては強力な都市国家ベルンとの同盟は願ってもないことだったので、ベルン支配下の農民の意向を無視したのである。

このように八つの地域（邦）が内容を異にする六つの同盟関係で緩く結合した。この体制は一四八一年まで続き、この時代のスイスを八邦同盟時代と呼ぶ。★50

八邦同盟（上段）
一三邦同盟（下段）

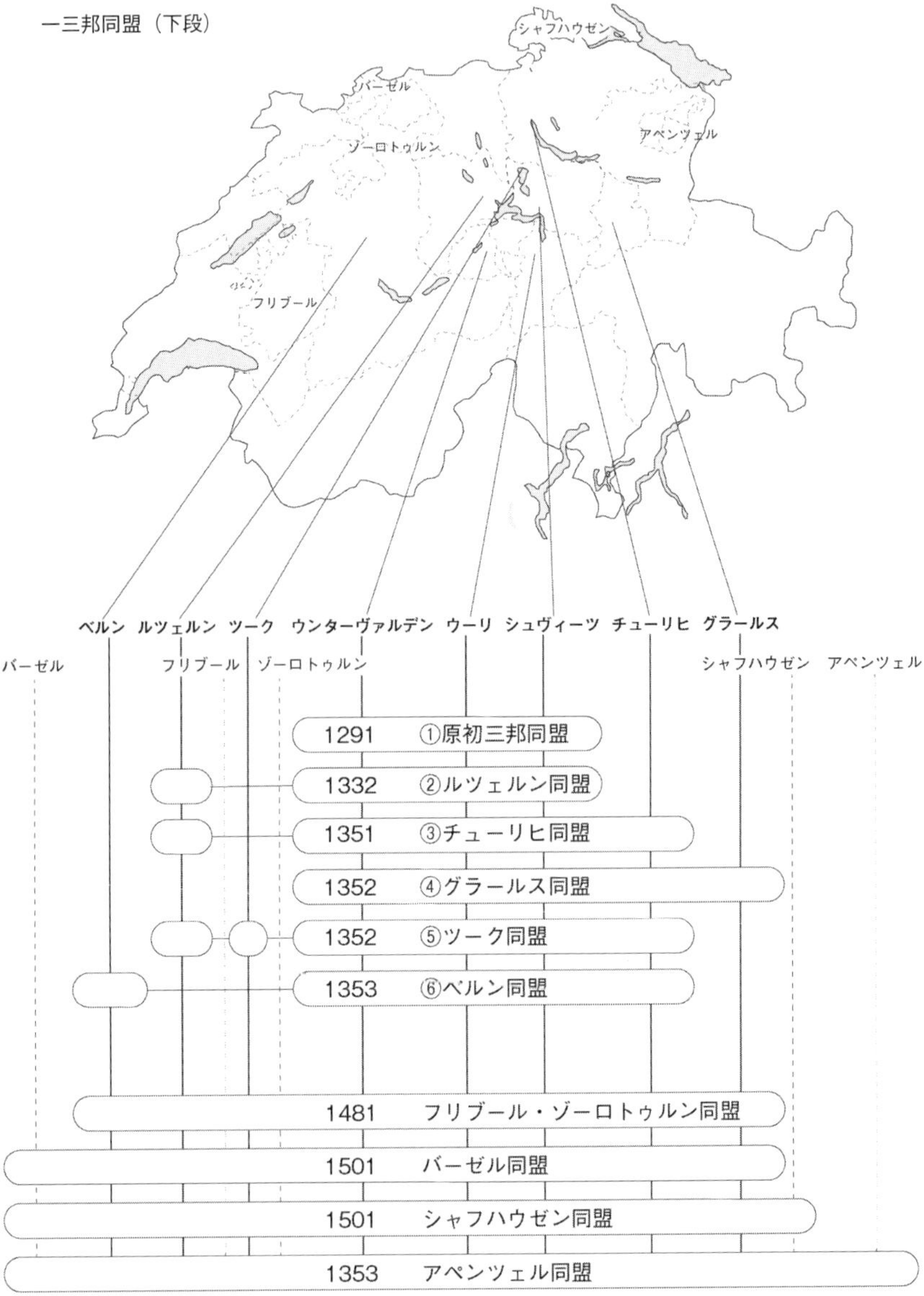
シャフハウゼン
バーゼル
アペンツェル
ゾーロトゥルン
フリブール
ベルン
ルツェルン
ツーク
ウンターヴァルデン
ウーリ
シュヴィーツ
チューリヒ
グラールス
バーゼル
フリブール
ゾーロトゥルン
シャフハウゼン
アペンツェル
1291 ①原初三邦同盟
1332 ②ルツェルン同盟
1351 ③チューリヒ同盟
1352 ④グラールス同盟
1352 ⑤ツーク同盟
1353 ⑥ベルン同盟
1481 フリブール・ゾーロトゥルン同盟
1501 バーゼル同盟
1501 シャフハウゼン同盟
1353 アペンツェル同盟

40 サヴォワ伯家のスイス進出

レマン湖の南、現在のフランスとイタリアの国境周辺地域を支配していたサヴォワ家は一三世紀中葉に西スイスのほぼ全域に勢力を張りだしてきた。これにはサヴォワ伯のピエール二世が大きく寄与した

サヴォワ家が西スイスに広く進出するには、「小シャルルマーニュ」とあだ名をされたピエール二世（一二〇三頃〜六八）の貢献が大きかった。彼はサヴォワ伯トマス一世（伊語ではトマーゾ一世）の七男に産まれ、当初は聖職者の道を歩まされた。しかし、父親の死後（一二三三年）に還俗し、伯領の一部を得て、所領の拡大に努めた。

ピエールは、姪にあたるエリナー・オブ・プロヴァンス（仏語エレオノール・ド・プロヴァンス）がイングランド王ヘンリ三世の王妃になった関係で、イングランド王室で重用され、リッチモンド伯爵の地位と所領を与えられ、ロンドンのテムズ川沿いには広壮な「サヴォワ宮殿」を建設している。しかし、しばしば大陸に戻り、とくにレマン湖の北に勢力を伸ばした。一二四〇年にはフリブールとローザンヌの中間地点にある小高い丘にロモーンの城と町を建設している。現在ロモーンの城はスイス・ステンドグラス美術館となっている。また彼は一二六〇年頃にイヴェルドン・レ・バンの城と町も建設している。城は一九世紀初頭にスイスの教育者ハインリヒ・ペスタロッチが学校に利用し、現在はペスタロッチ記念館になっている。ピエールは都市ベルンの支配を巡ってハプスブルク家とも争い、一時は現在のフランス語圏スイス全

シヨン城　Wikimedia Commons

域のほとんどを支配下に繰り入れた。

観光地として有名なシヨン城[★75]とピエールとの関係は深い。イタリアからグラン・サン・ベルナール峠を越え、マルティーニ、サン・モーリスを経る重要交易路がレマン湖畔の東岸を通っているが、そこは湖に向かって山が迫っていて、隘路《あいろ》になっている。その一番狭いところにシヨン城があり、城はこの重要道路を押さえていた。いつ頃シヨン城が作られたか定かではないが、史料的に確認できるのは、サヴォワ伯がこの地に進出してきた一一五〇年のことである。その後ピエールはシヨン城を夏の居城として大改築した。城の湖畔側は堅固な塔を備えた二重の城壁で防御され、湖水側は城の高い壁で守られている。ピエールは一二五五年から六八年まで事実上この城の城主だったが、彼がサヴォワ伯になったのは、甥のボニファースが世継ぎなく亡くなったあとの一二六三年のことである。彼は多くの所領を得て、サヴォワ伯領全体に通用する法律を初めて制定した。かつてシャルルマーニュ（カール大帝）が西ヨーロッパで行った業績に比肩して、ピエールは「小シャルルマーニュ」と呼ばれている。このサヴォワ家とベルン邦は後年激しく戦うことになる。この点は後述したい。[★48][★49]

シヨン城については「スイス芸術案内」シリーズの小冊子である Chapuisat, Jean-Pierre, *Schloss Chillon VD*, Bern 1989 を参照。

41 ゼンパハの戦い

一三八六年七月九日のゼンパハの戦いでハプスブルク家はモルガルテンの戦いに続き、再び屈辱を味わった。この戦いの立役者と言われるスイスの英雄アルノルト・フォン・ヴィンケルリートは実在したのか、それとも伝説なのか

八邦同盟時代のスイスは強固な結合体ではなかったが、ハプスブルク家に対抗できる軍事力をつけていた。都市ルツェルンはベルンやチューリヒと同様に周辺農村地帯を自己の支配下に置き、都市国家化を目指していた。それらの農村地域はハプスブルク家の支配下にあったので、当然衝突が起こることになった。暗殺された国王アルブレヒト一世[★32]の孫[★33]オーストリア公レオポルト三世（在位一三六五〜七九）は自ら精鋭騎士軍を率いて、ルツェルンの野望をくじくためにルツェルンに向かった。途中ゼンパハでルツェルン・原初三邦同盟軍が立ちはだかり、激戦となった。開戦当初はオーストリア軍が優勢であったが、ウンターヴァルデンの戦士ヴィンケルリートが敵の繰り出す槍に刺されながら、抱えられる限りの多くの槍をつかみ、突破口を作ると、形勢が逆転したという。

シュタンスのヴィンケルリート記念碑　Wikimedia Commons

ヴィンケルリートはスイス建国史の中でウィリアム・テルと並ぶ伝説の英雄となっている。ただし、一五世紀の各種年代記には彼の名前は出てこない。ディーポルト・シリング（第二五話に登場するシリングは甥）の『シュピエッツ絵入り年代記』（一四八四〜八五刊）にゼンパハの戦いの場面を描いた絵があるが、スイス陣営側に羽根飾りをつけた中心的人物が描かれているだけである。それがヴィンケルリートかどうかはわからない。ヴィンケルリートの名前がはっきり書かれてくるのは、チューディ[★39]の『スイス年代記』など一六世紀になってからのことである。テルの場合と同様に、建国の精神、自由のための戦いのシンボルとして彼の名がこの時期に取り上げられるようになったと思われる。彼の実在は疑われているが、チューリヒ大学教授だった高名な歴史学者エルンスト・ガリアルディ（一八八二〜一九四〇）は『スイス史』（三巻本、第四版一九三九年）の註で、ウンターヴァルデンのゼンパハ戦没者追悼ミサ名簿のトップに彼の名前が記されていることを指摘し、実在をにおわせている。

他方、痛烈な悲劇がオーストリア側にはあった。総帥のレオポルト三世が戦死し、祖父アルブレヒトのために建立されたケーニヒスフェルデン修道院[★33]に多くの戦死した騎士たちとともに埋葬されたのである。ハプスブルク家発祥の地近くにおいて二度目の悲劇であった。同時にスイスにおけるハプスブルク家の力は大幅に削がれることになった。

Gagliardi, Ernst, *Geschichte der Schweiz. Von den Anfängen bis zur Gegenwart.* Vierte, durchgesehene Auflage. 1939 Zürich.

ゼンパハの戦い　コンラート・グロープ画

ゼンパハの戦闘礼拝堂のフレスコ画（16/17 世紀頃の作品）　筆者撮影

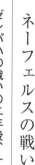

42 ネーフェルスの戦い

ゼンパハの戦いの二年後、一三八八年にグラールス邦はハプスブルク家から自立するための戦いをする。このネーフェルスの戦いのために初めてランツゲマインデ（青空議会）が開かれた

ネーフェルスの戦い記念碑　筆者撮影

グラールスは日本人には馴染みが少ないスイスの地名と思われる。ただ毎年五月にグラールスで行われるランツゲマインデだけはニュースなどで取り上げられて、有名である。それは、グラールスの有権者が中央広場に集まり、カントンに関わる重要な政治案件を決定する直接民主制の姿である。女性参政権が認められたのはたいへん遅く一九七一年だったが、現在では有権者の年齢は男女とも一六歳まで引き下げられ、先進性を示している。

このランツゲマインデはハプスブルク家との戦いから生まれた。グラールスはすでに触れたように、一三五二年にグラールス同盟によりスイス盟約者団への参加を果たしたが、その同盟は不平等条約だった。しかも、完全にはハプスブルク家の支配から脱することはできずにいた。★39 そこでゼンパハの勝利はグラールスにまたとないチャンスになった。ゼンパハの戦いの五日後、グラールスは軍を発して、ハプスブルク支配下の周辺農村を占領した。その後一三八八年になってハプスブルク家は逆襲に出て、グラールスに服従を求めてきた。グラールスは住民全員集会を招集し、ハプスブルク軍に抵抗することを決意した。この集会がランツゲマインデの始まりと言われている。

グラールスは単独自力でもハプスブルク家と戦う決心をしたが、ネーフェルスの戦いにはスイス各邦も援軍を出し、スイス側がふたたび勝利した。休戦条約によって、ハプスブルク家はこれまで留保してきた諸権利を放棄せざるを得なくなり、ルツェルン、ツーク、グラールスの各邦は完全な自治を獲得することになった。この結果、ハプスブルク家のスイスにおける支配権は大幅に減少した。

一四世紀後半にはスイス各邦の紐帯は二つの協定によって強まった。ひとつは「坊主協定」と呼ばれ、八邦のうちベルンとグラールスを除く六邦が一三七〇年に締結したものである。最大の眼目は、協定の名称が示すように、聖職者は世俗の裁判権には服さないという裁判籍特権の否定であった。また、ハプスブルク家の家臣であっても盟約者団の領域内に居住する場合には、盟約者団への臣従を義務づけられ、さらにフェーデ(私戦)の禁止が決められた。この協定は治外法権的存在の排除や域内の平和がめざされている。

二つ目の協定は一三九三年の「ゼンパハ協定」である。これには八邦全部とのちに盟約者団に加わるゾーロトゥルンを加えた九邦のあいだで共通の立法がなされた。これは一種の軍事法で、フェーデの禁止のほかに修道院・教会への襲撃禁止、婦女子の保護、戦利品の分配などが細かに規定されている。

この二つの協定による共通立法は、六つの相異なる緩い同盟関係に別の紐帯を加え、同盟関係を若干でも強化したと言え、スイスの国作りを前進させている。

43 アペンツェル、盟約者団に加盟

盟約者団がハプスブルクに対して二度の勝利を収めたことで、自治を求める都市や農村から注目を浴びた。アペンツェルはザンクト・ガレン修道院の支配下にあったが、盟約者団の助けを借りて自由を獲得し、一方、盟約者団はスイス東部への勢力拡大に成功した

スイス北東部に「チーズの里」として有名なアペンツェル（Appenzell）という地域があるが、その地域名の語源はラテン語の「修道院長の小部屋（abbatis cella）」に由来する。この修道院長はザンクト・ガレン修道院長のことで、小部屋とは「所領」を指している。つまり、アペンツェルという地域は一一世紀中葉以来ザンクト・ガレン修道院の支配下にあった。アペンツェルの農民は修道院から十分の一税、農奴身分としての死亡税、貢租などを厳しく取り立てられていた。

こうした過酷な支配に耐えかねて、アペンツェル各地のローデ（共同体）は結集を図り、修道院に抵抗した。対立が激化するなかで、東スイスに勢力を伸ばしたがっていたシュヴィーツ邦が一四〇三年にアペンツェルに味方を申し出た。一方、修道院長側は一三九二年以来ハプスブルク家と保護同盟を結んでいたので、両者の武力衝突となった。

一四〇五年のシュトースの戦いで、アペンツェル側が勝利を収めた。この勝利を受けて、アペンツェルは近隣農民・市民を巻き込んで「ボーデン湖畔同盟」を結成した。同盟はトゥールガウ地方やボーデン湖

18世紀末のアペンツェル（インナーローデン）のランツゲマインデの風景
Wikimedia Commons

畔一帯だけではなく、ティロール地方の貴族の城砦を破壊し、略奪を恣にした。これに対して脅威を感じたハプスブルク家は態勢を立て直し、南ドイツの貴族たちも同盟を結んで共闘した。アペンツェルの農民たちは一四〇八年にボーデン湖畔の都市ブレゲンツを攻囲したが、戦に敗退し、故郷に戻った。そして、スイス盟約者団に救援を求め、一四一一年にベルンを除いた七邦と都市・ラント保護同盟を結んだ。この当時ベルンは東スイスには関心を示していなかった。この同盟の結果、アペンツェルは一定の自治を確保できるようになった。一方、スイス盟約者団はスイス東部地域に勢力を張り出すことに成功した。

一四五二年にアペンツェルは従属邦としてスイス盟約者団の準メンバーになった。従属邦は共同支配地★[44]の統治に参加できなかったり、のちに触れる傭兵契約同盟を列強と結んだときに与えられる年金の取り分が少なかったりなどの差別を受けていた。ただし、領域内の自治は認められており、

従属邦と言う表現は十全ではない。★55

アペンツェルが従属邦から盟約者団の正式メンバーに格上げされたのは一五一三年になってからである。しかし、ザンクト・ガレン修道院の諸権限の束縛からは逃れられなかった。十分の一税は一五三七年、死亡税は一五六六年に買い上げることで初めて自由になり、スイス中央部の農村邦と同様にランツゲマインデ制を採用したラント（農村）邦となった。

Niederstätter, Alois, «dass sie alle Appenzeller woltent sin». Bemerkungen zu den Appenzellerkriegen aus Vorarlberger Sicht, in: *Schriften des Vereins für Geschichte des Bodensees und seiner Umgebung* Bd. 110 (1992), S. 10–30.

Sonderegger, Stefan, Ein beinahe vergessener Beitrag der St. Galler zu den Appenzellerkriegen, in: Peter Niederhäuser und Alois Niederstätter (Hg.), *Die Appenzellerkriege -eine Krisenzeit am Bodensee?* Konstanz 2006, S.117-128.

44　共同支配地の誕生

スイス盟約者団を構成する領域にはスイス各邦が共同で統治する「共同支配地」が存在する。それはどのようにして誕生したのだろうか。そしてそれはスイス建国の歴史に何をもたらしたのだろうか

一四世紀後半にはスイス各邦は自分たちの支配地の拡大に努めたが、一五世紀に入って各邦が共同で支配する共同支配地が誕生した。しかも最初の共同支配地はスイスにおけるハプスブルク家の本拠地アールガウを奪うことで生まれた。それはヨーロッパ史上の大事件、コンスタンツ公会議と関連していた。

コンスタンツ公会議は一四一四〜一八年に開かれ、三つのテーマが主として論議された。最大のテーマはシスマ（教会の大分裂）の解決であった。それに加えて、異端フス問題の処理と教会全体（いわゆる頭と肢体）の改革がテーマとなっていた。シスマは一四〇九年に開催されたピサ教会会議で解決すべく、アヴィニョン教皇ベネディクトゥス一三世とローマ教皇グレゴリウス一二世に退位を求め、新しくアレクサンデル五世を選出した。ところが二人の教皇は退位しなかったために、それ以後三人の教皇が鼎立する結果になってしまった。アレクサンデル五世は選出の翌年に急死し、そのあとをヨハネス二三世が継いだ鼎立状況のままコンスタンツ公会議を迎えていたのである。

公会議の主導権を握ったのはルクセンブルク家出身の神聖ローマ皇帝ジギスムント（一四一〇〜三七）であった。彼がヨハネス二三世を説得して、コンスタンツで公会議の開催を実現させた。当初ヨハネス二三世は自分が正当の教皇に留まれると読んでいたが、ままならないことがわかると、ハプスブルク家のフリードリヒ四世を頼って、コンスタンツから逃亡した。これに対して皇帝ジギスムントは、フリードリヒがキリスト教統一の破壊者だとしてアハト刑（帝国追放刑）に処し、スイス盟約者団に対してフリードリヒのスイスにおける所領を帝国のために占領するように命じた。一四一五年春にスイス各邦はハプスブルク家の古領アールガウを占領した。

その後ひとまずジギスムントとフリードリヒは和解したが、スイスは占領した地域を返却せず、各邦の共同支配地とした。支配にあたっては各邦が二年交替で代官を派遣し、支配から得られた収益は各邦平等に分配された。アールガウの占拠は、その地域の住民の「自由と自治」を後押しするものではなく、ハプスブルク家に代わってスイス諸邦が支配を行ったのである。これまでスイス諸邦が戦ってきた戦争とは異なり、アールガウ占拠はまさに侵略戦争であった。

共同支配には各邦の利害の一致を図る必要があり、盟約者団会議を頻繁に開催することになった。その結果、各邦間の意思の疎通が増し、紐帯を強め、スイスの国作りの歴史の上では大きな前進をもたらした。

第六章

ヨーロッパのダークホース

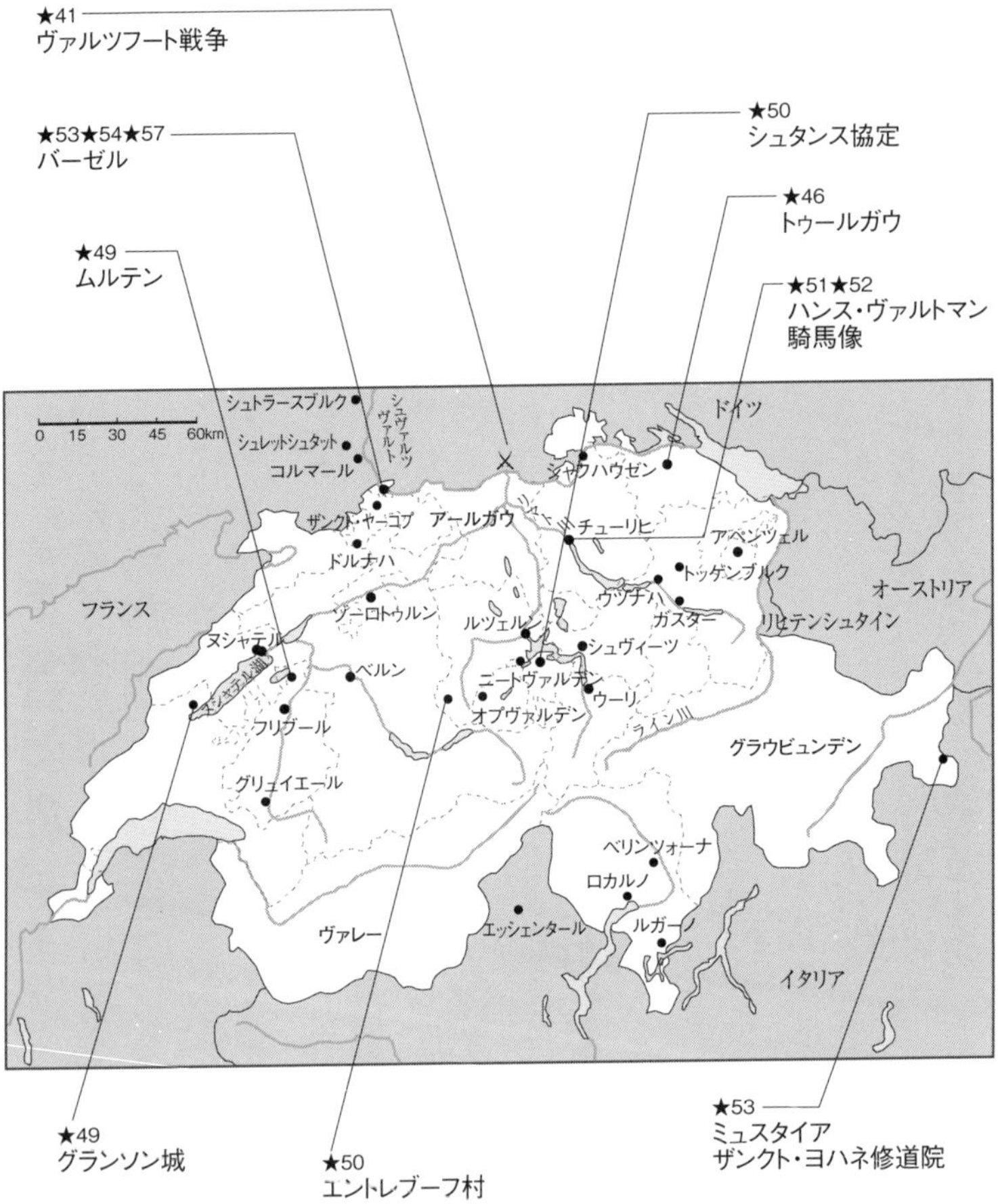

★41
ヴァルツフート戦争
★53★54★57
バーゼル
★49
ムルテン
★50
シュタンス協定
★46
トゥールガウ
★51★52
ハンス・ヴァルトマン
騎馬像
0 15 30 45 60km
シュトラースブルク
シュレットシュタット
コルマール
シュヴァルツヴァルト
ドイツ
シャフハウゼン
ザンクト・ヤーコプ
アールガウ
チューリヒ
アペンツェル
ドルナハ
トッゲンブルク
オーストリア
フランス
ゾーロトゥルン
ウツナハ
ガスター
リヒテンシュタイン
ルツェルン
ヌシャテル
シュヴィーツ
ヌシャテル湖
ベルン
ニートヴァルデン
ウーリ
オプヴァルデン
ライン川
フリブール
グラウビュンデン
グリュイエール
ベリンツォーナ
ロカルノ
ヴァレー
エッシェンタール
ルガーノ
イタリア
★49
グランソン城
★50
エントレブーフ村
★53
ミュスタイア
ザンクト・ヨハネ修道院

45 古チューリヒ戦争

東スイスのトッゲンブルク伯家の断絶後、その所領をめぐって古チューリヒ戦争（一四三六〜五〇）が起き、スイス盟約者団の内部分裂の危機が迫った。ハプスブルク家もこの機に乗じる中で、盟約者団の結末やいかに

共同支配地を初めて獲得した時期に、各邦はいっぽうで独自に領域も拡大していた。狭い地域内における各邦の領土拡大の努力はまもなくさまざまな利害対立を生むことになった。チューリヒは東スイスのトッゲンブルク伯と早くから近しい関係を持ち、一四〇〇年には保護同盟を結んでいた。チューリヒにとってイタリアとの交易には、トッゲンブルク伯領の南部（ウツナハ、ガスター）を通ってビュンドナー峠（シュプリューゲン峠、ゼプティマー峠など）を越えるルートがきわめて重要であったからである。

一四三六年にトッゲンブルク伯家が断絶すると、ただちに伯家の所領をめぐって争いが起きた。チューリヒはただちに伯領を自己の支配下に繰り込もうと画策した。シュヴィーツ邦とグラールス邦はこれに反発を示した。両邦は盟約者団諸邦にまわりを囲まれ、勢力拡大の場所は両邦の北東部に当たるトッゲンブルク伯領しかなかったからである。

チューリヒが両邦に対して食糧封鎖をすると、両邦はチューリヒの同盟都市で、ビュンドナー峠ルートの要にあった都市ヴァーレンシュタットを攻撃して、一四四〇年にチューリヒの交易路を押さえた。さらに他の盟約者団諸邦がシュヴィーツ側を支持すると、チューリヒは劣勢に立ち、助けをハプスブルク家に求めた。当時ハプスブルク家はアルブレヒト二世とフリードリヒ三世を続けてドイツ王位に就け、力を増しており、これを機会にスイスの古領回復を図ろうとした。一三五一年のチューリヒ同盟の第一二条によれば、チューリヒは外交の自由を認められていたので、ハプスブルク家と一四四二年に同盟を結んだ。同盟規約違反ではないが、仇敵ハプスブルク家との同盟は盟約者団にとっては許せない行為であった。

四三年盟約者団はチューリヒ郊外、ジル河岸のザンクト・ヤーコプにおいてチューリヒ・ハプスブルク軍を破った。ハプスブルク家は単独ではチューリヒを応援できないことがわかり、フランスに助勢を求め

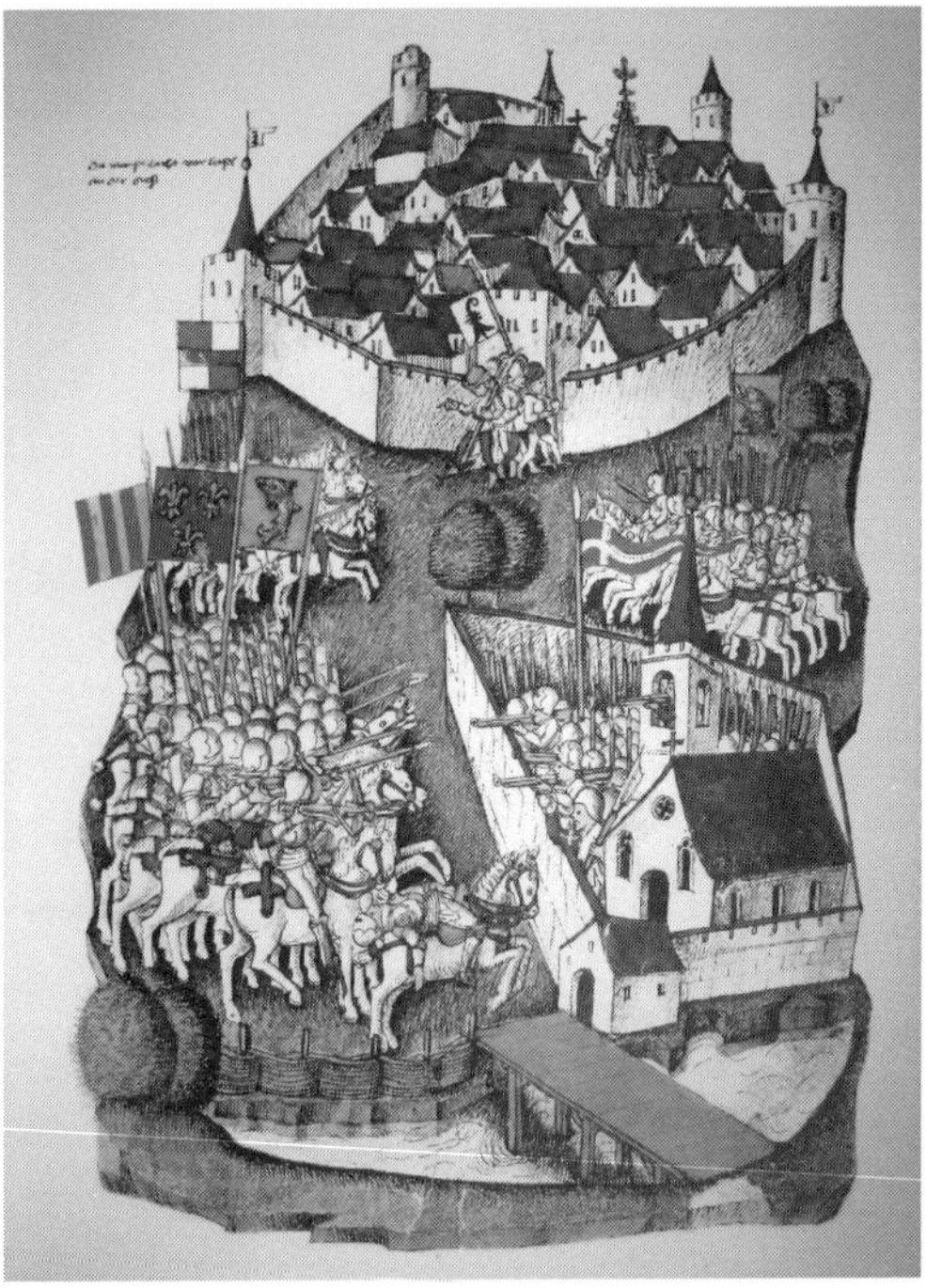

バーゼル近郊のザンクト・ヤーコプの戦い
『チャハトラン年代記』1470年

た。フランス国王シャルル七世は王太子（のちの国王ルイ一一世）に、百年戦争ではもはや雇う必要のなくなった悪名高き傭兵軍アルマニャックをつけてスイスに向かわせた。一四四四年フランス軍はバーゼル近郊、ビルス川沿いのザンクト・ヤーコプで盟約者団軍と鉾を交え勝利した。しかし、チューリヒを応援するためにスイスの地に足を踏み入れることはなかった。

一四五〇年まで戦争状態は続いたが、事実上チューリヒ側が敗北し、ハプスブルク家との同盟を解消することで和平が成立した。ウツナハ、ガスターはシュヴィーツとグラールス両邦の共同支配地となった。盟約者団はハプスブルク家およびフランス王権の介入を防いだだけではなく、チューリヒを盟約者団に復帰させ、まさに雨降って地が固まった。古チューリヒ戦争では内乱から国際戦争にまで発展し、その中で盟約者団が勝利した結果、近隣の諸都市・農村はスイス盟約者団に保護同盟を求めて来るようになり、スイス盟約者団の存在がヨーロッパ史の中に位置づけられるようになった。

46 ハプスブルク家、スイスの地を追われる

ハプスブルク家は教皇と対立し破門されると、スイス諸邦はそれを口実にハプスブルク家の所領トゥールガウを占拠し、アールガウ、トッゲンブルクに続く第三の共同支配地とする

ハプスブルク家はキーブルク家の断絶後ボーデン湖の南に広がるトゥールガウ地方を一二六四～

一四六〇年まで支配していた。スイス諸邦はこの地からもハプスブルク勢力を追い出して、共同支配地にしたが、その経過はアールガウが共同支配地になった場合にかなり似ていた。★44ただ今回の場合には、主著『知ある無知』で有名なドイツの神秘主義哲学者で、有能な教会政治家であるニクラウス・クザーヌス（一四〇一～六四）が介在していた。

クザーヌスはドイツのモーゼル河畔（現在のベルンカステル・クース）に生まれ、各地に遊学し、一四二三年にイタリアのパドゥア大学で神学博士の学位を得た。ドイツに戻り聖職に就き、バーゼル公会議に出席し、当初は公会議派に立っていたが、のちには教皇派に与し、教皇政治の重要人物になる。四六年教皇大使となり、ドイツ各地を巡って教会改革を指導し、帝国議会の教皇代表としても大きな活躍をする。その功績により、五〇年枢機卿に任じられる。同じ年の暮れにハプスブルク家の支配する南ティロールのブリクセン司教となる。

ブリクセン司教区の財政再建、修道院改革をめぐってクザーヌスは在地の貴族、とくにオーストリア大公ジギスムント（ハプスブルク家）と激しい対立に陥る。戦争の結果クザーヌスは一四六〇年にジギスムントの手により捕縛・入牢させられる。賠償金支払いの約束で解放され、ローマに戻るが、教皇ピウス二世はジギスムントを破門し、彼の領土に聖務（洗礼・結婚・ミサなどの執行）禁止を課した。

ジギスムントの破門を理由にスイス諸邦はハプスブルクの支配地トゥールガウを占拠し、この地を共同支配地にしたという意味で、アールガウの場合に似ている。この時期のスイスは八邦時代であるが、トゥールガウの占拠に軍を出したのはベルンを除いた七邦であった。この時期ベルンは東スイスには関心を示さず、この地域の統治に加わるのは、のちに触れる第二次フィルメルゲン戦争後★83の一七一二年以降のことである。

トゥールガウ占拠はライン川の北の帝国都市にも影響を及ぼし、シュヴァーベン地方のロットヴァイル、アルザス地方のミュールハウゼン（ミュルーズ）が従属邦としてスイス盟約者団に加わった。この時期には従属邦や共同支配地の増大だけではなく。各邦もそれぞれが支配領域を拡大した。もはやスイスには、ザンクト・ガレン修道院領、ヌシャテル伯領、グリュイエール伯領を除いて諸侯領は事実上消滅した。

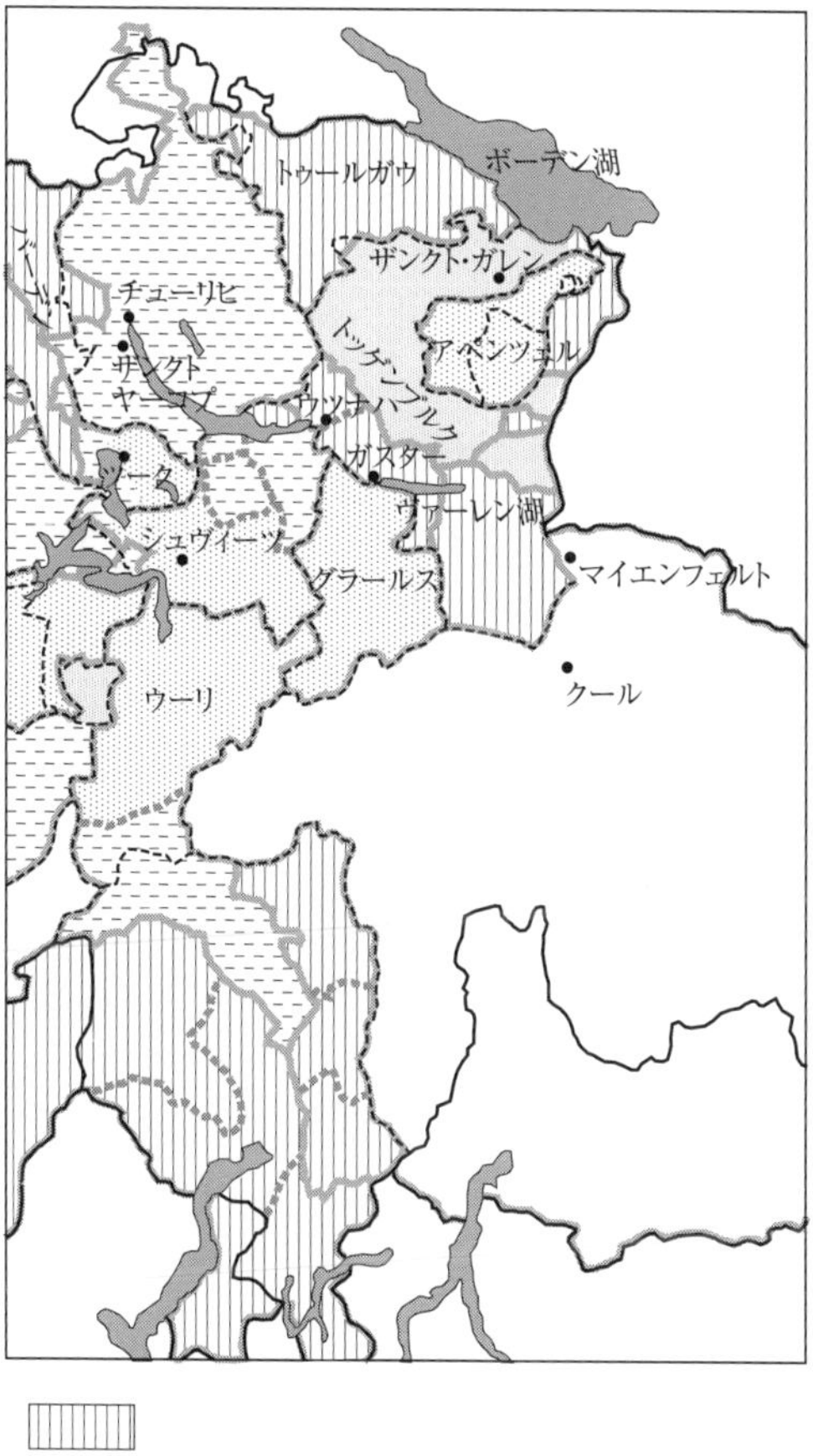

16世紀東スイスの共同支配地

47 ヴァルツフート戦争

一四六八年に盟約者団はライン川北側（現在のドイツ西南地域）へ進出し、ヴァルツフートでオーストリア大公ジギスムントと鉾を交えた。籠城戦で食糧不足に迫られるヴァルツフートの結末は？

ミュールハウゼン（ミュルーズ）などの都市がスイス盟約者団と同盟関係を求めてきた理由としては、貨幣経済の進展にともなって地代収入のみで生きてきたような下級貴族や騎士たちが没落し、しばしば盗賊になって、市民・商人を苦しめたことがある。一方で、ベルン邦とゾーロトゥルン邦がライン川を越えて北へ勢力を張り出す野望を抱き、一四六六年六月にミュールハウゼンと二五年間の期限付き同盟を締結した。この同盟を背後に受けて、ミュールハウゼンは六八年に下級貴族たちの村々を襲撃した。脅威を感じたオーストリア大公支配下の貴族たちは結束して、ミュールハウゼンを囲み、周辺一帯を略奪した。こうした動きに対して、同年六月にベルン邦はオーストリア大公ジギスムントに宣戦布告をした。その後チューリヒなど他のスイス諸邦も戦いに参加していく。しかし、この地域での野戦は行われず、戦いの場は東へと移動していった。

一四六八年七月に盟約者団はルツェルンで会議を開き、ハプスブルク支配下の都市ヴァルツフートへの攻撃を決定し、七月二六日に都市を攻囲する。ヴァルツフートは有名なラインの滝から三〇キロメートルほど下ったライン川右岸にあるハプスブルク支配下の都市である。ハプスブルク軍は攻囲されたヴァル

ヴァルツフーター・チルビ　Wikimedia Commons

ツフートに食糧・弾薬を届けようと試みたが、失敗した。八月上旬にライン川側からハプスブルク軍は援軍を送り込もうとしたが、これもほとんど成功しなかった。

一カ月にわたる長期の籠城戦でヴァルツフート市内は極度の食糧不足に陥っていく。ところが、籠城軍は最後の食糧の一部である山羊を攻囲軍に投げやり、まだ食糧が豊富であるかのように見せかけて、戦い抜くことを示した。攻囲軍のうちベルン軍は総攻撃をかけ、都市を徹底的に破壊することを主張した。それに対して、チューリヒなど東スイス諸邦はそれには反対した。とくにチューリヒにとってヴァルツフートはドイツ地域との貿易の重要な中継地であったから、戦後の商業活動を考え、ヴァルツフートの温存を考えていた。盟約者団には中枢的な参謀本部はなく、諸邦が勝手に軍を動かす危険が常にあった。

そういう状況の中で、八月二七日にスイス盟約者団とオーストリア大公ジギスムントとのあいだに和平が成立した。その条件は、ジギスムントは一四六九年六月二四日までに一万グルデンの賠償金を支払うこと、支払われなかった場合にはヴァルツフートとその北に広がる森林地帯のシュヴァルツヴァルトのハプスブルク領をスイス盟約者団の管理下に置くというものであった。賠償金については次の第四八話で触れる。

ハプスブルク側の敗北であったが、ヴァルツフートは籠城を耐え抜いたと言うことで、これを誇りとして、現在も毎年八月第三週にその記念のお祭りをしている。お祭り（ヴァルツフーター・チルビ）の行列には肥えた山羊が主役として先頭を歩く。

Hansjakob, Heinrich, *Der Waldshuter Krieg vom Jahre 1468. Zur vierhunderjährigen Erinnerung untersucht und dargestellt. Mit urkundlichen Beilagen.* Waldshut 1868.

48 ブルゴーニュ戦争の開始

ヴァルツフート戦争を契機にスイス盟約者団は一挙に国際政治の表舞台に登場し、強力なブルゴーニュ公家と対峙した。盟約者団とハプスブルク、フランス、そしてブルゴーニュの戦略やいかに……

オーストリア大公ジギスムントは、ヴァルツフート戦争の★47賠償金一万グルデンの調達に苦しみ、シュヴァルツヴァルトと上アルザスの所領を抵当に入れて、ブルゴーニュのシャルル突進公（在位一四六七〜七七）から五万グルデンを借り入れ工面した。ブルゴーニュ公家はもともとフランス国王の家臣であったが、精力的に領土拡大に努め、突進公の時代には独仏間に北海から地中海に至る王国を形成しようとしていた。したがって、この抵当を機会に突進公は将来この地域を自己の所領に繰り入れる魂胆だった。

これに脅威を感じた上アルザスの四帝国都市（バーゼル、シュトラースブルク、コルマール、シュレットシュタット）は一四七三年に「低地同盟」を計画し、翌年にはスイス盟約者団、オーストリア大公ジギスムントも加わり、ブルゴーニュに対する結集がなされた。諸都市は突進公に支払う担保回収資金の提供をジギスムントに申し出た。一方、スイスとジギスムントとの間では「永久講和」が締結された。これによってスイスとハプスブルク家は領有地の現状維持を約束し、ハプスブルク家はスイスに奪われた所領の奪回を諦めた。

この「永久講和」成立に積極的な後押しをしたのは、老獪なフランス国王ルイ一一世であった。ルイはブルゴーニュ公国から痛い目に何度か遭っていたので、自ら突進公に対峙せず、スイスにその仕事を任せようとしたのである。そのために七四年一〇月にルツェルンで開かれていた盟約者団会議に使者を送った。その際に、「ブルゴーニュと戦うことになれば、全面的支援をするだけではなく、ルイの生存中は四半期毎に五〇〇〇グルデンを提供し、フランスが戦いに参加できないときには、四半期毎に二万グルデンを「年金」として支払う」と約束した。これは事実上スイスがフランスと結んだ最初の傭兵契約であり、一九世紀のナポレオン時代まで続くスイス・フランスの傭兵契約同盟の出発点になった。

ルイの申し出を受けて、ベルン邦は七四年一〇月にブルゴーニュに対して宣戦布告をし、「低地同盟」の連合軍は一一月にブルゴーニュの東入口といえる小都市エクリールを囲い、ブルゴーニュ戦争の初戦を飾った。ところが、ハプスブルク本家の神聖ローマ皇帝フリードリヒ三世は、一四七五年五月に息子のマクシミリアン[★53]と突進公の一人娘で相続権者のマリアとの結婚を条件に休戦を締結した。また、フランス国王ルイ一一世も同年九月に突進公と和解し、単独で休戦を締結した。突進公は四面楚歌の状態を脱し、スイスとだけ対峙すればよい状況になった。さて、フランスとハプスブルク家から裏切りのような目に遭ったスイスだが、その後のブルゴーニュ戦争の各戦いには常に勝利していく。

49 ブルゴーニュ公国の解体

スイス盟約者団はブルゴーニュ軍を次々と破り、最後にはシャルル突進公を戦死させ、公国を解体させるに至った。スイス兵の戦力がヨーロッパに轟くこととなる

グランソン城　筆者撮影

エクリールの勝利後、一四七五年春にベルン邦は、シャルル突進公と同盟関係を結んでいたサヴォワ支配下のヴァレー地域の諸都市・城砦を次々と攻略していった。その中にヌシャテル湖畔のグランソン城がある。グランソン城はブルゴーニュ公国下のシャロン伯が支配する城だったが、占拠後およそ五〇〇人のベルン兵が守備した。

七六年二月、突進公はベルンを攻めるにあたって背後の安全確保のために、大軍をもってこのグランソン城を攻囲した。ベルンはスイス盟約者団に援軍を求めたが、間に合わず、グランソン守備隊はシャルルの助命保障を信じて降伏した。しかし、二月二八日にシャルルは降伏した四一二名全員を処刑した。処刑の仕方は残虐で、斬首、吊し首、溺殺で、処刑には四時間を要したと言われている。この処刑行為はスイ

シャルルによる守備隊の虐殺　Wikimedia Commons

ス軍側に恐怖を植え付ける目的だったが、逆効果で、スイス兵を奮い立たせることになった。

加勢を得たベルンは巻き返しを図り、三月二日にヌシャテル湖畔、グランソン北東の村コンシーズでブルゴーニュ軍を徹底的に打ち破った。突進公はローザンヌに赴き、軍を建て直し、五月にベルンに向かった。途中ベルンとフリブールの兵が守るムルテン（仏語モラ）を六月九日に攻囲したが、二二日にスイス盟約者団の援軍はやってきて、シャルル軍の退路を断ち、ふたたびブルゴーニュ軍を敗退させた。ムルテンでの勝利はフリブールまで一七キロを一気に走った伝令によって知らされたという。現在もこの故事にならって毎年「ムルテン・マラソン」が行われている。

二度の大敗に消沈したシャルルは気を取り直して、ロレーヌ公国の首都ナンシーを奪回するために軍を北に進めた。スイス盟約者団はロレーヌ公ルネ二世を助けるために大軍を派遣した。ルネはとくにムルテンの戦いでその勇将ぶりを発揮したチューリヒ軍の指揮官ハンス・ヴァルトマン[★51]の援軍には大いに感謝したという。一四七七年一月雪の降る中でのナンシーの戦いもスイス軍の援軍は力を発揮し、ブルゴーニュ軍は三度大敗を喫した。それだけではなく、シャルル突進公自身が戦場に倒れ、マクシミリアンに嫁いだマリア以外の遺児がいなかったために、ブルゴーニュ公国は解体させられた。ネーデルラントやフランシュ・コンテ（自由伯領）はハプスブルク家に、ブルゴーニュはフランスに帰属させられた。ブルゴーニュ戦争の立役者であったスイス盟約者団はほとんど領地を得るところはなかった。

ベルン邦はフランシュ・コンテ獲得を目指していたが、東スイス諸邦はベルン邦が強力になることを恐れ、領土よりも金《かね》を選んだのである。この戦争でスイス歩兵の強さが証明され、これ以降各国が競ってスイス傭兵を求めていくことになる。

50 シュタンス協定

一四八一年に結ばれたシュタンス協定は、それまで緩い連合体でしかなかった盟約者団の結束を強めた。協定の締結は隠修士ニコラウス・フォン・フリューエの仲介によってなされたが、彼は一九四七年にカトリック教会から列聖され、スイス守護聖人となっている

ブルゴーニュ戦争が終結したあとのスイスは内部分裂の危機に陥った。都市邦と農村邦の対立である。ブルゴーニュ戦争を勝利に導いた主役はベルンを中心とした都市邦で、たとえばベルンとフリブールはムルテンを共同支配地としたり、戦利品の分け前も多く取ったりしていた。そうした状況に中央スイスの農村邦の不満を示す「豚旗隊の進軍」と名付けられた事件が起きた。

一四七五年秋に盟約者団軍がサヴォワ支配下にあったジュネーヴを攻囲したときに、ジュネーヴは町を焼かれないために高額の金を支払うことを約束し、襲撃を免れた。ところが、ほんの一部しか支払わなかったことから盟約者団軍の中で不満が爆発していた。一四七七年の春になって、ファスナハト（カーニヴァル）を契機にして中央スイスの農村邦の若者たちおよそ一八〇〇人が「豚と棍棒」を描いたいわゆる「豚旗隊」の旗を掲げて、ジュネーヴに向かって進軍した。棍棒は民衆蜂起のシンボルだった。

こうした農村邦の不満の動きを受けて、都市邦のベルン、チューリヒ、ルツェルン、従属都市邦のフリブールとゾーロトゥルンが都市同盟を結び、都市邦の結束を図った。その上で、ブルゴーニュ戦争で活躍したフリブールとゾーロトゥルンの二従属邦を盟約者団の正式メンバーに加え、複数の同盟関係の輪ではなく、一つの統一的同盟関係による盟約者団の創設を主張した。

この主張は、農村邦、特に原初三邦にとっては認めがたいものであった。原初三邦は自分たちこそ盟約者団の核と自認していたが、メンバーに都市邦が加わることは、盟約者団会議内での農村邦の比重が弱まることになるからである。また、ルツェルンが都市同盟に参加するには、一三三二年のルツェルン同盟の規定によれば原初三邦の同意が必要であった。それが無視されたことに対しては、ルツェルンの隣邦であるオプヴァルデンがルツェルンの弱みを突いた。ルツェルンはかつての貴族領主に代わって農村を封建的に支配しており、その支配にエントレブーフ村が強い不満を持っていた。オプヴァルデンはエントレブーフが都市邦ルツェルンの支配から解放される後押しをした。

こうした都市邦と農村邦の対立は古チューリヒ戦争の時と同じように、スイス盟約者団の分裂・分解の危機を生じさせた。解決のためにシュタンスにおいて盟約者団会談が開かれるが、隠修士ニコラウス・フォン・フリューエ（一四一七〜八七）が和解のための仲介を要請された。ニコラウスはオブヴァルデンの農村に生まれ、古チューリヒ戦争★45では将校として戦場に立ち、その後オブヴァルデンの政治に関与した。長男が二十歳に成人すると、出家して、故郷近くのランフト渓谷に庵《いおり》を建て、祈りと冥想の日々を送っていた。彼の仲介は成功し、「シュタンス協定」が成立して現在も彼はスイスの守護聖人と崇められている。

『ルツェルン年代記』
上段図　使者がフリューエに仲介を求めて彼の庵を訪れる
下段図　盟約者団会議にフリューエの仲介案が伝えられる

「シュタンス協定」の基本内容は、盟約者団間の武力行使の禁止、他邦の臣従民を扇動することの禁止、上記の都市同盟の解散などを決め、フリブールとゾーロトゥルンを盟約者団の正式メンバーに加えることが決められている。スイス盟約者団はこの後七つの相異なる内容の同盟条約によって一〇の邦（都市国家と農民共和国）の結合体となった。同盟条約とは別に「シュタンス協定」という全盟約者団を統一的に規制できる協定が生まれたことは、緩い共同体に過ぎないスイス盟約者団に一本の筋を入れたと言える。その点では八邦時代のスイスよりも国家的紐帯が強まっている。

51 斬首された市長

ブルゴーニュ戦争（一四七四〜七七年）で大活躍したハンス・ヴァルトマンはチューリヒ市長になり辣腕を振るったが、最後は斬首刑になる悲劇の主であった

チューリヒの旧市街にある二つのランドマーク、フラウミュンスターとグロースミュンスター★15はリマト川を挟んで屹立《きつりつ》している。その両者を結ぶ橋はミュンスター橋と言うが、左岸の橋のたもとにハンス・ヴァルトマン（一四三五〜八九）の騎馬像がある。

ヴァルトマンはすでに触れたヴァルツフート戦争にもチューリヒ軍を率いて指揮官として活躍したが、ブルゴーニュ戦争の勝利には多大な貢献をした人物である。ムルテンの戦いの折にはその活躍により騎士に叙任されている。★49 彼はツーク邦の出身で、弟とともに一四五二年にチューリヒ市民権を得た。仕立てや皮なめしの徒弟訓練を受けていたが、チューリヒでは傭兵・軍事指揮官として活躍している。身分的上昇の契機は富裕な未亡人アンナ・エードリバハと結婚したことであった。アンナは『チューリヒ年代記』を書いたゲーロルト・エードリバハの母だが、亡夫は鉄取引で財をなしていた。ヴァルトマンは財力と軍事的名声を武器に名望家層の団体コンスターフェルに快く迎え入れられると考えていたが、成り上がり者とあしらわれてしまう。そこで彼はツンフト勢力拡大に心を傾け、一四七三年以降小商人が主体のツンフト「らくだ」の長（ツンフトマイスター）★52として市参事会員となる。★38 八二年に市長になると、コンスターフェル出身の市参事会員数の削減を行い、その勢力を削いだ。また、支配下農村地域のバラバラだった裁判関係を整序し、支配強化を図るとともに、都市内の小商人・手工業者が有利になるように農村での商取引・織物生産に制限を設けたりした。

農民たちは「古き慣習と慣行」がヴァルトマンにより制限され、自分たちの自治が制限されたとして、一四八九年に都市チューリヒに向かって蜂起した。ヴァルトマン政治に不満を持った一部の市民も農民に同調したため、ヴァルトマンは逮捕され、牢獄に閉じ込められた。激しい拷問を受け、さまざまな罪状を着せられて、八九年四月に斬首刑に処せられた。

牢獄に繋がれる直前に、ヴァルトマンは取り巻きを連れて温泉で有名なバーデンに赴き、遊興にふけっていた。彼は市長になって次第に驕奢な暮らしをするようになり、市民の心が彼から離れ、最後は悲惨な目にあったと思われる。しかし、一九三七年に彼の処刑は「司法殺人」だったと判断され、かつてヴァルトマンが属していたツンフト「らくだ」が中心になって、リマト河畔にスイスには珍しい立派な騎馬像を作ったのである。

Baumann, Walter, *Hans Waldman. Triumph und Niedergang des berühmten Burgermeisters.* Zürich 1989.

ヴァルトマン像　筆者撮影

52 ツンフト政治体制の確立

一四八九年のヴァルトマン死後、チューリヒ都市内の政治構造はきわめて民主的な体制に改革が進んでいった。他方、農村に対しては厳しい封建的支配を貫徹していた

一四八九年にヴァルトマンが失脚したあと、チューリヒの都市政治体制は大幅に改正された。一三三六年のツンフト革命以後三度目の改正だが、まさにツンフト政治体制の確立が見られる。次図に示したように、基盤となるのは一三三六年の革命時★38と同じように、ツンフトとコンスターフェルであるが、ツンフトの数が一つ減り、一二ツンフトとなった。織物業の衰退があって毛織物関連ツンフトと亜麻布関連ツンフトが合同し、「天秤」ツンフトとなったからである。コンスターフェルは勢力を大幅に減じたが、以下に見るように各個別のツンフトよりは優位な立場にいる。

市参事会員の構成はレーテとツンフトマイスターの二本立てであることはずっと変わらないが、レーテの選び方が大きく変わった。レーテはコンスターフェルへレンとラートへレンに区別され、前者はコンスターフェルから二名選出された。ラートへレンは一名がコンスターフェルから、六名はツンフトから選出され、三名が出身母体の区別なく自由に拡大市参事会によって選挙された。一三三六年の革命時に比べると、コンスターフェルの力が大幅に削がれていることがわかる。市長も拡大市参事会によって選ばれ、必ずしもコンスターフェル出身者である必要はなくなった。市参事会の構成は市長を含め二五名となるが、市参事会は半年交替なので、年間を通じると五〇名の市参事会員がいることになる。日常的な案件は半期の市参事会で決めたが、重要案件は合同して五〇名で審議した。

市参事会だけで決断を許されない戦争と平和の決定、同盟締結、増税、領土問題など重要案件は拡大市参事会で審議された。拡大市参事会のメンバーは、コンスターフェルから選出される一八人衆（一八名）、一二の各ツンフトから選出される一二人衆（計一四四名）が市参事会員五〇名に加わって開かれる会議体で、まさに市参事会が拡大されたものである（計二一二名）。古チューリヒ戦争時（一四四〇年）のコンスターフェル構成員と各ツンフトの構成員（兵役負担能力者）数の合計は一〇二〇名、のちに触れる一五二九年の第一次カペル戦争時★71は合計九二三名である。したがって、有権者の五分の一は直接重要政治案件に関われるわけで、中世ではほとんど考えられない民主的制度であったことがわかる。

ただし、チューリヒは都市国家を形成し、農村に対しては厳しい封建的支配をしていた。東京都の面積に近い農村部にかなり多数の代官領（フォークタイ）を設置したが、チューリヒに近い領域はオーバーフォークタイと称し、市参事会のメンバーが代官に就き、他方遠方の比較的領域の広い代官領はラントフォークタイと言い、終始都市内政治に参与しなくてもよい拡大市参事会員が代官になった。多くの場合六年任期でお城に居住した。封建領主に代わって市民が農村支配をしていたのである。都市内の民主的制度とはまったく異なる封建的支配が行われていた。

チューリヒの政治構造図（1489）　『西洋史資料集』刀水書房刊

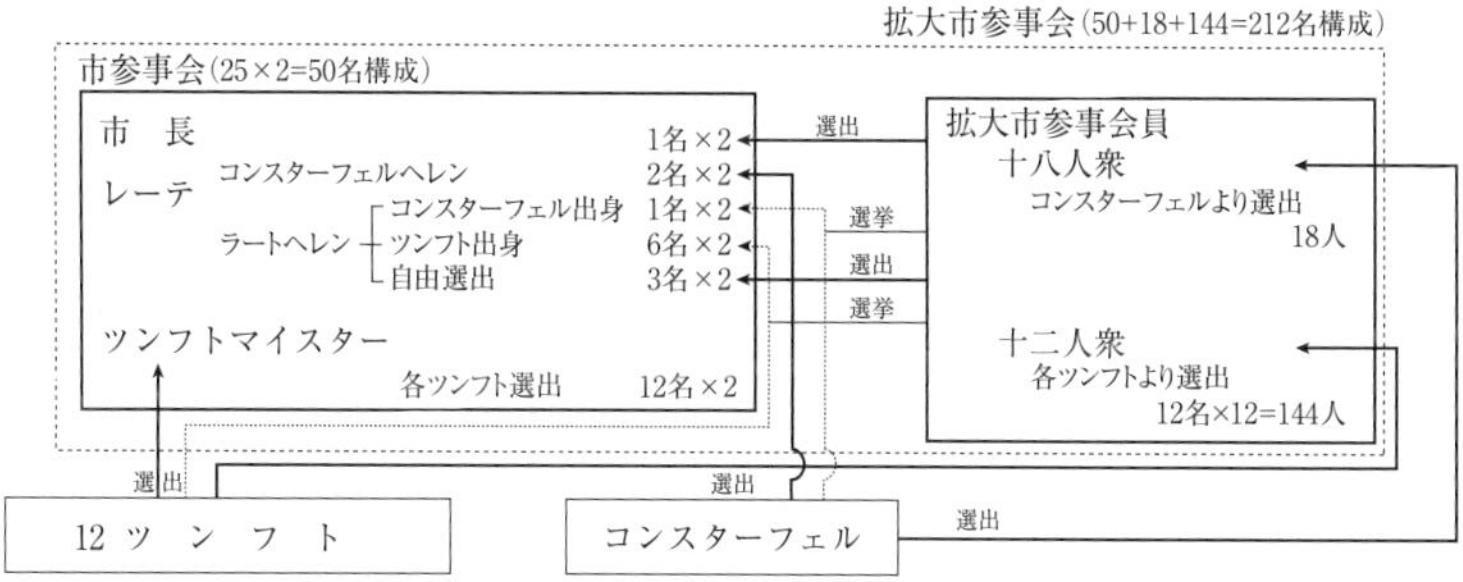

①	②	③	④	⑤	⑥	⑦	⑧	⑨	⑩	⑪	⑫
サフラン	仕立屋	しじゅうから	パン屋	天秤	鍛冶屋	鞣革屋	雄羊	靴屋	大工	船乗り	ラクダ
110	85	90	84	46	80	39	45	80	100	80	61
64	69	87	90	50	93	31	55	64	80	48	62

兵役負担能力者数	コンスターフェル	合計
チューリヒ戦争(1440年)	120名 ……	1020名
第一次カペル戦争(1529年)	130名 ……	923名

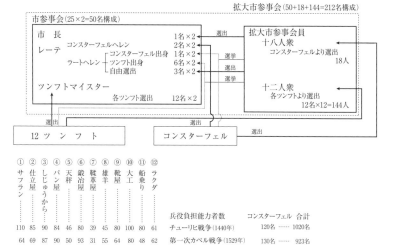

53 「スイス人戦争」またの名を「シュヴァーベン戦争」

マクシミリアン一世は一四九五年にヴォルムスに帝国議会を招集し、神聖ローマ帝国の国制改革を試みた。スイス盟約者団はその試みをハプスブルク家の新たなる敵対行為と見なし、それに抵抗し、戦争が勃発した

一四三八年以降神聖ローマ帝国の皇帝はハプスブルク家の出身者が就いていたが、マクシミリアン一世（ローマ王在位一四八六〜、皇帝在位一五〇八〜一五一九）は治世最初の帝国議会を一四九五年にヴォルムスで開催した。前年九四年にフランス国王シャルルがイタリアに侵攻したことに対抗するための費用捻出が求められていたからである。帝国議会に集まった諸侯は費用分担する見返りに帝国国制の改革を要求した。そこで提案された特に重要な改革の一つは「永久ラント平和令」の公布であった。紛争解決のためにフェーデ（私戦、武力行使）ではなく、裁判で解決することを目指し、帝国最高法院の設置が決められた。その運営維持のために一般帝国税の徴収も決議された。

当時スイスは一〇邦同盟時代だが、法的にはまだ神聖ローマ帝国に属していた。したがって、ヴォルムス帝国議会の決議はスイスにも適用されることになる。帝国最高法院において対ハプスブルク家との争いが裁かれれば、敗北は目に見えていた。スイスは「坊主協定」（一三七〇年）「シュタンス協定」（一四八一年）によって、国外の裁判での訴訟手続きを否定してきており、帝国最高法院も同様にみなした。つまり、盟約者団は一般帝国税の支払いも拒否し、ヴォルムス帝国議会の改革案を、スイスに敵対するハプスブルク家の計画とみなした。結局戦争となるが、ドイツ史ではこの戦争を「スイス人戦争」と呼んでいる。頑迷なスイス人を屈服させる戦争というわけだが、スイス史では南ドイツ（シュヴァーベン地方）の諸勢力との戦いという意味で「シュヴァーベン戦争」という。

戦いは複雑な経過をたどるが、ハプスブルク軍が一四九九年一月にグラウビュンデンのミュスタイア女子修道院★18（ザンクト・ヨハン修道院は一二世紀以降に女子修道院となった。）を占拠したことに始まる。グラウビュンデンは一四七一年以来司教領同盟、灰色同盟、十裁判区同盟の三同盟体の緩い結合体であったが、スイス盟約者団に救援を頼んだ。スイス盟約者団側は五月にミュスタイア渓谷の出口に位置するカルヴェンで、ハプスブルク軍に勝利した。戦いはライン川沿いに下流に向かって移動・展開し、七月にバーゼル近郊のドルナハで決着がつけられた（次頁図）。

一四九九年九月にバーゼル講和条約が結ばれた。それによってスイスは戦争以前の状態に留まれることになった。帝国議会への出席や一般帝国税の支払いを免除され、帝国最高法院に拘束されないことが取り決められた。これにより、スイス盟約者団は神聖ローマ帝国から離脱することになり、事実上独立したと言える。

ドルナハの戦い
左側にシュヴァーベン同盟軍，中央にスイス盟約者団の各邦の歩兵が描かれている。手前はビルス川
Wikimedia Commons

54 バーゼル、スイス盟約者団に参加

文化都市バーゼルに続いて、都市邦シャフハウゼン、農村共和国アペンツェルが相次いでスイス盟約者団に加わり、一三邦同盟が成立した。この一三邦同盟の体制は一七八九年のスイス革命まで長く続くことになる

バーゼルについてこれまで何度も触れてきたが、バーゼルがスイス盟約者団に加盟したのはたいへん遅く、一五〇一年六月のことだった。二〇〇一年に加盟五〇〇年祭が行われ、三種類（一〇、二〇、一〇〇フラン）の記念硬貨が発行された。筆者はたまたまバーゼルで海外研修中だったので、名目価格二〇フランの銀貨を銀行で購入した。これはバーゼルが発行する地域貨幣で、二〇〇一年八月二〇日から三一日までしか通用しないものであった。しかも販売価格は名目価格の倍の四〇フランだった。誰が一体この貨幣を使うのだろうか。五〇〇年祭の資金集めの手段だったのだろう。

バーゼルは一四七三年の「低地同盟」★48（バーゼル、シュトラースブルク、コルマール、シュレットシュタットの四帝国都市の同盟）に見られるようにエルザス地方との関係が濃かったが、シュヴァーベン戦争の時にはバーゼル以外の三都市がドイツ王マクシミリアンに従ったのに対して、バーゼルは中立を保った。

バーゼルがスイス盟約者団に敵対せず、中立に留まったにもかかわらず、盟約者団に加盟できた理由は、バーゼルがエルザス地方の政治的・経済的中心地だっただけではなく、一四六〇年に大学が創設されていたからである。一六世紀にバーゼルは人文主義の中心地になったように、文化的にも意味を持つ都市でも

あった。[★63] こうした条件があったために、盟約者団はバーゼルを積極的に受け入れたのである。

バーゼルより二カ月遅れて、シャフハウゼンが一二番目の邦として盟約者団に加わった。シャフハウゼンは一四五四年以来盟約者団の従属邦だったが、シュヴァーベン戦争では重要な働きをし、正式の盟約者団のメンバーになった。しかし、バーゼルもシャフハウゼンも盟約者団一〇邦と完全に対等の関係ではない。たとえば、盟約者団内部に争いが起きたときには中立の立場で調停にあたることが義務づけられている。また、相互の軍事援助の場合にも不平等があった。

バーゼルとシャフハウゼン二邦は都市邦であり、盟約者団内部で都市に比重が増しすぎたことから、やはり従属邦であった農村共和国アペンツェルを一五一三年に正式メンバーとして加えることになった。こうして一三邦同盟が成立し、この同盟体が一七九八年のスイス革命[★90]まで続くスイスの国家体制であった。ただし、中央政府はなく、一〇の相異なる同盟条約により必要に応じて開かれる盟約者団会談で案件が処理されるきわめて緩い体制が長い間続くのである。

55 スイス、ミラノ公国の支配者となる

ヨーロッパ列強と肩を並べて、スイス盟約者団もイタリアに進出した。その過程で現在のスイス領イタリア語圏の諸地域を獲得した。その後、スイスの外交政策は大転換していく

一四九九年三月フランス王ルイ一二世（在位一四九八～一五一五）はミラノ公位継承権を掲げ、北イタリアに進出し、スイス人傭兵を使った作戦で、スフォルツア家の支配するミラノ公国を征服した。ミラノ公ルドヴィーコ・イル・モーロを投獄し、ルイはミラノ公に就いた。しかし、フランスは傭兵給料を滞らせたために、スイス人傭兵はミラノ公領のロカルノやルガーノを略奪した。また、ウーリ、シュヴィーツ、ニートヴァルデンの三邦はベリンツォーナを占領し、一五〇三年にスイスへの割譲をフランスに認めさせ、三邦の共同支配地とした。

ドイツ宗教改革者マルティン・ルターからのちに「吸血漢」と呼ばれることになる教皇ユリウス二世★60は、フランスをイタリアの地から追い出すために、一五一一年にスペイン、ヴェネツィア、スイスなどと神聖同盟を結成した。スイスはヨーロッパ列強と肩を並べ、今度はフランスと鉾を交えた。一五一二年にパヴィーアの戦いでフランス軍に勝利したスイスは、イル・モーロの長男マッシミリアーノをミラノ公に就け、フランスに代わって事実上ミラノ公国を支配した。翌一三年フランスはミラノ奪回を試みたが、六月のノヴァーラの戦いでスイス軍に敗れ、望みを達成できなかった。こうした戦いの過程で、ルガーノ、ロカルノ、エッシェンタール（伊語ヴァル・ドッソラ）など、のちのイタリア語圏スイス領になる地域を盟約

者団一二邦（アペンツェルは一五一三年に正式邦になるので、除かれている）の共同支配地にした。

フランスが望みを達成できたのは、英主の誉れ高いフランソワ一世（在位一五一五〜四七）が登極し、ヴェネツィアと手を組んで、ふたたび北イタリアへ進出してからである。一五一五年九月スイスはフランスの大軍の前にマリニャーノの戦いで敗退し、翌一六年フランスとの間に「永久平和」を締結した。それによってスイスはミラノをフランスに明け渡し、見返りに高額の賠償金を得た。その上にミラノ戦争中に獲得した領土を、エッシェンタールを除いて一三邦の共同支配地として獲得した。こうしてほぼ現在のスイス・イタリア語圏が誕生した。

この「永久平和」によってスイスの外交政策は大転換する。膨張政策を諦め、フランスと経済的・軍事的関係を強化していく。「永久平和」締結の五年後、一五二一年に傭兵契約同盟を結び、スイスはフランスに傭兵六〇〇〇〜一万六〇〇〇人の範囲で徴募できる権利を与えた。その見返りにチューリヒを除く盟約者団一二邦はそれぞれ年金三〇〇〇フランを得ている。フランソワ一世はハプスブルク家と戦った一五二二年のビコッカの戦い、一五二五年のパヴィーアの戦いに多数のスイス傭兵を投入した。これらの戦いで多くのスイス人が命を落としたが、傭兵契約を軸にしたフランスとの緊密な関係は一九世紀のナポレオン時代まで継続することになる。

56 マキャヴェリの「スイス観」

近代政治学の祖と見なされるイタリア・ルネサンス期の政治思想家ニッコロ・マキャヴェリは、著作や書簡のなかでスイスに触れている。特に彼の書簡から彼の「スイス観」を見てみよう

ニッコロ・マキャヴェリ（一四六九〜一五二七）は『君主論』の著者としてあまりにも有名だが、彼が生きた時代はミラノ戦争を含むイタリア戦争の最中であった。一五〇七年から〇八年にかけて皇帝マクシミリアン一世のもとに外交使節として赴き、実際にスイスの地を旅行していて、彼は主著『ローマ史論』の中で的確にスイスの国のあり方について述べている。しかし、ここではスイスのミラノ進出をマキャヴェリがどのように見ていたかに絞って見てみよう。それは親友のフィレンツェ外交官フランチェスコ・ヴェットーリ（一四七四〜一五三九）に宛てた書簡から読み取れる。

ノヴァーラの戦い★55でフランスに勝利した二カ月後の一五一三年八月一〇日に送った手紙で、マキャヴェリは、次のように書いている。

> 今や［スイス人が自分たちのために戦う］好機が到来すると、彼らはその好機をとらえました。彼らは［ミラノ］公を支援するという名目を掲げてロンバルディアに入ってきましたが、事実上彼らが［ミラノ］公になりました。次に好機が訪れれば、公の一族とこの地方の貴族すべてを抹殺して、自分たちが完全な支配者になるでしょう。さらにその次の好機が到来すれば、全イタリア

になだれ込み、同じように支配者になるでしょう。それゆえ、彼らが略奪をして帰国することで満足するとは思いません。実際に彼らをもっともっと恐れねばなりません。

この手紙の中でマキャヴェリは、スイス人の脅威を繰り返し、次のようにも書いている。

もしスイス人がロンバルディアに根を下ろすことになれば、全イタリアは破滅することになりましょう。なぜなら、あらゆる不満分子が彼らにすり寄り、他者を犠牲にしてスイスの強大化を推し進めることになるからです。私はスイス人だけを恐れています。

さらに八月二六日のヴェットーリ宛の手紙でもスイスに対する恐れを書いている。

スイス人の間に不和・分裂が起こるのではないかと、あなたはお考えのようですが、同盟規約が守られている限りは、そうしたことは起こりえません。……スイス人たちがローマ人のように帝国を作るとは考えられませんが、彼らが隣という近さにいて、われわれの所の秩序が乱れ、ひどい状況なので、彼らがイタリアの仲裁者になることができると思います。そう考えると、恐怖心にとらわれます。

Muralt, Leonhard von, *Machiavellis Staatsgedanke*. Basel 1945.
『マキァヴェッリ全集』第六巻「政治小論・書簡」筑摩書房、二〇〇〇年。

57 ドイツ人文主義者の「スイス観」

一六世紀初頭に二人のドイツ人文主義者ブラントとヴィンプフェリングがスイスを愚弄する発言をしている。マキャヴェリの意見との違いが面白い

ゼバスティアン・ブラント
Wikimedia Commons

ゼバスティアン・ブラント（一四五八～一五二一）は帝国自由都市シュトラースブルクに生まれたが、大学は新設のバーゼル大学に一四七五年に学籍登録をしている。バーゼル大学で学び続け、一四八九年にローマ法（市民法）と教会法の両法博士の学位を取った。その後バーゼル大学の教授として教育に従事しながら、弁護士など法律家としても活躍した。その間に有名な『阿呆船』をバーゼルで刊行したので、近世ドイツの最高の風刺文学者として知られている。

ブラントは長期にわたりバーゼルで活躍したが、先に見たように、[★54] バーゼルがシュヴァーベン戦争にあたり中立の立場を取ると、ドイツ（神聖ローマ帝国）への裏切りと見なし、バーゼルを離れ故郷シュトラースブルクに帰り、市の法律顧問・書記になった。スイスとバーゼルを揶揄する次のような詩を一五一二年に書いている。

ウーリ雄牛はロンバルディアに軍を進めた。
そこには食糧はなく、寒さだけがあった。
それゆえ雄牛はふたたび故郷に戻ってきた。

ほんのわずかばかりの金と栄誉をもって。
バーゼルよ、お前はウーリ雄牛の仲間に加わったので、
雄牛が望むように凍てつく冬に空腹を抱え、
わずかばかりの部隊とともに出征させられる。
思うに、流血、犯罪、略奪がなければ、自由に留まれる。
今やお前は雄牛のしっぽに繋がれ、農民の踊りを習わねばならない。

また、ブラントの親友の人文主義者ヤーコプ・ヴィンプフェリング（一四五〇〜一五二八）は一五〇五年刊行の『キリスト教世界の平和のためと、スイス人が正気に立ち戻るための独白』において徹底的にスイス人を馬鹿にし、その野蛮ぶりを書いている。

彼らは諸侯や法律に尊敬の念を示さず、理性の明白な判断力を利用せず、怒りをもって真っ逆さまに破滅に陥っている。彼らに法律を課しても無駄である。彼らの法律は我意、貪欲、怒り、攻撃欲求、激情、憤怒である。

シュヴァーベン戦争でスイスに敗北した苛立ちがあるのか、ドイツの人文主義者たちはスイスを愚鈍な牛にたとえて軽蔑の姿勢を見せている。マキャヴェリのスイス人観との違いはあまりにも大きい。

Sieber-Lehmann, Claudius und Thomas Wilhelmi (Hg.), *In Helvetios – Wider die Kuhschweizer. Fremd- und Feindbilder von den Schweizern in antieidgenössischen Texten aus der Zeit von 1386 bis 1532*. Bern / Stuttgart / Wien 1998.

58 南ドイツの農民たちの「スイス観」

スイスに隣接する南ドイツの農民は、スイスの農民が「自由と自治」を獲得している状態を見て、自分たちも領主支配から独立したスイス的な政治体制を希求していた

ドイツの人文主義者がスイスを軽蔑した裏には、スイスへの恐れがあったのかも知れない。一五一九年に皇帝マクシミリアンが没し、後継皇帝の選出が問題になった折に、マインツ選帝侯のアルブレヒトですら次のような憂慮を示したという。「諸都市や他の権力者がスイスに加盟し、安全がどこで見いだされるか最善を尽くそうとしている」と。後継皇帝がフランスやスペインから選出され、ドイツに不在がちな皇帝となった場合に平和の担保をスイスに求める動きがあったらしい。

一方、有名な『ドイツ童話集』を編んだグリム兄弟は『ドイツ伝説集』（二巻本一八一六～一八年）も刊行するが、その中に「シュヴァーンベルク」と題する諺を紹介している。シュヴァーンベルクとは下フランケン地方にある標高四七一メートルの山である。「そのうちにシュヴァーンベルクがスイスのまっただ中になる。その意味することは全ドイツがスイスになると言うことである」と。グリムはヨハネス・アグリコラ（一四九四～一五六六）の『ドイツ諺集』（一五三四年）にこの諺の典拠を求めている。アグリコラはヴィッテンベルク大学でルターのもとに学び、のちに「アウクスブルク信仰告白」の策定にも関与した宗教改革者でもあった。スイスの自由がドイツにも広がる可能性のあることを示す諺だったと思われる。

アグリコラの『諺集』刊行以前の一五二五年に南ドイツでは農民戦争が激しく繰り広げられていた。その戦争末期に出版され、出まわったパンフレット「農民大衆の集会に与える」の中にこのシュヴァーンベルクの諺が使われている。

そこでうなり声を上げると、それをスイスのまっただ中で聞くことになるという、あの予言と古い諺が恐らく実現することになろう。……同様に「スイスを増大させるものは、領主たちの貪欲である」という諺も恐らく満たされるであろう。

「農民大衆の集会に与える」の表紙

スイス盟約者団が領主と戦い自由を得ていったことを、領主と戦っていた農民が鏡にしていたのであろ

う。領主たちがスイスを恐れていたのとは対照的である。

「農民大衆の集会に与える」のタイトル頁の木版画がその様子をよく示している。それは運命の車輪図で、車輪を一人の農民がまわし、車輪の上には三重冠をかぶり縛られたローマ教皇がいる。車輪の右側、教皇の背後には枢機卿、諸侯、騎士が控えているのに対して、左側には槍を構えた多数の農民が描かれている。木版画の下部には、パンフレット本文にも書かれている諺「スイスを増大させるものは、領主たちの貪欲である」が印刷されている。この時期南ドイツの農民は領主に対抗する中で、スイス的な政治体制に期待していたことは明らかであろう。

An die Versammlung Gemeiner Bauernschaft. Eine revolutionäre Flugschrift aus dem Deutschen Bauernkrieg (1525). Eingeleitet, kommentiert und herausgegeben. von Siegfried Hoyer und Bernd Rüdiger mit einer sprachgeschichtlichen Einleitung von M. M. Guchmann. Leipzig 1975 (『宗教改革著作集』第七巻ミュンツァー、カールシュタット、農民戦争、教文館、一九八五年所収の前間良爾訳も参照)。

59 戦場の素描家 ウルス・グラーフ

ウルス・グラーフ(一四八五頃～一五二八以前)はスイス・ルネサンスの代表的な画家のひとりで、スイス人傭兵が戦った数多くの戦場に赴き、傭兵たちの姿や戦いの様子を描き残している

マリニャーノの戦い　ウルス・グラーフ画

グラーフは一四八五年頃ゾーロトゥルンに生まれ、父親から金細工を学ぶ。職人遍歴後一五〇九年からバーゼルに定住し、アダム・ペトリなどバーゼルの著名な印刷所のために書籍の挿絵画家として働く。一五一二年にバーゼル市民権を得て、金細工師として活躍する一方で、多くの絵画を残した。現存する素描画は約一八〇点、木版画はおよそ四五〇点、その他に銅版画がある。

一五一五年には、ハンス・ホルバイン（一四九七／九八～一五四三）がバーゼルに移住してきて、富裕市民をパトロンに多くの肖像画、祭壇画を描いて著名になった。一五二六年ホルバインはエラスムス★[63]の推挙でトマス・モアを頼りにロンドンに活躍の場を求めた。一時帰国したのち、再度ロンドンに赴き、イングランド王ヘンリ八世の宮廷画家となった。ヘンリ八世やトマス・モア、その他の人物の肖像画を描き、北方ルネサンス画家の雄となった。ただ、ペストで亡くなる四三年の前年に描いた自画像には、「バーゼル市民」

とサインしていて、バーゼルに心を残していたと思われる。

ホルバインの活躍でグラーフの影は薄くなったとは言え、スイスの歴史には彼の絵は重要な意味をもっている。彼は傭兵として各地の戦いに加わり、スイス傭兵の姿や戦場の様子を描いているからである。とくに有名なのは一五一五年にスイスがフランス軍に大敗北を喫したマリニャーノの戦い[★55]に参加し、その戦場風景を描いていることである。前頁に掲げたマリニャーノの戦い図は、スイスの代表的な画家フェルディナント・ホドラー（一八五三〜一九一八）も彼の代表作「マリニャーノからの退却」の制作にあたり、参考にしたと思われる作品である。

絵の左端には水筒の水で喉を潤すスイス傭兵の姿がある。画面前面にはスイス傭兵のもつさまざまな武器（斧槍、長槍、スイスの大小刀）の残骸が描かれ、スイス軍の敗退を示している。とくに画面左下の死者の脇には長槍と刀でスイス十字を描き、死者たちがスイス人であることを暗示している。注目すべきは画面中央の戦闘場面で、スイス軍が長槍で戦うのに対して、フランス側は軽騎兵が整列・対峙している。中世の重装備の騎兵は長槍に素早く対応できなかったが、軽騎兵の登場はスイス傭兵の長槍戦法がもはや時代遅れになったことを示している。左下隅に打ち破れたドラムに書かれたサインからグラーフの作品であることが分かる。

彼は一五二八年以前に亡くなっているが、たしかなことは不明で、おそらく傭兵に出向き、戦死したのだろうと推測されている。

Lüthi, Walter, *Urs Graf und die Kunst der alten Schweizer.* Zürich und Leipzig 1928.

60 バチカンのスイス衛兵

一六世紀初頭にスイス傭兵はローマ教皇庁の常備衛兵に採用され、その後も今日に至るまでバチカン宮殿を守り続けている。スイス衛兵五〇〇周年記念行事として、二〇〇六年にスイス郵政省は二種類の記念切手を出している

バチカン市国のスイス衛兵はカラフルな制服を着て、ローマ観光の目玉になっている。その赤、青、オレンジ色の縦縞模様の制服はミケランジェロがデザインしたと伝えられるが、実際には二〇世紀初頭に考案されたものである。一五世紀のメディチ家の軍服をまね、当時の教皇たちの出自であったメディチ家の紋章の色を採用したと言われている。なぜローマ市内のバチカンをアルプス北側のスイス人が警護しているのだろうか？

ローマ教皇庁がスイス人傭兵を雇ったのは一五世紀末期だが、現在につながる常備衛兵として雇われ始めたのは一五〇六年のことである。当時の教皇ユリウス二世がルツェルンで開催されていたスイス盟約者団会議に対し二〇〇名の傭兵を依頼したことに始まる。しかし、すでにフランスが先んじて多数の傭兵をスイスから獲得していたため、教皇は一五〇名しか調達できなかった。隊長としてルツェルンの有力市民であったカスパー・フォン・ジレネン（一四六七頃～一五一七）が選ばれた。彼はブルゴーニュ戦争や一四九四年のフランス王シャルル八世のナポリ進軍（イタリア戦争の開始）に参戦した

勇者だった。

一五〇六年一月二二日ジレネンはスイス傭兵隊を率いてバチカンに入城した。その際のスイス傭兵全員の旅費・装備一切を教皇庁が出資したが、財政困難であった教皇庁はその資金をアウクスブルクの銀行家フッガー家から借金した。ジレネンは、教皇から破門を受けウルビーノ公位を剥奪されていたフランチェスコ・マリーア一世が起こしたウルビーノ戦争に教皇から派遣され、一五一七年に戦死した。ときの教皇レオ一〇世は第二代衛兵隊長にチューリヒ市長のマルクス・ロイスト（一四五四～一五二四）の就任を要請した。ロイストはヴァルツフート戦争★47、ブルゴーニュ戦争★48★49でチューリヒ軍を率いて活躍し、ムルテンの戦い後ヴァルトマンとともに騎士に叙任されている。一五〇五年以降チューリヒ市長の地位に就いていた。高齢のため、一度は要請を断ったが、教皇庁たっての願いで就任したが、ローマへの旅行の途中クールで病を得て、チューリヒに戻った。しかし、亡くなるまで名誉隊長の地位に就き、隊長の職務は息子のカスパー・ロイスト（一四七八～一五二七）に委ねた。

カスパーは父親の死後も隊長として活躍するが、チューリヒではツヴィングリによる宗教改革が進行し、傭兵制反対の機運が高まり、故国への帰還命令が伝えられた★61。しかし、彼は教皇への誓約を優先させ、ローマに留まり虐殺されることになる。一五二七年五月皇帝カール五世の軍隊がローマに侵攻し、ローマ市内を徹底的に略奪した「ローマ劫掠」の折である。スイス衛兵は教皇クレメンス七世を守ってバチカンからサンタンジェロ城へと救い出したが、その際スイス衛兵一八九名中一四七名が戦死している。この日は五月六日だったが、現在もこの日にスイス衛兵隊の新隊員の宣誓式がバチカンでは行われる。この日教皇はスイス衛兵の忠勤に感謝し、戦死した一四七名の追悼も行われている。

61 傭兵制反対論者 ツヴィングリ

ウルリヒ・ツヴィングリはスイスで最初に宗教改革を実践した人物だが、傭兵制の強い反対論者でもあった。傭兵契約同盟から手を引くことを訴え、スイスの中立誕生への第一歩を切り開いた

ツヴィングリはバーゼル大学で文学修士の学位を得て、わずか一学期だけ神学を学んだあと、一五〇六年にグラールスの司祭になった。この地でおよそ一〇年間の司牧活動をするが、その間に二度、あるいは三度グラールス軍の従軍説教師としてイタリア戦争に赴いている。ドイツで宗教改革を導いたマルティン・ルターは社会から隔絶した修道院生活の中から宗教改革理念を発見して、それに基づく改革運動を始めた。それに対して、ツヴィングリは司祭として社会の中で、しかも戦場の中でも活動し、その後に宗教改革へ歩を進めた。

ツヴィングリの最初の著作は傭兵制に反対する内容のものだった。それは出版されることはなかったが、「雄牛の寓話詩」(一五一〇年)と題するかなりの長編詩である。詩のタイトルの「雄牛」とはスイスのことで、詩の中にはその他多くの動物が登場する。豹(フランス)、猫(フランスの手先)、ライオン(神聖ローマ皇帝マクシミリアン一世)、キツネ(ヴェネツィア)、牧人(教皇)、牧人の番犬(聖職者)、雄山羊(ツヴィングリ自身?)である。イタリア戦争では、フランス国王、神聖ローマ皇帝、教皇、ヴェネツィア共和国が合従連衡を繰り返しながら戦いをするが、スイス傭兵をいかに調達できるかがある意味で勝敗を決する大きな要因であった。そのために各勢力は年金をちらつかせ、甘言を弄してスイスに接近した。その手練手管に乗ってしまえば、スイスの人々は最後には腐敗し、国が滅ぶことになりかねないと、ツヴィングリはこの詩の中で訴えている。こうした傭兵制反対の姿勢は一五一九年に彼がチューリヒに招かれたあとも変わらなかった。

ツヴィングリの改革を支持する年代記作者で牧師のヨハネス・シュトゥンプ（一五〇〇～一五七七／八）『スイスおよび宗教改革年代記』の一五二二年の項で、ツヴィングリの説教について次のように記している。「ツヴィングリはつねに殊の外、外国の諸侯・貴紳との同盟・協調に反対して説教し、彼ら［チューリヒの人々］にただ祖国のことを考え、自分たちの労働で生計を立て、金のために罪のない血を流させないように警告していた」と。

第五五話において、一五二一年のフランスとの傭兵契約同盟にチューリヒだけが参加しなかったことについて触れたが、そうなった理由はまさにツヴィングリの市民や当局への働きかけがあったからである。

ハンス・アスペル画（1549年）
に基づく木版画ツヴィングリ像

一五三六年にチューリヒの外交訓令文書に初めて中世ラテン語から派生した「中立」（ネウトラリテト）という言葉が使用されてくるが、この点もツヴィングリと無関係ではなかろう。傭兵契約同盟から手を引き、各国の争いに加わらない姿勢から中立は生まれてくるからである。

62 半直接民主制の芽生え

スイスの中世都市は都市国家（邦）を形成し、市民が農民を支配していたが、都市当局が支配下の農民に重要な政治案件について意見を聞く「諮問」制度があった

半直接民主制とは、有権者が直接議場に赴き、議論をし、賛否を示す制度（真の直接民主制）に対し、当局が示す提案（法）に投票などによって賛否を示す制度のことを言う。現在スイスで行われている住民投票や国民投票のことである。その起源はベルンやチューリヒなどの都市邦に中世末期から見られる「諮問」制度にある。それは都市当局が新たな政策を自分たちだけの判断ではできかねる場合、あるいはその判断をスムーズに市民や従属民に伝えるための手段として用いられる。この「諮問」制度を、先に述べたフランスとの傭兵契約同盟にチューリヒだけが参加しない方針を決めるにあたって利用しているのである。

実際に「諮問」をする相手は個人ではなく、各ツンフトや各フォークタイ（代官領）であるが、チューリヒ当局は自分たちの方針に賛意を得るために、次のように訴えている。

フランス国王がわれわれにいかなる援助を、どんな立派なものを、どんなに多くの金を与えてくれようとも、それらは結局国王自身のためであることを理解しなければならない。なぜなら、そうすることにより、彼自身、彼の王国、国土、人々を平穏無事におき、戦争と人々の犠牲をわれわれに押しつけようと目論んでいるからである。

回答が残されているのは三一通で、当局の意向に反対を表明しているのはその内四通のみである。反対理由は、他の邦と異なる決定をして、傭兵契約同盟に参加しないことが、盟約者団の結束を緩め祖国の分裂を招くことになるのを恐れている。同盟参加の理由はかなり消極的理由だった。一方、当局の意見に賛成の回答には、フランスとの傭兵契約同盟の不参加の表明だけではなく、「外国の諸侯、外国の戦争、外国の金とは一切無縁であるべき」だと請願する内容のものもある。

「諮問」は同盟、協約、戦争などに関して行われたが、宗教改革時には実際的な改革、つまり聖像の撤去、修道院の廃止などをめぐっても「諮問」が行われた。聖画像廃止についてカトリックの立場に留まる諸邦から激しい非難を受け、廃止を決定すれば戦争になりかねない状況の中で、一五二四年夏に都市当局は「諮問」を実施し、聖画像廃止の賛否を問うた。その際の回答は二例しか残っていないが、賛成の意向が示されている。

現在スイスで連邦レベルの国民投票は年に最低三度行われているが、その折にはカントンやゲマインデの住民投票も行われる。こうした国民・住民投票制度が十分に機能しているのは、従属民を一方的に支配する封建制下の中世においてさえこのような「諮問」制度があったからと言うべきであろう。★100

171 Dändliker, Karl, Zürcher Volksanfragen von 1521 bis 1978, In: *Jahrbuch für Schweizerische Geschichte*. Bd. 23(1898), 147-225.

第七章

宗教改革時代のインフルエンサーたち

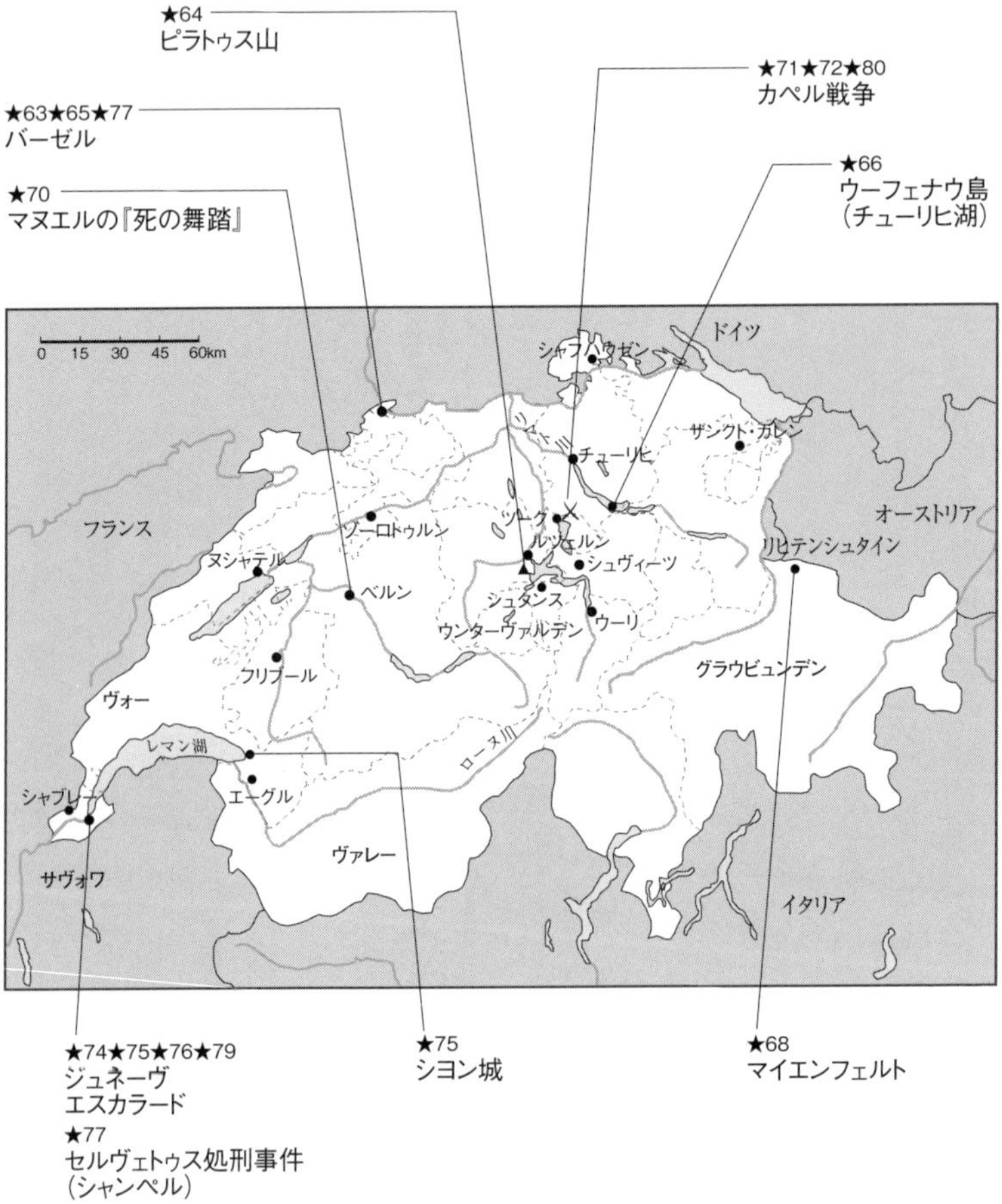
★64
ピラトゥス山
★63★65★77
バーゼル
★70
マヌエルの『死の舞踏』
★71★72★80
カペル戦争
★66
ウーフェナウ島
(チューリヒ湖)
0 15 30 45 60km
ドイツ
シャフハウゼン
ザンクト・ガレン
チューリヒ
フランス
ツーク
ゾーロトゥルン
オーストリア
ルツェルン
リヒテンシュタイン
ヌシャテル
シュヴィーツ
ベルン
シュタンス
ウーリ
ウンターヴァルデン
グラウビュンデン
フリブール
ヴォー
レマン湖
ローヌ川
エーグル
シャブレー
ヴァレー
サヴォワ
イタリア
★74★75★76★79
ジュネーヴ
エスカラード
★77
セルヴェトゥス処刑事件
(シャンペル)
★75
シヨン城
★68
マイエンフェルト

63 文化都市バーゼル

バーゼルはスイス領域内で中世以来の大学がある唯一の都市で、多くの文人を惹きつけた。エラスムスにとってもバーゼルは第二の故郷だった

エラスムス像
ハンス・ホルバイン画

人文主義の王者と言われるエラスムス・フォン・ロッテルダム（一四六六頃〜一五三六）はネーデルラント（オランダ）出身だが、ドイツに留まり続けたルターとは対照的にヨーロッパ各国を流浪するがごとくに長期間にわたって遍歴している。最も長く滞在した都市はスイスのバーゼルであった。バーゼルには一四六〇年に大学が創設され、スイス領域内では唯一中世以来の大学がある都市だった。

彼は一五一四年八月に初めてバーゼルを訪れ、印刷業者ヨハネス・フローベン（一四六〇？〜一五二七）と出会う。それ以来フローベンはエラスムスの多くの著作を出版する。しかし、エラスムスはじっとバーゼルに落ち着いていたわけではなく、一五一五年三月からイングランドへ向けて旅立ち、七月にバーゼルに戻る。そして、一六年に宗教改革に決定的影響を与えることになる『校訂新約聖書』をフローベン書店から上梓すると、ふたたびネーデルラントとイングランドへ旅立つ。一八年五月バーゼルに戻るが、九月にネーデルラントに向かい、ネーデルラント各地に逗留し、二一年一一月にバーゼルに戻る。その後二九年四月までずっとバーゼルに滞在する。この間多くの都市（チューリヒ、ドイツのヴィッテンベルクなど）や支配者（フランス国王フランソワ一世、イングランド国王ヘンリ八世）から招聘を受けるが、病気を理由に謝絶し、バーゼルに留まり続けた。

エラスムスが晩年バーゼルに長く留まった理由は病気がちだったことが考えられるが、もう一つの大きな理由はバーゼルの印刷業であった。エラスムスは著作の初版の半数をバーゼルで出版しているのである。バーゼルの印刷業を支えたもう一方の旗頭はペトリ書店である。二代目のアダム・ペトリ（一四五四～一五二七）はマルティン・ルターの著作を多数出版している。ルターの有名な「九月聖書」は一五二二年九月にヴィッテンベルクで刊行されるが、ペトリはこれをその年の一二月には早くも出版している。彼は三〇〇以上の印刷物を刊行しているが、そのうち八八がルターの著作である。

ルターの著作が多数出回る中で、バーゼルでも宗教改革の動きが出てくる。中心人物はエラスムスの『校訂新約聖書』

大聖堂内のエラスムスの墓　筆者撮影

バーゼル大聖堂　筆者撮影

の出版に協力し、「あとがき」を記しているヨハネス・エコランパディウス（一四八二〜一五三一）である。彼は一時バーゼルを離れたあと、一五二二年に戻り、バーゼル大学教授になる。二三年に公開討論会を開催し、宗教改革運動への道を開いた。二九年二月改革派の民衆が市参事会に対して、カトリックを支持する一二名の市参事会員の罷免と、全教会からの聖画像撤去を求め、運動を起こした。四月に市参事会がその運動を支持する形で、聖書主義に基づく「宗教改革規定」を公布した。こうした宗教改革の嵐に晒されると、エラスムスはカトリック信仰を捨てることなく、バーゼルを離れ、南ドイツのフライブルクに移住していった。

しかし、エラスムスは一五三五年五月に病躯を押して、バーゼルのフローベン書店に戻った。著書の校正が主要目的であったが、そのままバーゼルに留まり、翌三六年七月にフローベンの家の二階で亡くなった。葬儀はバーゼル大聖堂で執り行われ、大聖堂の中央身廊の左側に埋葬された。エラスムスはカトリックに留まったが、結局第二の故郷とも言えるプロテスタントの町で眠りについたのである。

二宮敬『エラスムス』（人類の知的遺産二三）講談社、一九八四年。

64 スイス人文主義（一）

スイスの人文主義者たち同士の交流は密で、結束は固かった。彼らは記録に残る最初のピラトゥス山の登頂者だった

一五一七年九月八日付のある手紙

もっとも崇敬に値するツヴィングリ様へ

スイスにおいて十分な権威と注目に値する学問を備えた人物たるあなたから、思いもかけずお手紙をいただき、この上ない憧れの気持ちをもって感激しております。……たとえあなたが私のことを軽率で愚昧だと非難しようとも、とにかくそれを甘受し、あなたが私に手紙を送ってくださるように、ただひたすらに私はあなたに手紙を書き続けます。そうしたことから、卓越したツヴィングリ流の優雅な輝きとともに、新しい友情の確固とした証拠と、洗練された人文学研究へのより激しくより鋭い刺激を私たちは獲得することになりましょう。

この文面は後に再洗礼派の指導者となるコンラート・グレーベルがウィーンからツヴィングリに送った★68手紙の一部である。グレーベルはチューリヒの有力市民の御曹司で、ウィーン大学でヨアヒム・ヴァディアン（一四八四〜一五五一）のもとに留学していた。ヴァディアンは東スイスのザンクト・ガレンの出身者で、一五一四年に皇帝マクシミリアンから「桂冠詩人」のタイトルを与えられたスイスの代表的人文主義者である。一五一五年にはウィーン大学総長になったが、一念発起して医学を学び、医者となって故郷ザンクト・ガレンに戻る。のちにザンクト・ガレンの市長となり、ザンクト・ガレンの宗教改革導入に尽力した。

ヴァディアンはグレーベルを「優れた才能を持つ高潔な青年」と評価している。グレーベルはウィーンからチューリヒに戻ると、一五一八年七月にスイスの中心的人文主義者ツヴィングリ、ヴァディアン、オスヴァルト・ミコニウス（一四八八〜一五五二）をチューリヒで一堂に会させる企画をたてる。当時ツヴィングリはアインジーデルン修道院の司牧司祭をしていた。ミコニウスはルツェルン出身で、バーゼルに学び、エラスムスと親しく交流した。一八年当時はチューリヒのグロースミュンスター聖堂学校の教師をし、ツヴィングリをチューリヒのグロースミュンスターの司牧司祭に招くにあたり尽力した人物である。三一年にエコランパディウスの死後バーゼルの牧師長になり、ツヴィングリの最初の伝記を書いている。

四人の人文学者の会合はツヴィングリが欠席して、実現を見なかったが、このあとすぐにツヴィングリを除いた三人はルツェルンの人文主義者ルートヴィヒ・ツィンマーマン（一四九〇〜一五二六）を加えて、ルツェルン当局の許可を得てピラトゥス山に登っている。許可が必要であった理由は、ピラトゥス山には悪霊たちが住みつき、彼らを刺激すると、天変地異が起きると、中世以来の伝説が信じられていたからである。ピラトゥスという名はイエス・キリストの処刑に関与したポンティウス・ピラトゥスに由来する。どこの地でも受け入れられなかったピラトゥスの死体が山頂にある小さな沼に呪いの言葉とともに投げ込まれた。山に登って、この沼の中に石を投げ込むと、ピラトゥスについている悪霊たちがたちまち嵐を呼び、雹を降らせたという。

ヴァディアン像　筆者撮影

ヴァディアンは短い登頂記を書き、そこで別の伝説にも触れている。沼底をのぞき込み、チラッとでも、ピラトゥスの亡霊を見たものは、その年のうちに死ぬという。ヴァディアンたちは人文主義者として地理学的関心から登山したが、人心を乱すことになりかねないとして中世以来の伝説を否定しきれなかったらしい。いずれにせよ、彼らが記録に残る最初のピラトゥス山登頂者である。

宮下啓三『スイス・アルプス風土記』（白水社、一九七七年）

65 スイス人文主義（二）

スイス人文主義の代表であったツヴィングリは、エラスムスの影響を受けつつ、宗教改革の道に歩み出す

エラスムスがバーゼルで『校訂新約聖書』を刊行した直後に、ツヴィングリがエラスムスを訪ねていた。それは一五一六年四月二九日付のエラスムス宛のツヴィングリの手紙から窺える。やや長文になるが引用する。

最良の人、エラスムス様。目前の世界より成熟せる世界を切望されるあなたの輝かしい学問は、あなたに手紙を差し上げることを私に恐れさせます。それにもかかわらず、私に筆を取らせるにいたったのは、つい先日、初春にあなたにお目にかかるためにバーゼルに赴いたとき、あなたが私に示してくださったこの上なく好意あるご親切なのです。私ごとき小さき者、知られざる浅学

者をあなたが軽んじられなかったことは、心からの親切を示す並々ならぬ証明でした。……それゆえ、あなたの著書を目にいたしますと、あなたが語りかけるのを耳にし、小さいながら均整の良くとれた身体で、身振りよく話されるのを見る思いがいたします。お追従ではなく、あなたは私の最愛の人なのです。あなたとお話をすることなしには、眠りにつくことはありません。

……（中略）……

学問と聖書の奥義を究めた人、エラスムス様にお目にかかったということを他のいかなるものよりも自慢できるゆえに、非常なプラスを得たと私は信じています。

まさにお追従と言える文面だが、ツヴィングリはエラスムスに会う前の一五一三年にはウィーン大学で教鞭を執っていたヴァディアンに宛てて、ギリシア語の勉強に精力を傾けていることを報告し、その上で若者たちが哲学を学び、人文主義的教養をもつべきだとすでに訴えている。ツヴィングリはバーゼル大学で学び、早くから人文主義に接していた。人文主義の真骨頂である「源泉に戻れ」という精神で、ギリシア・ローマの古典を学ぶだけではなく、聖書研究にもその姿勢を示していく。一五二三年に刊行した『六七ヵ条の提題と論証』のなかで、ツヴィングリは「その［キリストの福音を説教する］目的のために一〇年前に、キリストの教えを原語で習得できるようにギリシア語を習い始めた」と書いている。その実践が、司祭としてチューリヒに招かれてすぐの一五一九年一月一日にグロースミュンスターで行った説教にあらわれている。それはマタイ福音書を説教壇から講解することだった。これがチューリヒにおける宗教改革の始まりとされている。その後新・旧約聖書を順番に講解し続け、その結果具体的な改革が行われることになる。

66 スイス人文主義（三）

改革を進めようとしたツヴィングリに対して、エラスムスは上からの目線で批判する。二人の改革への価値観の不一致からツヴィングリは独自の道を歩み始める

一五一九年中頃より、ツヴィングリはルターの著作を読み、ルターを支持してゆく。その過程で、聖書に根拠をもたないカトリックの諸制度を批判し始め、四旬節の小斎命令（肉食禁止）、聖職者の婚姻禁止、修道院制度などの廃棄・廃止を主張するようになった。

そうした中で、一五二二年三月の四旬節に印刷業者クリストフ・フロシャウアー（?～一五六四）の徒弟たちがソーセージの会食を行う事件を起した（ソーセージ事件）。フランクフルト大市の出品に間に合わせるために、日夜・曜日を問わず働くには、粥だけの食事では不可能だ、とフロシャウアーは都市当局に弁明書を出している。

ツヴィングリはこの会食に参加しなかったが、同年四月に『食事の選択と自由について』を出版し、都市当局に断食というカトリックの制度を廃止するように求めた。この書物がツヴィングリの最初の出版物であるが、教会上の問題を市当局に訴えた点が注目される。こうした改革の動きに対して、チューリヒを管轄下に置くコンスタンツ司教が五月に「警告」の書を送ってくると、ツヴィングリは弁明書（『最初にして最後の弁明書』）を書き、警告・非難に逐一反論した。こうしたチューリヒの改革の様子をエラスムスが知ると、一五二二年九月に次のような手紙をツヴィングリに送った。

あなたの『弁明書』の二・三頁を読みました。……あなたが将来何かを出版する時には、重大な問題は真剣に扱い、福音主義的人間にふさわしく中庸や思慮深さを忘れないようにお願いしたい。何かを公刊する前には、学識ある友人に助言を求めなさい。この『弁明書』があなたに大きな危険をもたらし、福音の損傷となることを私は恐れます。すでに私が読んだわずかな部分において、私の考えでは、あなたを戒めねばならない部分が多々あります。

これ以降エラスムスとツヴィングリの改革方式の相違は明白となり、急速に二人の関係は冷えてゆく。そうした中であるエピソードが二人の人間性の相違を浮き彫りにする。それは帝国騎士身分の人文主義者ウルリヒ・フッテン（一四八八〜一五二三）に対する対応である。フッテンは多くの著作を通じてカトリック聖職者の腐敗・偽善を批判し、カトリック諸侯のトリール大司教領を攻撃し、「騎士の乱」（一五二二〜二三年）を起こした。敗北の結果を受けドイツを追放された。師と仰いでいたエラスムスを頼ってバーゼルに来たが、エラスムスはこの厄介な人物と会うことさえ拒絶した。フッテンは次にチューリヒのツヴィングリを頼った。ツヴィングリは、すでに重い梅毒を患っていたフッテンに東スイスの有名な温泉地プフェハースを紹介し、治療に当たらせた。その後チューリヒ湖のウーフェナウ島にかくまうが、フッテンは二三年八月にその小島で亡くなった。

フッテンの木版画像
エアハルト・シェーン，1522 年

この一五二三年にチューリヒでは本格的な改革が動き出した。

67 都市における最初の宗教改革

公開討論会は宗教改革を進める上で都市政治に適合的であったために、多くの都市で採用された。チューリヒはこの方式で改革を行った最初の都市であった

チューリヒでは一五二二年のソーセージ事件★66以後新旧の教えの対立が深まった。ツヴィングリの説教には非常に多くの非難・侮辱が加えられ、彼はその弁明のために公開の討論会を開催するように熱心に都市当局に働きかけた。中世以来の伝統に基づけば、宗教問題に関わる討論会は学問的な論争の場であり、大学教授たちが主催し、神学的修養を積んでいないものは参加を許されないものであった。ヴィッテンベルク大学の教授であったルターとインゴールシュタット大学教授で、カトリックの著名な神学者であったヨハネス・エックの間で行われた一五一九年のライプツィヒ討論会もそういった性格を持っていた。ライプツィヒ大学がお膳立てをし、討論の審判者にはエアフルト大学とパリ大学が指定されていた。ツヴィングリが呼びかけて一五二三年一月に開催された公開のチューリヒ討論会はこれとはきわめて異質のものであった。

討論会を主催するのは都市当局であった。都市当局は、チューリヒ支配下のすべての聖職者に対して、拡大市参事会の開催される市参事会館に参集するように命じた。討論にあたっては、当時の宗教用語であったラテン語ではなく、ドイツ語の使用が指定され、一般俗人にもわかるように配慮された。その上で討論での主張の根拠を聖書でもって証明するように求めている。宗教改革の基本理念である「聖書のみによって」が事実上実現されている。

しかも、この公開討論会は宗教改革者たちの主張する「万人祭司主義」を実現したとも言える。ルターは彼の革命的著作『キリスト教界の改善について、ドイツ国民のキリスト教貴族に与える』において、「教会的身分と世俗的身分の区別を手の込んだ虚構」だと批判した。つまり、キリスト者として神の前に立つ限りは、聖職者も一般人も教会的身分に属し、カトリック教会のような身分的差別はなく、職務上の区別があるだけだとした。まさにこの宗教的平等の主張は拡大市参事会員という一般人の面前で行われる公開討論会において実現したわけである。討論後には市当局は「福音の自由説教」を認める布告を出し、ツヴィングリの説教を認めたのである。

チューリヒを始め帝国都市は都市の自治を確立していたが、宗教的には都市外勢力であるカトリックによって支配されていた。公開討論会は宗教的にも都市の自治を実現した。しかも公開の場における結論は世論を形成し、下された結論に従わざるを得ないので、分裂を防ぎ都市内平和を確保できる可能性は高かった。このツヴィングリの公開討論会方式による宗教改革の導入は、その後スイス都市のベルンだけではなく、多くのドイツ都市でも採用され、宗教改革が都市で進展していくことになる。

メラー、ベルント、森田安一・棟居洋・石引正志訳『帝国都市と宗教改革』教文館、一九九〇年。

68 再洗礼派の誕生

再洗礼派はツヴィングリの改革運動の鬼っ子として生まれた。その系譜を引く宗派は現在世界中に広く存在する

再洗礼派とは、幼児洗礼を否定し、自覚的信仰に基づき洗礼を受ける信仰集団をさす。彼らの精神的指導者となったのは、すでに触れたコンラート・グレーベルやフェーリクス・マンツらで、当初ツヴィングリの最も一貫した信奉者だった。彼らはツヴィングリが組織した聖書研究のグループに積極的に参加し、ツヴィングリとともにカトリックの中心教義であるミサの廃止や聖画像の撤廃を要求していた。

しかし、一五二七年に刊行された『再洗礼派の陰謀に対する反駁』の中で、ツヴィングリは「彼らは私たちの中から出ていきました。彼らは私たちに属するものではありませんでした」と書き、再洗礼派が教会の分裂を図ったと非難しているが、実際にどのような経過をたどったのだろうか。

聖画像およびミサの廃止が社会的な騒動の種になった。そこで市参事会は第二回の公開討論会を一五二三年一〇月に開催し、三日間にわたり討論がなされた。その結果、聖画像・ミサの廃止について基本的一致を見たが、廃止の時期・方法をめぐって決定的な対立が生じた。ツヴィングリは急激な廃止によって騒擾が起きないように、市当局に適切な廃止時期・方法を一任することを主張した。これに対して、グレーベルたちは公開討論会で結論が出た以上ただちに廃止するように強硬に主張した。

ツヴィングリは、政治的単位と宗教的単位の領域を一致させた教会観をもって、住民すべてを宗教改革へ導こうとした。いっぽう、グレーベルたちは市当局に期待できないと考え、「真のキリスト者」からな

マンツ溺殺刑
Bullinger, Heinrich, Kopienband zur zürcherischen Kirchen- und Reformationsgeschichte, [Zürich] 1605-1606
チューリヒ中央図書館所蔵

る少数者の共同体を樹立し、そこへの入会儀式として成人洗礼を導入した。この間ツヴィングリはグレーベルたちを翻意させようと公式・非公式の会談を繰り返したが、成功しなかった。結局都市当局は一五二六年三月に、再洗礼派が「自説に固執し、共同の統治と官憲に従わず、共同の利益と正しいキリスト教制度に損失をもたらし、破壊している」として溺殺刑をふくむ処罰を決めた。

溺殺刑の最初の犠牲者はマンツだった。二七年一月、両手を膝の後ろ側で縛られて、チューリヒを貫流するリマト川に沈められた。[★29] グレーベルはチューリヒを逃れ、グラウビュンデンのマイエンフェルト（ハイジの村で有名）で病死した。ツヴィングリの生存中にさらに四度の溺殺刑が行われた。再洗礼派は指導者を失ったが、その後スイスだけではなく、ドイツやオランダにも信者は増えていった。世界中に信者がいるメノー派や独特な生活をするアーミシュ派も再洗礼派の流れを汲む宗派である。

二一世紀に入り、二〇〇四年にチューリヒ教会は過去の非を認め、リマト川べりにマンツたちを処刑した事実を示す銘板を設置した。この銘板を撮影に出かけたとき、若い女の子が銘板の上に腰掛けて、サンドウィッチを食べていた。平和な時代の訪れか？

69 バーデン宗教討論会

対抗宗教改革の始まり

一五二六年五月一九日から六月八日にかけてバーデンにおいてカトリック神学者とツヴィングリ派の代表者たちは公開の宗教討論会を行った。スイスではまだカトリック勢力が強い時期にツヴィングリ派を押さえ込もうとしたが、成功しなかった

リマト川べり岸の銘板
対岸奥にグロースミュンスターが見える　筆者撮影

エコランパディウス像
筆者撮影

再洗礼派の誕生時期に、スイスではツヴィングリに対するカトリック側の抵抗が始まった。一五二四年四月八日に内陸五邦（ウーリ、シュヴィーツ、ウンターヴァルデン、ルツェルン、ツーク）が会合を開き、「真実の正しいキリスト教信仰」に留まることを決定している。その後まもなくフリブールとゾーロトゥルンの二邦がこれに加わった。その一方で、ツヴィングリを支持する邦はなく、チューリヒは完全に孤立状態に陥っていた。

それに追い打ちをかけるように、一五二六年五月一九日に盟約者団会議がバーデンで宗教討論会を開催した。一三邦の代表者の前で、ヨハネス・エックを筆頭として、ヨハネス・ファブリ（一四七八～一五四一）★70を含む八七名のカトリック神学者たちとエコランパディウス★63を中心とするツヴィングリ派の三一名が参加し、討論を行った。ツヴィングリ自身は身の危険を感じ、欠席していた。ただし、討論内容は逐一ツヴィングリに伝えられていた。伝令役をしたのは鶏商人に扮したトーマス・プラッター（一四九九～一五八二）である。プラッターは南スイスのヴァリス地方に生まれ、ドイツ各地を放浪したあと、チューリヒのミコニウス★64のもとでギリシア語、ラテン語を学びながら、綱作り職人の技を習得した。ツヴィングリに心酔していたが、のちにミコニウスとともにバーゼルに定住し、教師、印刷業者として活躍する。カルヴァンの主著『キリスト教綱要』の初版を印刷したのはこのプラッターの印刷所である。

討論会の結果、盟約者団会議は、ツヴィングリ派を教会から追放することを決議した。

> 古くに断罪された誤謬をあえてふたたび蘇らせたり、かばったりする者（ツヴィングリとその信奉者たちは、ウィクリフやフスだけではなく、古代の異端者の教説を彼らのすべての書籍に引用している）は、一切の説明なしに重追放に処し、教会から除き、放逐されて、キリスト教会全体によって罪あり

と見なされるべきである。

この決議に賛成したのは前述の七邦とグラールスとアペンツェルで、一三邦のうち九邦が明白に反ツヴィングリの立場を示した。

こうした四面楚歌の状況が変化し始めるのは、従属邦ザンクト・ガレンがヴァディアン★64の活躍で一五二七年に宗教改革に踏み切ったことである。ついでスイスの中で最も軍事力のあったベルンが二八年に公開討論会を開き、宗教改革に与することになり、新たな局面が開かれることになる。

トマス・プラッターの自伝翻訳が参照できるものとしては、阿部謹也訳『放浪学生プラッターの手記　スイスのルネサンス人』平凡社、一九八五年。

70 乙女の胸を覗く骸骨

中世において万人に死の普遍性があるとして表現された「死の舞踏」。ただ、ベルンの政治家・外交官として知られるニコラウス・マヌエルの描いた「死の舞踏」はまた違った興趣がある。画家であり、文筆家でもあった彼のエピソードを見ていこう

公開討論会を開催し、ベルンの宗教改革導入に貢献した人物はニコラウス・マヌエル（一四八四〜

一五三〇）である。彼は一五二六年のバーデン宗教討論会にもベルン邦の代表として参加し、討論会の様子を揶揄した『ファブリとエックの温泉行』という詩を書いている。ヨハネス・ファブリやヨハネス・エックのカトリックの神学者たちが討論会よりも温泉を楽しみにしていたかのような書きぶりである。

マヌエルが最初に世に出たのは画家としてであった。とくに有名なのはベルンのドミニコ会修道院の囲壁の外側、つまり道路沿いに描いた「死の舞踏」である。「死の舞踏」とは「骸骨や腐りかけた死体（屍）が（音楽に合わせて）踊りながら、生きているさまざまな身分・職業の人を死の世界に連れて行く絵画」と一応定義できる。マヌエルの「死の舞踏」は長さ七〇～八〇メートルの囲壁に等身大の人物と骸骨が二四点描かれている（第一図はアダムとエヴァの楽園追放図で骸骨は描かれていない）。描かれた時期は一五一六～二〇年の間で、およそ五〇名の市民が制作費用を出している。囲壁は一六六〇年に道路拡張のために取り壊されたが、その一一年前にアルブレヒト・カウ（一六一六～八一／八二）という画家が水彩画でそれを模写したので、全体像はよくわかっている。中世に各地で描かれた囲壁の「死の舞踏」とは異なり、制作者の氏名がわかり、各場面の上部に出資者の市民の紋章が描かれていて、市民が資金を出して制作されている点が大きく異なっている。また、画風も骸骨が乙女の胸を覗いていたりして、真摯に死に向き合う中世のものとは明らかに違う。ただし、一五二六年頃に

骸骨と乙女
マヌエル「死の舞踏」カウの水彩画より

マヌエル「死の舞踏」の最後の場面　画家マヌエル自身が描かれている

制作されたハンス・ホルバイン[★59]の「死の舞踏」のような教会批判や社会批判は見られない。

一五一六年にマヌエルは初めて傭兵として北イタリアに出かけ、二二年には先に触れたビコッカの戦い[★55]に参戦している。帰国後以降絵筆を折った気配で、ほとんど絵を描かなくなり、文筆に腕を振るい出す。二二年に最初の謝肉祭劇を書き、厳しい教皇・教会批判を展開している。『ファブリとエックの温泉行』もこうした教会批判の延長線上で書かれている。

ツヴィングリは一二〜一三歳のときにベルンのラテン語学校で学んでいるので、幼少期にマヌエルと知り合っていた可能性がある。ベルン討論会にはツヴィングリも参加し、マヌエルと協力してベルンの宗教改革導入に成功したと考えられる。この成功は西スイスの宗教改革をみちびくことになり、さらにはジャン・カルヴァン（一五〇九〜六四）の登場を可能にしたと言えるのである。

宗教改革期の「死の舞踏」については、拙著『木版画を読む　占星術・「死の舞踏」そして宗教改革』山川出版社、二〇一三年。

71 パン入りミルクスープ

一五二九年六月、ツヴィングリ改革派とカトリックの対立は、チューリヒ邦とシュヴィーツ邦の境界近くのカペルで繰り広げられた。その時のエピソードが大変滑稽なのでここに紹介しよう

チューリヒを貫流するリマト川右岸に左手に剣、右手に聖書を抱えた大きなツヴィングリ像が立っている。剣は彼が実際に政治に関与し、剣を携えて戦場にも赴いたシンボルである。ベルンに続いて、一五二九年にバーゼルやシャフハウゼンなども宗教改革を導入すると、ツヴィングリは共同支配地の宗教改革も目論んでいく。しかし、共同支配地は各邦が二年交替で代官を派遣して支配するので、宗教改革化は容易ではなかった。チューリヒやベルンなどの改革派諸邦は「キリスト教都市同盟」を結成し、ツヴィングリは軍事力でことを決めようとした。他方シュヴィーツやウーリなどのカトリック諸邦は「キリスト教連合」を結成し、オーストリア大公フェルディナントともカトリック信仰擁護の相互援助同盟を結んだ。一五二九年六月に第一次カペル戦争が勃発し、ツヴィングリも「肩に素晴らしい鉾槍をかけて」騎馬で戦場のカペルに向かった。しかし、ただちに「中立的な」諸邦が仲介に入り、戦わずして和平が成立する。

和平の動きに対して、ツヴィングリは都市当局に戦場から手紙を書き、翻意を促していた。

泣き言に耳を傾けないでください。真剣に交渉し、好機を見逃さず、もっとも実り豊かな平和を取り戻すように、今まで通り常に私たちの後押しをしてください。誰もこれらの人々より巧みに甘言を弄することはできません。その口車に乗って私たちが軍を引けば、彼らは一カ月間は服従しておりましょうが、次には私たちを攻撃するでしょう。勇気をお持ちください。

しかし、戦場では敵味方が一つ鍋を囲むことになった。★72 ツヴィングリの後継者ハインリヒ・ブリンガー（一五〇四～七五）は『宗教改革史』で、次のようなエピソードを伝えている。

［カトリック］五邦の多数の勇敢な兵士たちがミルクのいっぱい入った桶を持ち出し、それを戦闘境界線におき、チューリヒ軍に向かって叫んだ。「われわれには十二分のミルクがあるが、パンがないんだ」と。それを聞くと、チューリヒの兵

パン入りミルク鍋を囲む敵味方の兵士たち　アルベール・アンカー画（1869年）

士たちはただちにパンを持ってそこへ行き、パンをちぎって入れた。両軍はそれぞれの陣営内に座って、パン入りミルクを食べた。

戦うべき兵士同士が和気藹々《あいあい》として食事する風景を伝え、それがスイスの各邦の歴史的結びつきに由来することを記している。

72 ツヴィングリ戦死

第一次カペル戦争は戦火を交える直前に和平が成立したが、二年後の一五三一年に第二次カペル戦争が勃発し、ツヴィングリはそこで戦死した

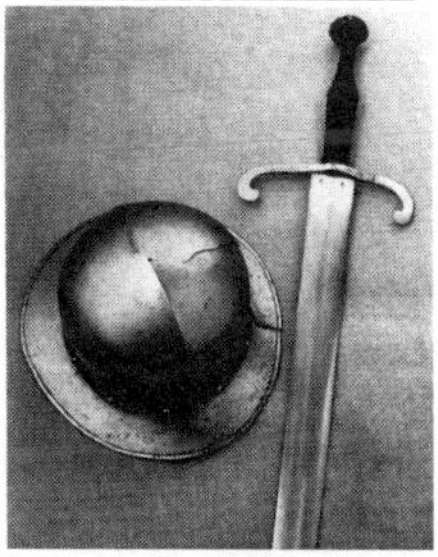

ツヴィングリ愛用の剣とヘルメット　スイス国立博物館所蔵

第一次カペル戦争の和平にあたりツヴィングリが示した不安が、その後現実のものになった。一五三一年一一月カトリック諸邦はチューリヒに宣戦布告をした。戦いへの準備不足のままチューリヒ軍はカペルに向かったが、大敗北を喫した。従軍したツヴィングリはあえなく戦死した。最初の『ツヴィングリ伝』（一五三二年）を書いた彼の親友のミコニウス★64は次のようにツヴィングリの死を悼んでいる。

ツヴィングリは押し寄せてくる兵士集団によって三度打ち倒されたが、その都度立ち直った。しかし、四度目に投げ槍が下あごに当たった。膝から崩れながら彼は叫んだ。「これがどうしたというのだ。肉体を殺すことができても、魂を殺すことはできない」と。この言葉を述べるとまもなく、彼は主のもとに安らかに永眠した。

チューリヒの敗北により、一五三一年に第二次カペル和平が取り結ばれた。ツヴィングリの死によって改革派の勢いは止まり、両勢力の現状凍結と各邦の宗教主権が取り決められた。ドイツでは一五五五年のアウクスブルク宗教和議でようやく「支配者の宗教がその領土の宗教を決定する」ことが定められ、ルター派が各地で容認されてゆくのだが、スイスではそれより二〇年以上も前に各邦で宗教を決定できていたことになる。ただし、各邦から任じられる代官が二年ごとに変わる共同支配地に関しては、再カトリック化が目論まれていた。改革派はカトリックに復帰（改宗）しうるが、その逆の改宗は認められず、カトリックに有利な規定となっていた。

ツヴィングリの死後、チューリヒの宗教改革を指導したのは若きハインリヒ・ブリンガーであった。[★71] 彼の往復書簡は一万二千通

第二次カペル戦争　ヨハネス・シュトゥンプ『年代記』1531年より

現存している。スイスだけではなく、ヨーロッパ各地の宗教改革者、政治的指導者などとの文通である。また、彼は多くの宗教亡命者をチューリヒに受け入れた。とくに「血に飢えたメアリ」と評されたイングランド女王メアリ一世治下に迫害されたプロテスタント亡命者は少なくなかった。彼らはエリザベス一世時代に帰国し、イングランド国教会に大きな影響を与えた。ブリンガーの主要著作の英訳も手がけ版を重ねたという。

さらに一五六六年には「第二スイス信仰告白」の制定に大きく寄与し、スイス改革派を纏めた。こういった功績を記念する形で彼の塑像はチューリヒのグロースミュンスター入口脇の壁面に取り付けられている。

73 西スイス地域の宗教改革

一五二八年にベルンは宗教改革を導入した後、領域拡大政策を梃子に、西スイス地域の宗教改革も推進した。ベルン市当局はその改革の推進役にフランス出身のギョーム・ファレルを任命した

ファレル(一四八九〜一五六五)はフランスの先駆的宗教改革の担い手とされる「モー説教師団」の一員であったが、一五二三年に過激な行動のために「説教師団」から排除されて、スイスのバーゼルに逃れ、

ヌシャテル教会前のファレル像
筆者撮影

そこでエコランパディウスに迎え入れられた。二四年二月バーゼルで公開の宗教討論会開催を求めて、「一三カ条の提題」を発表した。大学や司教、カトリック側は討論会を認めず、参加しなかったが、この討論会はバーゼルで宗教改革を進める契機となった。

しかし、ファレルはエラスムスの反対を受けバーゼルには留まれなかった。チューリヒに赴き、ツヴィングリと面談した後、しばらくスイスの地を離れた。二五年にベルンに来て、ベルンが領域拡大したヴォー地方のエーグルで二六年以降説教活動をして、二八年にエーグルに宗教改革を導入することに成功した。ついで三〇年以降にヌシャテルに活動場所を移し、その地の改革にも成功した。

さらに、ファレルは中世異端のヴァルド派を宗教改革の流れに合流させる役割を果たしている。一五三二年九月イタリア・ピエモンテのアングローニャ谷でヴァルド派が開いたシャンフォラン教会会議に招かれた折に、ファレルはヴァルド派の指導者を説得し、改革派に導いたのである。ファレルはそこで新旧約聖書を原語（ヘブライ語とギリシア語）からフランス語へ翻訳することを提案して、その役割をファレルに同行していた通称オリヴェタンと呼ばれたピエール・ロベールに委ねた。オリヴェタン（一五〇六頃〜三八）はジャン・カルヴァンのいとこで、カルヴァン同様北フランスのピカルディ出身者だった。翻訳聖書の初版はヴァルド派の資金援助を受けてヌシャテルの印刷所で三五年に出版された。このオリヴェタン聖書がのちにジュネーヴ牧師会の校正を経て、ジュネーヴ版フランス語訳聖書としてフランス文化に大きな影響を与えることになる。

また、フランス宗教改革史上有名な「檄文事件」の発信拠点はヌシャテルと言われている。「檄文事件」とは一五三四年一〇月に匿名文書「教皇のミサの恐るべき、耐え難き大誤用について」がパリやオルレアンなど諸都市で掲示され、ミサは偶像崇拝だと罵った事件である。この文書はアンボワーズ城にいたフランス王フランソワ一世の寝室の扉にまで張り出されたという。文書の制作者はヌシャテルに亡命中のアントワーヌ・マルクール（一四八五頃〜一五六一）という牧師だったと言われ、ファレルがその制作に影響を与えたかもしれない。しかし、ファレルが歴史上有名になるのはジュネーヴでの活躍である。

74 ジュネーヴの宗教改革の始まり

一六世紀頃のジュネーヴは、都市君主としてジュネーヴ司教を頂き、その背後にサヴォワ家がいるという支配構造になっていた。ジュネーヴの宗教改革は、新興市民層を中心に司教支配からの都市の独立という政治的要求と絡んで進展する

サヴォワ家が伯から公へ昇爵したのは、一四一六年アメデ八世の時だった。彼はバーゼル公会議★23の折に

公会議至上主義を唱える者たちから対立教皇に推され、一四三九年に教皇フェリクス五世となった人物である。彼は公会議閉会時の一四四九年に対立教皇の立場を退く代わりにジュネーヴ司教の地位を与えられた。それ以来ジュネーヴ司教は実質的にサヴォワ公家の支配下にあった。一方、スイス諸都市との交易を通じて経済力をつけたジュネーヴの新興市民層は、自由を求めてサヴォワ家支配からの独立をめざし始める。

独立への動きに対してサヴォワ公シャルル三世（在位一五〇四〜五三）は多数の軍隊を引き連れ、一五二五年一二月にジュネーヴに入った。軍事力にものを言わせて、市民総会、いわゆる斧槍会議（ヘレバルデ会議）を招集し、公と司教の特権を従来通り保持することに成功した。しかし、ジュネーヴから亡命していた市民たちの画策で、翌二六年二月にジュネーヴはベルンとフリブールの両都市と「兄弟市民同盟」を締結した。スイス盟約者団の力を背景にジュネーヴ司教の権限を奪い、都市独自の裁判所を設立して、都市の完全な自治確立に向かっていく。

一五三二年以前には宗教改革の動きはほとんど見られなかったが、この年にファレルがベルンの後押しを受けて初めてジュネーヴにやってきた。彼は先にジュネーヴに来ていたオリヴェタン★73と合流して、改革を推進しようと図った。世俗的諸権限を失った司教であったが、こうした宗教改革の動きには厳しい姿勢を示したので、ファレルは市を脱出せざるを得なくなり、改革運動は一時頓挫した。

一五三三年末にファレルは再びジュネーヴに来て、翌三四年一月にドミニコ会修道士と公開討論会を行った。修道士がファレルをスイス人の手先だと告発すると、新興市民層がかえってファレルを支持することになって、その後宗教改革を進展させることになった。これに対して、五月にカトリックのフリブールが「兄弟市民同盟」の更新を拒否したため、同盟市は改革派のベルンのみとなり、かえって宗教改革は加速することになった。建前上はまだ司教がジュネーヴの都市領主であったため、宗教の自由を求める戦いが都市の自由を求める政治的闘争と一体化していったのである。

一五三五年六月に二回目の公開討論会が開催され、それを契機にファレルはミサを一時的に停止する都市の布告を勝ち取った。こうした状況に対してサヴォワ公はふたたびジュネーヴに軍を差し向けたが、ベルンは三六年一月に大軍を準備し、大きな戦いをせず二月にジュネーヴを「解放」した。同盟市であるベルンはジュネーヴを従属下に置こうとしていたが、フランスもジュネーヴに触手を伸ばしていたので、ジュネーヴはこうした二つの勢力の対立状況をうまく利用して独立を獲得していったのである。三六年五月ジュネーヴは市民総会を開き、「一切のカトリック的悪弊を廃止する」ことを決め、宗教的にも独立を達成した。そして、カルヴァンの登場を待つことになる。

E・W・モンター、中村賢二郎・砂原教男訳『カルヴァン時代のジュネーヴ 宗教改革と都市国家』ヨルダン社、一九七八年。A・デュフール、大川四郎訳『ジュネーヴ史』（クセジュ文庫）白水社、二〇二一年。

75 シヨンの囚人

レマン湖畔の名城シヨン城の地下牢にジュネーヴ解放の闘士が閉じ込められていた。「シヨンの囚人」と呼ばれるその闘士の名はフランソワ・ボニヴァール。どのような運命をたどったのだろうか？

シヨン城の地下牢　筆者撮影

フランソワ・ボニヴァール（一四九三〜一五七〇）はサヴォワ貴族の出で、伯父からサン・ヴィクトール修道院長の職を一五一四年に引き継いだ。その所領に触手を伸ばしてきたサヴォワ公シャルル三世と彼は激しく対立した。サヴォワ公に対抗するために彼はジュネーヴの反サヴォワ派の市民と手を組んだ。反サヴォワ派の市民はフリブール当局に掛け合い、一五一九年二月にジュネーヴとフリブールとの「兄弟市民同盟」を締結させた。その調印にあたってボニヴァールはジュネーヴ市民の筆頭にその名を連ねている。シャルル三世はこれに激怒し、ボニヴァールを捕らえ、二一年までローヌ川沿いのグロレ城に投獄した。

フリブールとの「兄弟市民同盟」を締結後二カ月で解消された。フリブールが構成メンバーであるスイス盟約者団が介入して、サヴォワ家との正面衝突を避け、和睦をするように求めたからである。一方、ボニヴァールは解放されたあと、シャルルに奪われた修道院所領を取り戻そうと活動し続けた。一五三〇年援助を求めるためにベルンに向かう途中にふたたびシャルルに捕らえられ、シヨン城に幽閉された。最初の二年間は貴族身分にふさわしい幽閉であったが、三二年以降は湖水面のしめった最低階の牢獄に鎖で繋がれた。解放されたのは三六年一月ベルン軍がジュネーヴに向かった折だった。
ボニヴァールが有名になったのは、イギリスの詩人ジョージ・ゴードン・バイロン（一七八八〜一八二四）が「シヨンの囚人」（一八一六年）を書き、主人公ボニヴァールを「自由の闘士」と褒め称えたことからである。バイロンの詩は一九世紀のヨーロッパ各地域での圧政に対する自由の叫びを反映させていた。バイロン自身もギリシア独立戦争に身を投じ、熱病にかかって亡くなっている。バイロンは謳う。

シヨンよ！
お前の牢獄は聖なる場所
お前の悲しき床は祭壇
ボニヴァールが足踏み減らし、
あたかも冷たき敷石が芝であるかのように
残した足跡
誰もそのしるしを消すなかれ
圧政を神に訴えるものなれば

ボニヴァールは解放後ジュネーヴ市から年金を受け、『ジュネーヴ年代記』を書いた。四度結婚し、最後の妻は使用人と浮気をして、溺殺刑になるなど晩年は惨めな生活を過ごしたという。

Bacon, Leonard Woolsey : The Real Prisoner of Chillon: A Curious Episode in Ecclesiastical History, in: *Christian Literature*, Band 12, Nr. 6, 1895, pp, 313-321.

76 ジャン・カルヴァンの登場

ジュネーヴの宗教改革はジャン・カルヴァンの登場によって本格的に進められた。「ジュネーヴ教会規則」が定められ、市民にキリスト者にふさわしい生活を求めるとともに、新しい教会組織も作られていった

若きカルヴァン
フランドル派の画

ジュネーヴの宗教改革はベルンの後押しを受けたファレル★73によって推進された。政治的な独立を背景とした宗教的変革は混乱を生み出し、市民の宗教生活の空洞化を産んだ。具体的な改革は頓挫し、体系立った宗教的規律の必要性が高まっていた。

そうした時期、一五三六年の夏に偶然ジャン・カルヴァンがジュネーヴを訪れた。当時カルヴァンは二六歳であったが、すでに述べたように三六年春に『キリスト教綱要』を発表し、その存在はよく知られていた。ファレルは自分より二〇歳以上若いカルヴァンの能力を見抜き、彼に改革推進の手助けを強引に求めた。しぶしぶジュネーヴに留まったカルヴァンだったが、ファレルとともに「教会組織に関する諸条項」を起草し、本格的に改革に乗り出した。この「諸条項」は「教会規則」として三七年一月に都市当局によって採用された。

「教会規則」によってカルヴァンは、ジュネーヴ市民にキリスト者にふさわしい生活を求め、教会主導で市民生活の監督・矯正をしようとした。これに対して都市当局は、道徳監督権は自分たちのものであるとして強力に抵抗した。長い闘争の結果司教権力から自立したのに、別の宗教勢力に市民生活が押さえられることに我慢しようとはしなかったのである。その結果、市民総会によって、三八年四月カルヴァンとファレルは都市外追放に処せられてしまった。

ファレルは古巣のヌシャテルに戻り、生涯を終えるまでその地で活躍した。カルヴァンはシュトラースブルクに居を構え、ドイツ各地で行われた宗教会議に参加しただけではなく、この地で『キリスト教綱要』の第二版を一五三九年八月には増補した。ジュネーヴでは四〇年に入ってカルヴァンらの支持勢力が盛り返し、一〇月にカルヴァンの復帰要請の声が強くなった。帰還を躊躇していたカルヴァンも意を決し、翌四一年九月にジュネーヴに戻ったのである。

カルヴァンは戻ると、ただちに「ジュネーヴ教会規則」を作成した。それは一一月に市民総会で採択され、これによりカルヴァン教会の特徴である、教会統治の四職、すなわち牧師、教師、長老、執事が定められた。そして、長老一二名、牧師五名からなる「長老会」が作られ、市民の信仰・道徳生活を監視するようになった。ただし、「長老会」が懲罰を科したり、破門の宣告を下したりすることは市当局によって許されなかった。

「ジュネーヴ教会規則」の制定によって、カルヴァンは改革の地歩を築くとともに、四三年には『キリスト教綱要』第三版を出版し、はじめて彼の神学の中心テーマ「予定説」を明示的に論じた。予定説とは、神はある者たちを救いへ、残りの大部分の者たちを滅びへと二重に予定されている、という教理である。この予定説に対して、元カルメル会修道士で、医者のジェローム・ボルセク（?〜一五八四頃）は、一五五一年にカルヴァンが神を罪の創出者、暴君に変えていると激しく非難した。

カルヴァンはボルセクの徹底的断罪を求めたが、ボルセクは永久追放で済まされた。カルヴァンの死後、ボルセクはリヨンにおいてカルヴァンの中傷本を書き、カルヴァンの暗い側面をかき立てている。しかし、カルヴァンの暗い側面を示すもう一つの事件があった。次にそれを見てみよう。

77　不寛容なカルヴァン

ジェローム・ボルセク論争の二年後の一五五三年にミカエル・セルヴェトゥス（一五一一～五三）が異端の廉でジュネーヴにおいて焚刑に処せられた（セルヴェトゥス処刑事件）。なんとカルヴァンがこの事件の裏で糸を引いていた

セルヴェトゥス

セルヴェトゥスはアラゴン王国（現スペイン）生まれで、サラゴサ大学で学んだのち、一五二七年頃にトゥルーズ大学で法律を学んだ。その後イタリア、ドイツ各地を歩き、一五三〇年にはバーゼルでエコランパディウスを訪ね、同地に一〇カ月ほど滞在し、宗教改革を体験した。一五三一年に弱冠二〇歳にして、『三位一体の誤謬について』をアルザスで出版した。三位一体とは、一人の神という本質の内側に父・子・聖霊の三つの位格（存在形式）があるという考えだが、セルヴェトゥスはそのことは聖書のどこにも書かれていないと主張した。この結果、異端の嫌疑をかけられるが、一五三六年頃からはパリ大学で医学を学び、血液の「肺循環」の発見者になる。

パリ、さらにはモンペリエ大学での医学勉学ののち、セルヴェトゥスはヴィエンヌ大司教の侍医になった。しかし、神学を捨てきれず、カルヴァンと手紙のやりとりを盛んにした。カルヴァンはセルヴェトゥスの考えを「精神が錯乱したような幻想」だとし、まったく同調しなかった。一五四六年二月のファレル宛の手紙では「彼がジュネーヴに来ることがあれば、生きたまま去らせることは決してしない」とまで書いている。

一五五三年にフランスのヴィエンヌで、セルヴェトゥスは大著『キリスト教復元』を刊行し、カルヴァンの予定説や幼児洗礼を批判し、逸脱、堕落したキリスト教の復元を求めた。しかし、同地で四月に異端の廉で捕らえられ、裁判にかけられた。異端として焚刑の判決を下されたが、巧みに脱獄を図り、逃亡した。ところが、彼はよりによってその年の八月にジュネーヴに姿を現し、ただちに捕らえられ、投獄された。裁判の結果はカトリックのヴィエンヌと同じく、異端として焚刑の判決が下された。この判決についてジュネーヴ都市当局はスイスの四都市（チューリヒ、ベルン、バーゼル、シャフハウゼン）に意見の表明を求め、支持された。セルヴェトゥスは五三年一〇月二七日にジュネーヴ郊外のシャンペルで焚刑に処せられた。

この事件の裏で糸を引いていたであろうカルヴァンの不寛容、非道が非難の的になった。しかし、ベルンでも一五六六年に有名な反三位一体論者であったヴァレンティウス・ゲンティリス（一五三〇～六六）が斬首刑に処せられている。カトリックが異端と見なす人物を許すことは、プロテスタントたちは自分たちの異端性を認めることになりかねなかったため、厳しく処断した可能性があろう。

渡辺一夫『フランス・ルネサンスの人々』白水社、一九六四年。

78 象とたたかう虻

「象とたたかう虻」という言葉は、オーストリアの作家シュテファン・ツヴァイク（一八八一〜一九四二）が彼の歴史小説『権力とたたかう良心』の冒頭部分で、カルヴァンに対するカステリョのたたかいを比喩した言葉である。これは何を意味しているのだろうか？

カステリョ

ゼバスティアン・カステリョ（一五一五〜六三）はジュネーヴに近い、サヴォワ公領内の村に生まれた。学生生活は南フランスのリヨンで送り、人文主義の洗礼を受けたらしいが、詳しい教育課程は不明である。リヨンで福音主義に転じ、迫害を逃れ、一五四〇年春にシュトラースブルクに赴いた。そこには三八年秋以来カルヴァンが滞在していた。カステリョはカルヴァンの『キリスト教綱要』を読み、カルヴァン崇拝者だったと思われ、到着早々、カルヴァンの家に短期間だが寄宿を許されている。

また、この地でギョーム・ファレルとも出会い、彼の推薦でジュネーヴのリーヴ学寮の校長になる。リーヴ学寮は宗教改革を推し進める次代の牧師を育てるいわば苗床で、福音主義的な人文主義教育が行われた学校である。一五四一年七月にカステリョが赴任したとき、彼は弱冠二六歳であった。その二カ月後カルヴァンはジュネーヴに帰還し、カステリョとの再会を喜んだ。しかし、両者の友好関係は長くは続かなかった。カステリョは牧師の生活ぶりを激しく非難したり、オリヴェタン聖書と異なるフランス語訳聖書に取り組んだりしたためと言われる。

一五四四年カステリョは解職され、四五年にジュネーヴを離れ、その後八年間各地に職を求め回ったが、五三年に苦労の末やっとバーゼル大学のギリシア語の教授に就くことができた。この年の一〇月に先に触れたセルヴェトゥス処刑事件が起きた。この事件は、宗教的迫害と見なされ、カトリックの異端裁判と同じだとして、バーゼルを始め宗教改革を進めていた各地で憤激の念を引き起こすことになった。カルヴァンはただちに『スペイン人ミカエル・セルヴェトゥスの途方もない誤謬に反対して、正統信仰と三位一体論を弁証する』（五五年二月出版）を書き、自己の正当性を主張した。「キリスト教信仰がその根底から揺り動かされるような場合、……魂が不信仰で破滅的な教説によって滅びへと陥れられるような場合、……究極的な救いの手段を用いることが必要である」としたのである。

カルヴァンはセルヴェトゥスの焚刑はやむを得ないこととしているが、カステリョは『異端について、彼らは迫害さるべきか』（五五年三月出版）を書く。その中で注目すべきことは、マルティン・ルターの初期の文書『世俗の権力について、人はどこまでこれに従順であるべきか』を引用して、論を展開していることである。「世俗権力は宗教の領域においていかなる権力も持たず、信仰問題について臣下に強制したり、処罰したりすることはできない」と。

カルヴァンに対するカステリョのたたかいを「象とたたかう虻」と比喩したツヴァイクは、カルヴァンを「狂信的な独善者」「良心の自由の抑圧者」として、カステリョを「精神的な圧政に挑戦した理想主義者」として対立的に描く。ユダヤ人のツヴァイクは自分が迫害を受けたナチスの社会と冷徹なカルヴァンが支配するジュネーヴを二重写しに描いていると言える。ツヴァイクの『権力とたたかう良心』は歴史小説としてはきわめておもしろいが、一六世紀のジュネーヴの歴史事実の描写は正しくない。

カルヴァンが彼のよって立つ基盤を盤石のものにできたのは、カステリョから批判を受けた頃よりかなりあとの一五六〇年と考えられる。この年に「教会規定」が改訂され、長老会が自立的教会訓練の権利を得て、教会の都市当局からの自立を達成している。それはジュネーヴ市内の話であって、ヨーロッパ全体を見渡せば、依然としてカトリック勢力は巨大であり、そうした状況下のカルヴァンとヒトラーを同じレベルで対比するのは無理であろう。

ツヴァイク、シュテファン、高杉一郎訳『権力とたたかう良心』（ツヴァイク全集一五）、みすず書房、一九六三年。

グッギスベルク、ハンス・R、出村彰訳『セバスティアン・カステリョ　宗教寛容のためのたたかい』新教出版社、二〇〇六年。

79

エスカラード（ジュネーヴ解放戦争）

エスカラードは毎年一二月の第二金曜日から日曜日にかけての三日間ジュネーヴで行われる祭りである。地元市民はクリスマスよりも楽しみにしているが、その理由は何だろうか

サル像　ヴート画

ジュネーヴはベルンの後押しで事実上の独立を確保し、カルヴァンの力で宗教改革が定着した。しかし、そのまま安穏とした状況にあったわけではない。サヴォワ公カルロ・エマヌエーレ一世（在位一五八〇〜一六三〇）は一五八〇年に即位すると、旧領回復に積極的に動き出した。スペイン国王フェリペ二世の娘と結婚していたエマヌエーレはスペイン軍の力も借りて、とくにジュネーヴを軍事力で奪還しようと試みた。

サヴォワ軍は一六〇二年一二月一一日の深夜から翌一二日未明（現在のグレゴリオ暦では二一日から二二日）にかけて夜襲をかけた。梯子をかけて城壁を登ってきたサヴォワの兵士を目撃した主婦が、火にかけて煮えたぎっていた大きな野菜スープ鍋を兵士の頭上にぶちまけた。また、狙撃をくぐって一部のサヴォワ兵は市内に入ったが、奮起したジュネーヴ市民はサヴォワ軍を撤退に追いやることに成功した。二年後の一六〇三年にサン・ジュリアン条約によってサヴォワ公はジュネーヴの独立を正式に承認した。

エスカラード　17世紀の銅版画

大鍋を投げた主婦カトリーヌ・ロワヨームはジュネーヴに来る前には、ユグノー教徒としてリヨンに居住していた。ロワヨーム夫妻はパリの有名なサン・バルテルミーの虐殺（一五七二年八月二四日）の波及を恐れ、ジュネーヴに移住した。夫のピエールは貨幣鋳造人として働き、一五九八年にジュネーヴの新市民（ブルジョア）として認められていた。

梯子を登ることをフランス語でエスカラードといい、この解放戦争を記念してジュネーヴでは毎年一二月にエスカラード祭りが行われている。その時にはロワヨーム夫人が投げた鍋を模したチョコレート鍋が作られ、鍋の中には野菜の形をしたマジパンが入れられ、売られている。スイスらしいジュネーヴの観光資源の開発である。それとともに、ジュネーヴ市民の祖先たちの勇気ある行為を誇る祭りでもある。

ところで、この解放戦争後にある疑惑が持ち上がっていた。城壁守備の担当市長リベール・ブロンデル（一五五五〜一六〇六）が夜襲に当たって内通、あるいは少なくとも職務怠慢があったのではないかと訴えられたのである。真相は掴めないが、拷問の結果、彼は内通を自白して処刑されている。これはジュネーヴの有力門閥による寡頭政治に対する不満の現れと言われるが、寡頭政治はジュネーヴではその後も長く続いた。

エスカラードの背後にはもう一つの歴史がある。レマン湖南岸のシャブレー地域はベルン邦に一五三六年から六四年まで支配され、改革派が多数いたので、サヴォワ公はその地域の再カトリック化を目指していた。公は一五九四年にその任務を、霊徳が高く、優れた説教師でもあったフランソワ・ド・サル（一五六七〜一六二二）に与えた。サルは見事に任務を果たし、一六〇二年七月にシャブレーの中心都市トノンで、カルロ・エマヌエーレ一世の後援で祝賀会を開き、さらに他地域の再カトリック化を試みようとした。彼は一五九九年にすでにジュネーヴ司教補となっていたが、一六〇二年一二月エスカラードの直前に司教に任じられた。前任の司教たちは異端の都市ジュネーヴから追い出されていたので、サヴォワ公のジュネーヴ奪還が成功していれば、サルがジュネーヴへの帰還を望んだことは十分推測できる。一九世紀にヨハネ・ボスコ（一八一五〜八八）が新たに修道会を設立したときに、崇敬するサルにちなんで、その修道会をサレジオ修道会と名づけている。現在サレジオ会はイエズス会に次いで多くの会員を抱え、日本での活動もよく知られている。

Gaberel, Jean, *L'Escalade, son origine et ses conséquences*. Jenève 1852.

80 スイスにおける対抗宗教改革

ミラノ大司教カルロ・ボッロメーオは教皇巡察師としてスイスを巡察し、スイスにおける対抗宗教改革を推進し、イエズス会やカプチン会の活動を通して再カトリック化への道を拓いた

ボッロメーオ像
フィジーノ画

フランソワ・ド・サル[★79]はサヴォワ公国内で再カトリック化、つまり対抗宗教改革に成功したが、スイスでもヴァリス（ヴァレー）の一部を再カトリック化した。しかし、スイスでは一五三一年の第二次カペル和平[★72]によって、改革派とカトリックの両勢力の現状凍結と各邦の宗教主権が取り決められていた。したがって、カトリックが失地回復をすることは困難で、自分たちの地盤を強化することに努めることになった。それには優れたカトリック聖職者の養成が必要であった。それに尽力したのはミラノ大司教カルロ・ボッロメーオ（一五三八～八四）だった。

ボッロメーオは、対抗宗教改革を目指したトリエント公会議を完了させた教皇ピウス四世（在位一五五九～六五）の甥で、ボッロメーオ自身も対抗宗教改革の推進に大いに寄与した。彼はスイス、とくにグラウビュンデン地方を巡察し、若いスイス人聖職者を育てるために一五七九年にミラノに「スイス神学院（ヘルヴェティア学院）」を創設した。これはトリエント公会議が出した一五六三年の「聖職者養成教令」に基づいており、奨学金を出して、スイス人神学生五〇名を学ばせた。

また、ボッロメーオはイエズス会をルツェルンに招くにあたっても尽力している。一五七四年に三人のイエズス会士がルツェルンに到着して活動を始めた。七七年からはルツェルンが二〇名のイエズス会士の生計維持費を負担し、彼らに市民の子弟の教育を委ねた。その後イエズス会士はフリブールなどスイスのカトリック地域に定住し、主として教育活動に従事した。ボッロメーオはさらにカプチン会がスイスで活躍する糸口をも作っている。カプチン会はアッシジの聖フランチェスコの精神に立ち戻り、厳格な清貧主義の徹底を主張して、一五二五年にフランシスコ修道会から分派した修道会である。一五二八年に教皇クレメンス七世の認可を受け、正式に成立するが、スイスでの活動は早かった。カプチン会修道院は八一年にウーリの中心地アルトドルフに、翌八二年にはシュタンスに建設され、一七世紀中にはスイス全体で合計二五カ所に建設されている。イエズス会が上層市民の子弟の教育に主として従事したのに対して、カプチン会士は貧しい人々への扶助や司牧活動に従事した。

しかし、一五八七年にアペンツェルに入ったカプチン会の動きは異なっていた。アペンツェル邦の内部地域（インナーローデン）にはカトリックが多かったが、外側地域（アウサーローデン）はツヴィングリ派が多数を占めていた。宗派対立を回避するためにランツゲマインデは一五二五年四月に宗派併存を決め、各教区がそれぞれカトリックか福音派を採用できるとした。ところがカプチン会がカトリックの失地回復を目指すと、宗派対立が顕在化してきた。さらに一五八七年にカトリック国のスペインと同盟を結んだカトリック五邦が、アペンツェルに同盟に加わるように圧力をかけてきた。インナーローデンがアウサーローデンの意向を無視して参加しようとしたため、対立は激化した。結局アペンツェルは九七年に二つの邦（アペンツェル・インナーローデンとアペンツェル・アウサーローデン）に分裂し、今日に至っている。

第八章

王に仕えた忠誠なる傭兵《フリーランス》

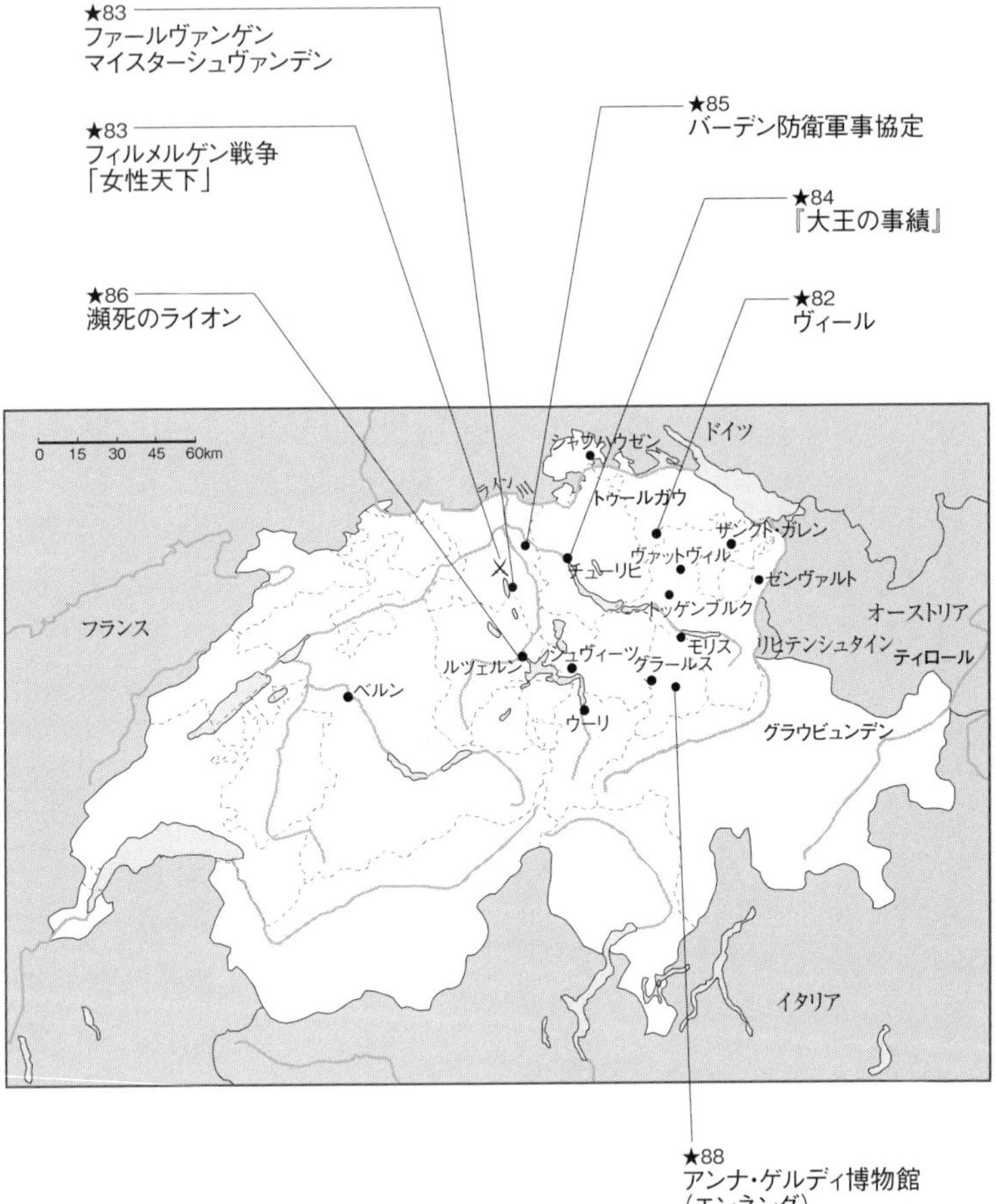
★83
ファールヴァンゲン
マイスターシュヴァンデン
★83
フィルメルゲン戦争
「女性天下」
★86
瀕死のライオン
★85
バーデン防衛軍事協定
★84
『大王の事績』
★82
ヴィール
0 15 30 45 60km
シャフハウゼン
ドイツ
ライン川
トゥールガウ
ザンクト・ガレン
ヴァットヴィル
チューリヒ
ゼンヴァルト
トッゲンブルク
オーストリア
フランス
モリス
リヒテンシュタイン
ティロール
シュヴィーツ
ルツェルン
グラールス
ベルン
ウーリ
グラウビュンデン
イタリア
★88
アンナ・ゲルディ博物館
(エンネンダ)

81 「スイス王」と呼ばれた傭兵隊長

ルツェルン出身のルートヴィヒ・プファイファーはフランスのユグノー戦争においてフランス国王のために傭兵として大きな功績を残し、「スイス王」と呼ばれた

ルートヴィヒ・プファイファー

ルートヴィヒ・プファイファー（一五二四～九四）はルツェルンの門閥市民の子弟で、ルツェルンで市の要職を経たあとに、フランスのユグノー戦争にカトリック側の傭兵として参加し、多くの軍功をあげた。第一次ユグノー戦争の最初の大会戦と言われるドルーの戦い（一五六二年一二月）で名をあげ、第二次ユグノー戦争のきっかけになった「モーの襲撃」事件では国王一家を救っている。「モーの襲撃」事件とは、国王のスペインへの接近を警戒したユグノー（改革派）陣営が、一五六七年九月に国王シャルル九世を襲って自陣営に取り込もうと謀った事件である。国王一家がモーからパリに帰還途上にユグノーの騎士たちに襲われるという窮地をプファイファーが救ったのである。

さらに、第三次ユグノー戦争の終結近くに戦われた六九年一〇月三日のモンコントゥールの激戦でも彼は活躍している。この戦いでは国王・カトリック軍の戦死者は約六〇〇人だったと言われるが、ユグノー側はその一〇倍以上だったという。この戦いでプファイファーは指揮官としての名声を不動のものにした。こうした傭兵としての大活躍から彼は「スイス王」とさえ揶揄して呼ばれたのである。その後彼はルツェルンに戻り、翌七〇年クリスマスの日に市長に選出され、死の前年まで繰り返し市長に選ばれている。

その間に前項で触れたイエズス会士をルツェルンに招致するにあたっては、プファイファーは主要な働きをした。その際手足となって活躍したのがルツェルンの都市書記だったレンヴァルト・ツィザト（一五四五～一六一四）である。彼は薬局業を営みながら、歴史史料、習俗資料を多数収集したスイス民俗学の創始者でもあった。注目すべきは、ツィザトは一五八六年に『新発見の日本諸島・王国およびこれまで未知の他のインド諸島についての真実の報告』を書き、スイスに初めて日本の様子を伝えた人物なのである。この書物の序文で、本書をプファイファーに捧げる旨が書かれている。本書はヨーロッパに日本の漢字史料を最初に紹介しているが、残念ながらほとんど出鱈目な漢字である。その史料とは大内氏が山口にキリスト教の教会を創建することを認めた文書「大道寺裁許状」のコピーで、イエズス会士の手を経たものを書き写したらしい。

因みにツィザトは一四人の子持ちで、その八番目の子がヨーハン・バプティスト・ツィザト（一五八七～一六五七）である。ヨーハンは著名な天文学者で、彗星に関する著書がある。

82 三十年戦争とスイス

三十年戦争終結間際の一六四七年にスイス諸邦は「ヴィール防衛軍事協定」を結び、武装中立を目指した。戦後、ウェストファリア条約（一六四八年）を皮切りに事実上スイスの独立を獲得した

ヨーハン・ルードルフ・ヴェトシュタイン

最後の宗教戦争と言われる三十年戦争（一六一八〜四八）は、ドイツを戦場にヨーロッパ各国が血みどろの戦いを繰り返したが、そこには多くのスイス人傭兵の姿があった。一方スイス国内では従属邦のグラウビュンデンがその戦争に巻き込まれた。グラウビュンデンにはミラノ公国からティロールに抜ける峠ルートがあり、ハプスブルク家がスペインや北イタリアから軍隊を移動させるには重要なポイントであったからで、フランスもこの地域に介入してきたのである。

戦争の最中に各国はスイスに同盟を求めてきたが、スイスは中立を標榜してそれを断っている。たとえば、一六三九年三月にカトリック側の皇帝が助力を求めてきたことに対して、スイス盟約者団は次のように返答している。

これまでの戦争に関与しようとも、介入しようとも思ってこなかったし、今後も中立に留まるつもりである。さもなければ、祖国はこの上ない危険に陥ることになろう。

このように中立を標榜しても三十年戦争が激化する中では領土を侵犯される危険があった。戦争末期にもスウェーデン軍はライン川まで軍を進め、共同支配地トゥールガウを攻めようとした。この危機が迫るまで、スイスには「連邦軍」は存在せず、国境に位置する諸邦が多くを負担して防衛に当たっていた。そこで一六四七年一月にトゥールガウの都市ヴィールにチューリヒ、ルツェルン、ウーリ、シュヴィーツの主要四邦が参謀会議を招集し、一三邦の同意を得て「ヴィール防衛軍事協定」を締結した。これはスイス史上初めての国防規定で、全一三邦、従属邦、共同支配地が兵員を分担し、「連邦軍」およびそれを指揮する参謀会議を創設した。スイスは主権を持つ諸邦の緩い結合体に過ぎなかったが、この三十年戦争の危機に際して、少なくとも軍事面で太い絆が生まれ、一体感を強めるとともに、ここに「武装中立」の芽生えが見られるのである。

三十年戦争の終結を定めたウェストファリア条約は二部構成で、オスナブリュック講和条約とミュンスター講和条約からなり、一六四八年一〇月二四日に調印された。前者は神聖ローマ皇帝とプロテスタント勢力の主柱だったスウェーデン女王が締結した条約だが、その第六条は「スイス条項」と称され、次のようにスイスについて定めている。

> 都市バーゼルならびに他のスイス諸邦は帝国からのほとんど完全な自由と免除を有し、いかなる形においても帝国の司法権や審判に服することはない。このことをこの講和条約に挿入し、有効で確実なものにする。それによりいかなる命令のものであれ、訴訟手続きおよび逮捕は完全に無効とされ、破棄されるべきものである。

すでに触れた一四九九年のバーゼル講和条約[★53]の内容と大きく異なるところはない。ただ一四九九年当時バーゼルはまだスイス盟約者団に加わっていなかった。そこでバーゼル市長のヨーハン・ルードルフ・ヴェトシュタイン（一五九四～一六六六）が「スイス条項」の成立には尽力したのである。

一般にこの「スイス条項」によりスイスが国際法上で事実上の独立をしたと言われている。しかし、研究者によっては「独立」という表現は正しくないと主張されている。現代的な主権概念からするとそうかも知れないが、ここで国際法上新たな地位をスイスが確保したことは明らかである。

明石欽司『ウェストファリア条約　その実像と神話』慶応義塾大学出版会、二〇〇九年。

Schweizer, Paul, *Geschichte der Schweizerischen Neutralität.* Frauenfeld 1895.

83 フィルメルゲン戦争と勇気ある女性たち

三十年戦争中好景気だったスイスは戦後不景気に陥り、農民戦争が勃発した。それに続いて宗教戦争が二度にわたって起きた。二度目の戦争の逸話から「女性天下」のユニークな祭りが生まれた

三十戦争によって隣国ドイツは国土を疲弊させたが、戦場にならなかったスイスは農産物を高額でドイツに輸出できた。しかも傭兵出稼ぎの収入もスイスに流れ込み、人々は経済的に安定した生活を送っていた。ところが戦後、景気は一変し、農作物の価格は下落し、傭兵出稼ぎの収入の道も閉ざされた。それに追い打ちをかけるように、ベルン邦やルツェルン邦などでは新たに農民たちにぶどう酒税、家畜税が課せられた。一六五三年に農民たちは不満を爆発させ、各地で蜂起した。

各邦の支配当局は盟約者団会議を通じて団結し、組織力のなかった農民たちを撃破し、一六五三年六月に農民蜂起を終息させた。終息に向けて大きな貢献をした人物はチューリヒ市長であったヨーハン・ハインリヒ・ヴァーザー（一六〇〇〜六九）である。彼は三十年戦争の際の侵略の危機や農民蜂起の経験を踏まえ、五五年に盟約者団の改革を提案した。この時期のスイス盟約者団は依然として一〇の相異なる同盟関係で結ばれた緩い複雑な結合体のままであった。ヴァーザーは一つの同盟関係で結ばれた緊密な国家的紐帯を形成すべきだと提案したのである。

この提案はカトリックの内陸四邦には受け入れられるものではなかった。盟約者団形成の核であった四邦の立場が弱められることになるからである。こうした状況下で、シュヴィーツ邦が改革派の信徒を迫害する事件が一六五五年に起こり、それを口実に翌五六年に改革派のチューリヒ邦は共同支配地トゥールガウ[★46]に軍を進め、占拠した。一五三一年の第二次カペル和平（第二次平和条約）[★72]が共同支配地の取り扱いを改革派に不利に規定していたので、それを取り除こうという意図もあったのである。しかし、戦いはカトリック側が有利に進めた。チューリヒ西方にあるフィルメルゲンにおいて、ルツェルン邦がベルン邦軍を壊滅させ、ベルンとチューリヒの連携を絶ったことで改革派側は敗北した。第三次平和条約は、第二次カペル和平を維持することになった。

改革派は次の機会を狙った。ザンクト・ガレン修道院長の抑圧的支配に抗してトッゲンブルクの住民が一七一二年四月に蜂起すると、チューリヒ邦とベルン邦はその住民を支援した。これに対してカトリック諸邦はザンクト・ガレン修道院長を支持して第二次フィルメルゲン戦争が始まった。結果は、第一次戦争以後に経済力をつけていた改革派側が勝利した。同年八月第四次平和条約によって第二次カペル和平は破棄され、共同支配地における両宗派同権・宗派併存が認められた。そして共同支配地の支配にベルン邦の関与が拡大され、盟約者団内におけるチューリヒとベルンの優位な立場は決定的になった。

この第二次フィルメルゲン戦争には面白い逸話が伝えられている。フィルメルゲンに近いベルン邦の二つの村ファールヴァンゲンとマイスターシュヴァンデンでは、戦争の最中に男たちが戦いにかり出され、防備の手薄になった村にカトリック軍が迫ってきた。村に駐屯していたベルン軍の司令官は一計を案じた。

ファールヴァンゲン・マイトリゾンターク協会提供

カトリック軍の背後にある森に女性たちを行かせて大きな音を立てさせ、ベルン邦から援護軍が来たとカトリック軍に信じ込ませようとした。計画は見事に成功して、カトリック軍は撤退した。司令官は女性たちの勇気をたたえ、一年のうち三日間だけ女性たちに好きなように振る舞える権利を与えた、という。

この逸話からこの二つの村では毎年一月第二週の木曜日、土曜日、日曜日の三日間「女性の天下」となる。この行事はドイツ語でマイトリゾンタークと呼ばれる。マイトリとは若い女性、ゾンタークとは日曜日で「若い女性たちの日曜日」である。女性たちは着飾ってレストランに赴き、そこでダンスの相手の男性を選ぶ。その後に一人の男性を選び、大きな麻紐で編まれたハンモックに乗せて、女性たちはそのハンモックを上下に大きく揺らす。女性たちは男性をハンモックに乗せたまま別のレストランまで村中を歩き、着いたレストランでの飲み代を男性に支払わせる。支払いに応じて初めて男子は解放される。これが主要な行事だが、最終日にはカーニバル風の行列も行われる。寒い時期に行われるので、歴史上の逸話を利用したカーニバルと考えられる。

84 ゴブラン織りに見る傭兵契約図

スイス傭兵を最も多数利用した人物はフランス国王ルイ一四世である。彼は周辺諸国を侵略するための道具にスイス傭兵を確保する契約を結んだ。その場面を描いた素晴らしいタピスリーがある

「太陽王」とあだ名されたフランス国王ルイ一四世（在位一六四三～一七一五）は、一六六一年に宰相のマザラン枢機卿が没すると、親政を始め、絶対王政を確立していった。彼はマザラン流の積極的な外交政策や重商主義の経済政策だけではなく、芸術保護政策も推進した。芸術保護は自らの権威・権力を誇示する政策であった。

その芸術保護政策の目玉が王立ゴブラン製作所（一六六二年設立）であった。その責任者に、ヴェルサイユ宮殿の内装の仕事にも関わることになるシャルル・ル・ブラン（一六一九～九〇）を招き、幾多の有名なシリーズもののタピスリーを作らせた。その代表例には「大王の城尽くし」（全一二点）と「大王の事績」（全一四点）がある。前者の連作は別名「月暦」とも呼ばれ、黄道十二宮と対応して制作され、各地の王宮とルイ一四世の姿が月ごとに織りだされている。上野の西洋美術館にはそのうちの「シャンボール城・九月」が所蔵されている。

この「大王の城尽くし」はルイ一四世の宮廷生活が描かれ、生活の豊かさが誇示されているが、「大王の事績」の方は年代的にルイの戴冠、結婚、軍事・外交の事績がシリーズで制作されたものである。その

傭兵契約同盟締結描くタピスリー　スイス国立博物館所蔵

なかに一六六三年に行われたスイスとの傭兵契約同盟の様子を織りだしたタピスリーがある。それは三八七×五八五センチもの大きさで、チューリヒの国立博物館で見ることができる。

タピスリーの中央にはゴシック様式の祭壇があり、聖母マリア像が置かれている。祈禱机の向こう側には枢機卿バルベリーニが描かれ、中央右手にルイ一四世、左手にスイス側代表のチューリヒ市長ヴァーザーがそれぞれ聖書に手を置いて同盟契約への誓約をしている姿が見られる。ルイの直ぐ背後には弟のオルレアン公がおり、右手奥の観覧席にはルイの母アナ（アンヌ・ドートリッシュ）、妃のマリー・テレーズ、それにオルレアン公妃が描かれ、歴史的リアリティーを示そうとしている。

この様子は一六〇二年にアンリ四世とスイスとのあいだに結ばれていた同盟契約の更新であるが、これによってルイはスイス傭兵一万六千人を徴募できるようになった。ルイは親政を始めて矢継ぎ早に四度の大きな戦争を引きおこし、ヨーロッパ制覇を目指すが、スイス傭兵の確保が達成の鍵であった。それがタピスリー「大王の事績」シリーズにこの傭兵契約同盟更新図を描かせた理由である。

スイス側も一六世紀以来の年金と交易特権を確保するだけではなく、重商主義政策を行うフランスに、スイスの絹織物の輸出を認められた。チューリヒの絹織物産業を発展させた一因にもなったのである。

85 武装中立の進展

三十年戦争の末期に、盟約者団は「ヴィール防衛軍事協定」を結んだことで、スイス武装中立が芽生えた。その芽はルイ一四世が繰り返した四度の侵略戦争の中で大きく成長する

ルイ一四世が最初に行った戦争はネーデルラント継承戦争（一六六七〜六八年）である。ルイの后はスペイン王フェリペ四世の王女マリー・テレーズだった。フェリペ四世が亡くなると、ルイはスペイン領ネーデルラントの王妃の継承権を主張して南ネーデルラントに侵攻した。さらに、ルイはスイスと国境を接するスペイン領ブルゴーニュ自由伯領（フラシュ・コンテ）も占領した。戦闘の被害がスイスにも及ぶことを危惧して、スイスは一六六八年三月にバーデンで盟約者団会議を開き、四七年に定めた「ヴィール防衛軍事協定」★82の強化を決定した。

新たな軍事協定は「バーデン防衛軍事協定」と呼ばれ、戦争の危機が迫ったときには、軍事参謀会議が設けられ、いわば戦時における臨時政府となった。一六五五年にチューリヒ市長ヴァーザーが提案した改革案[★83]が軍事的側面でだけ実現したといえる。各邦の出す兵員の数を定め、一中隊二〇〇名の装備の基準を定めた。こうして武装中立路線が歩みを進めた。

ネーデルラント継承戦争を終結させたアーヘン講和条約（一六六八年一〇月）で、占領したブルゴーニュ自由伯領をルイはスペインに返却せざるを得なかった。しかし、ルイは次に起こしたオランダ戦争（一六七二～七八年）でふたたびブルゴーニュ自由伯領を占拠し、今度はフランス領に組み入れることに成功した。この戦争が始まり、ますます危機感を覚えた盟約者団は一六七四年五月の会議で「祖国の平安と中立を維持する」ために「バーデン防衛軍事協定」に基づく体制を築いた。これがスイスの外交基本政策としての武装中立を明確に宣言したものと見なされている。

三度目の対外戦争であるファルツ継承戦争（一六八八～九七年）を起こす前の一六八五年に、ルイは「ナントの王令」を廃止し、ユグノー（新教徒）をフランス国外へ追いやった。王令廃止から一七〇〇年までにスイスには一四万人のユグノーがフランスから亡命したと言われる。ファルツ継承戦争ではルイへの反感から、スイスの改革派諸邦はルイの敵オラニエ公ウィレムに傭兵を派遣した。戦場でスイス人同士が鉾を交えることになった。

ルイの四度目の戦争であるスペイン継承戦争（一七〇一～一四年）では、スイス傭兵同士がまさに激突することになった。スイスは各国に傭兵を出すことで、中立を守り、国土の安全を図ったともいえる。中立と傭兵には切っても切れない関係があった。

86 瀕死のライオン

スイス傭兵の勇猛さと忠誠心はさまざまな戦闘で示された。中でも有名なのはフランス革命の最中、一七九二年八月一〇日に起きたパリのテュイルリー宮での銃撃戦である。その栄誉を讃えて造られた像がルツェルンにある

ルイ一四世との間で結ばれたスイス傭兵契約は一七二三年に切れ、更新はなされなかった。スペイン継承戦争後もヨーロッパでは各地で戦争は続いたが、戦場はスイスから遠く離れ、スイスは平安であった。全般的な傭兵契約同盟はなされず、各邦が個別に結んだりした場合でも、その契約は短期的なものであった。

ふたたび全般的な傭兵契約同盟が締結されたのは、一七七七年にフランス国王ルイ一六世との間であった。それはルイ一四世のときの傭兵契約同盟と基本的に同じ内容であった。ただスイス側はスイスの中立と国土の安全保障を強く求めていた。スイスは見返りにルイに六〇〇〇名の傭兵を提供した。

瀕死のライオン像　筆者撮影

スイスが国土の安全保障を求めた理由は、オーストリアのヨーゼフ二世がハプスブルクの旧領を回復する目的でスイスを攻撃する計画をもっていると伝えられたからである。実際にヨーゼフ二世は一七七二年にポーランド分割に参加しており、スイス攻撃の計画も荒唐無稽のものとは考えられなかったのである。この傭兵契約同盟は五〇年間の契約だったが、フランス革命が起き、一七九二年で途切れた。

フランス立法議会は一七九二年三月にスイス歩兵連隊を解散し、帰国させた。しかし、ギャルド・スイス（スイス近衛連隊）は国王一家を守護し続けていた。八月一〇日パリ民衆とマルセイユからの義勇軍（連盟兵）たちがテュイルリー宮殿を襲撃すると、ギャルド・スイスは国王一家を守って応戦し、約六〇〇名の死者を出した。生き残って捕らえられたスイス近衛兵は翌月「人民裁判」形式で裁かれ、虐殺された（九月虐殺事件）。

虐殺事件を逃れ、その後も各国で傭兵勤務をしたカール・プフィファー（一七七一〜一八四〇）というギャルド・スイスの将校がいた。彼は一八〇一年に故郷のルツェルンに戻り、同僚兵士のための記念碑を建てることを計画した。そのための資金を集め、デンマークの彫刻家ベルテル・トルバルセン（一七七〇〜一八四四）に制作を依頼した。石切場の岸壁に槍が刺さって瀕死のライオン像が彫られた。ライオンはスイスの国旗を脇に置き、ブルボン王朝の紋章である百合の花をあしらった盾を抱えて横たわっている。ライオン像の上の岩壁には「忠誠心と勇猛さ」というラテン語が彫られている。ライオン像の下の岩壁にはテュイルリー宮殿の襲撃と九月虐殺で亡くなった将校二六名の名前と生き残った将校の名前が彫られている。一般兵士については死亡者数七六〇人と生存者三五〇人の数字だけが印されている。

瀕死のライオン像は死亡した傭兵の鎮魂のためよりは、まさに「忠誠心と勇猛さ」を讃える碑であり、スイス傭兵は一九世紀にも各地の戦いで「忠誠心と勇猛さ」を発揮し続けるのである。

87 スイス傭兵たちの私的な事情

スイス傭兵制の特徴は、傭兵契約同盟といういわば政府間協定のもとにあり、公的なものであった。しかし、私的契約で傭兵隊を外国に送る場合や個人的に傭兵出稼ぎをする場合もあった

ウルリヒ・ブレーカー

個人で傭兵体験をして詳細な記録を残してくれた人物にウルリヒ・ブレーカー（一七三五〜九八）がいる。彼は東スイスのヴァットヴィルで生まれ、貧しい牧童の生活をしていた。一旗揚げるように唆《そそのか》されて、ふるさとを離れる。シャフハウゼンでプロイセン募兵将校の従者となれるうまい口を見つけたと思ったら、騙されてベルリンに連れて行かれた。プロイセン軍の兵士にさせられ、厳しい教練を受け、七年戦争に従軍させられた。一七五六年一〇月、激戦のロボジッツの戦いをすり抜け、敵軍に投降し、脱走に成功する。

この脱走までの詳しい様子がわかるのは、ブレーカーが自伝を書き残してくれたからである。自伝によれば、ロボジッツの戦場にはブレーカー以外にも幾人かのスイス人傭兵がおり、ブレーカー同様に脱走に成功した者もいる。ブレーカーの場合は進んで傭兵になったわけではないが、他のスイス人の場合はどうだったのだろうか。

ブレーカーよりだいぶ前の時代だが、もう一人自伝を残したスイス人傭兵がいる。彼の名はエリ・リポンというフランス語圏スイスの出身者で、正確な生没年はわからない、一六二三年に日本を訪れている。つまり、オランダの東インド会社に雇われたスイス人傭兵である。伝記の中に同僚のスイス人傭兵の名が三人あげられている。バーゼル、チューリヒ、ローザンヌの出身者で、リポンと行動を共にしていた。オランダ東インド会社にはそれなりの人数のスイス人傭兵がいたことが推測される。

リポンはブレーカーと違って、冒険心に溢れ、進んで傭兵になった例である。次の第八八話に見られるように、ふるさとに留まれない事情があって、一時的に傭兵になる例も多かったのではないか。彼らはスイス人傭兵ではあるが、スイス傭兵制の枠外の存在である。

U・ブレーカー、阪口修平・鈴木直志訳『スイス傭兵ブレーカーの自伝』刀水書房、二〇〇〇年。

ブレーカー夫妻　Wikimedia Commons

88　ヨーロッパ最後の魔女

ヨーロッパ最後の魔女裁判が行われたのは一七二八年スイスのグラールスだった。啓蒙主義が進行する中でなぜ起きたのだろうか?

魔女とされた女性の名はアンナ・ゲルディ。一七三四年にザンクト・ガレン邦のライン渓谷沿いにある村ゼンヴァルトの貧しい家庭に生まれ、早くから下女として働きに出た。ゼンヴァルト村の牧師館に奉公しているときに、村の若者と恋仲になり、妊娠する。まだ独り立ちのできない若者は、妊娠を知ると、ゲルディを捨て密かに村を出て、オランダで傭兵になった。ゲルディは奉公部屋で子供を産んだが、子供は生きながらえなかった。彼女は嬰児殺しでさらし者にされた。

その後、グラールス邦モリスのツヴィキー家のもとで五年間奉公した。ここでは雇い主の子を宿したが、子供の生死は不明のままである。一七八〇年、最後に奉公に入った家はグラールスの名望家チューディ家だった。主人は医者でプロテスタント教会の評議員だったが、彼も夜にゲルディの奉公部屋に忍び込んできている。

チューディ家には五人の子供がいたが、ゲルディは上から二番目の娘アンナ・ミゲリとは当初仲が良かった。ところが、ある時ゲルディは与えられたミルクを意図的にこぼしたり、ゲルディの頭巾を何度もひっぱたりと悪さを繰り返すアンナ・ミゲリの頬を打たざるを得ないことが起きた。以後アンナ・ミゲリが飲むミルクや食べるパンの中からまち針が見つかるようになった。まち針を入れた犯人はゲルディだという濡れ衣を着せられ、チューディ家から解雇された。しばら

ツヴィッキー邸　筆者撮影

くしてからアンナ・ミゲリは体調を崩して血痰を吐き、そこから数本のまち針が出てきた。これはゲルディの仕業で、彼女が妖術をかけたのだとされ、逮捕された。激しい拷問の結果、ゲルディは自らが魔女であることを告白して、一七八二年六月一三日に毒殺罪で斬首刑に処せられた。啓蒙の時代だったので、さすがに「魔女」という理由では焚刑にできなかったらしい。なぜ魔女扱いまでされて、ゲルディは斬首されたのだろうか。それはゲルディを雇った名望家とされる男たちが、自分たちの犯した悪しき行状がゲルディを通じて世に知られ、評判が台無しになることを恐れたためと推測されている。

この処刑は当初から各地で厳しい批判に曝されていたが、処刑から二二五年経った二〇〇七年にグラールスのジャーナリストたちが彼女の名誉回復をグラールス政府に申し入れた。政府は「ゲルディはグラールスの住民の意識の中で、すでに名誉を回復されている」として申し入れを拒否した。アンナ・ゲルディの名誉回復を願う人々は「アンナ・ゲルディ基金」を立ち上げ、二〇〇七年九月にモリスにアンナ・ゲルディ博物館を開設した。現存するツヴィキー家の近くの郷土博物館が改装され、作られたのである。こうした住民の動きに押され、グラールス議会が二〇〇八年にゲルディの裁判は司法殺人だったとして、ゲルディの名誉回復を議決し、政府も正式にそれを承認した。議会が魔女の名誉回復をしたという例は他にはない。

モリスのアンナ・ゲルディ博物館は二〇一四年に閉鎖されたが、二〇一七年にグラールス市のエンネンダに新アンナ・ゲルディ博物館が開館した。「アンナ・ゲルディ基金」は世の中で理不尽に扱われている少数者を救う援助をしている。

エヴェリン・ハスラー、島田洋子ほか訳『最後の魔女　アンナ・ゲルディン』（有）あむすく、一九九三年。

第九章

ナポレオンの影が見えるスイス

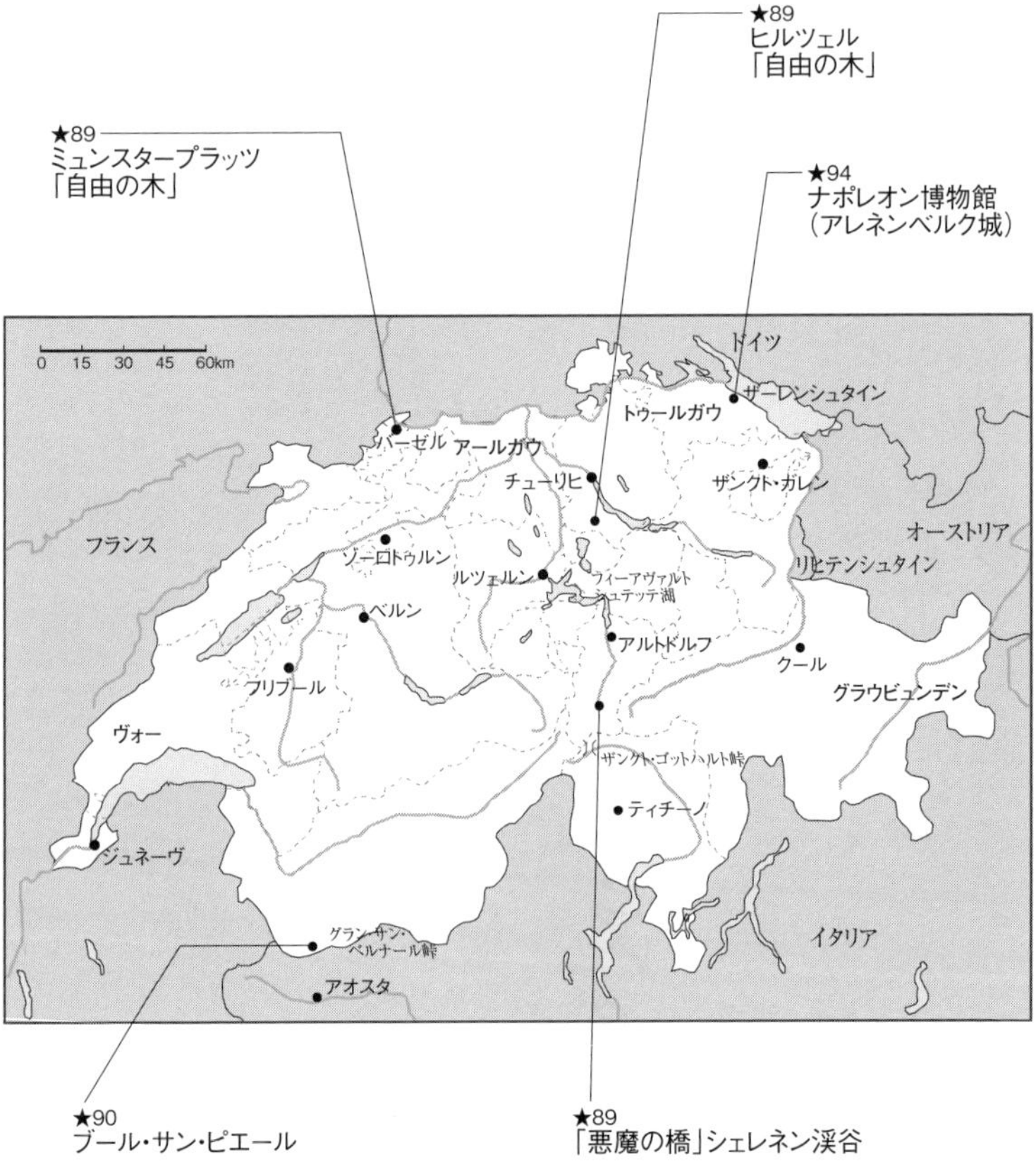
★89
ヒルツェル
「自由の木」
★89
ミュンスタープラッツ
「自由の木」
★94
ナポレオン博物館
（アレネンベルク城）
0　15　30　45　60km
ドイツ
ザーレンシュタイン
トゥールガウ
バーゼル
アールガウ
チューリヒ
ザンクト・ガレン
フランス
オーストリア
ゾーロトゥルン
リヒテンシュタイン
ルツェルン
フィーアヴァルト
シュテッテ湖
ベルン
アルトドルフ
クール
フリブール
グラウビュンデン
ヴォー
ザンクト・ゴットハルト峠
ティチーノ
ジュネーヴ
グラン・サン・
ベルナール峠
イタリア
アオスタ
★90
ブール・サン・ピエール
★89
「悪魔の橋」シェレネン渓谷

89 ヘルヴェティア共和国

フランス革命はスイスにも多大な影響を及ぼし、一七九八年四月にヘルヴェティア共和国が樹立した。それはスイス史上最初の中央集権国家であったが、スイスの伝統には合わず、きわめて短命に終わった

ヘルヴェティア共和国憲法の第一条は次のように謳っている。

ヘルヴェティア共和国は一にして不可分の国家を形成する。もはやカントンと臣従地域の間の国境は存在しないし、カントンとカントンの間の国境も存在しない。不均質、不平等、不均衡なうえに矮小な地方性と郷土愛的偏見にとらわれた諸地域を行き当たりばったり集め、指導してきた緩い絆に代わって、統一された祖国と共通した利害とがそのあとを継承する。

ここで言うカントンとは、中世以来の邦のことで、この時期以降使われる用語である。この憲法に基づき、フランス総裁政府を完全にまねた統治機構が作られた。邦の強い自治を基本に国作りをしてきたスイスの歴史的伝統にまったくそぐわない中央集権的制度が導入された。それが可能だったのはフランスの軍事力であった。政治的に抑圧されていた各地の人々が立ち上がった革命的運動が可能になった。一七九八年三月にはバーゼルのミュンスタープラッツ（大聖堂前広場）やチューリヒのミュンスターホーフなどに「自

バーゼル大聖堂前広場の「自由の木」 Wikimedia Commons

由と平等」を掲げたフランス革命のシンボルである「自由の木」が立てられた。
チューリヒ近郊の村ヒルツェルでも「自由の木」が立てられた。ヒルツェルの牧師ディートヘルム・シュヴァイツァー(一七五一〜一八二四)は『アルプスの少女ハイジ』の著者ヨハンナ・シュピーリの母方の祖父だが、一七九八年三月中旬の日記に次のように書いている。

いまや私の村にも自由と平等のシンボル、つまり根も樹液も力もない、そして枝も葉も花もない自由の木が立っている。……ああどうしよう! なんという非キリスト教的な祭りだろうか。村の善良な人々がそれに参加したがったり、参加しなければならなかったりした。……私はため息をつき、祈ることだけしかできなかった。神よ、これをご覧になり、哀れみたまえ。

啓蒙主義に反対する保守的な牧師の意見だが、スイスの一部の意見を代表していることは間違いない。ヒルツェルにも進駐してきたフランス軍は田畑を荒らし、牧師館に宿泊し、鯨飲馬食をしたという。「フランスにはこのような人々が多数いる！それでもフランスは存在できるのか」とシュヴァイツァーは嘆いている。ヘルヴェティア共和国は政府内の分裂と、フランス軍の進駐とによって混乱を深めてゆく。

森田安一『ハイジの生まれた世界　ヨハンナ・シュピーリと近代スイス』教文館、二〇一七年。

90　戦場となったスイス

ヘルヴェティア共和国はフランスの傀儡とみられ、第二次対仏大同盟（一七九八～一八〇一）の折にはスイスはフランスと露墺同盟軍との戦場になった。そこには逃避に明け暮れたにもかかわらず、ハンニバルと比して賞賛されたロシア元帥の姿もあった

スイスの中央、ザンクト・ゴットハルト峠に源流をもつロイス川の激流が垂直に深く切り込んだ渓谷がある。その名はシェレネン渓谷。その深い渓谷に橋を架けることは人智では不可能だと思われていた。一三世紀前半にそこに橋が架けられると、それは悪魔のなせる技だと言われ、その橋は「悪魔の橋」と名づけられた。その「悪魔の橋」近くの絶壁に

スヴォーロフ記念碑　筆者撮影

巨大な記念碑が彫られていて、その前にはスイスの国旗とロシアの国旗が翻っている。なぜロシア国旗なのか。それは第二次対仏大同盟に関わる戦争に関係する。一七九九年四月以降ロシア・オーストリア連合軍はフランス軍とイタリアで激しい攻防戦をしていた。連合軍が各地でフランス軍を破り、八月までにはほぼ北イタリアを制圧した。ところがチューリヒでは六月以降フランス軍と連合軍の戦いは膠着状態にあった。そこで、北イタリアで活躍したロシアの元帥アレクサンドル・スヴォーロフ（一七二九〜一八〇〇）が急遽チューリヒに援軍として向かうことになった。

スヴォーロフは九九年九月一九日にイタリアから南スイスのベリンツォーナに入った。ベリンツォーナの標高は二三八メートルだが、そこから二万人を越える軍勢が二一〇八メートルのザンクト・ゴットハルト峠に向かった。スヴォーロフは二四日に峠をめぐるフランス軍との戦いに勝利し、峠を越えることに成功した。峠には一九九九年に建てられたスヴォーロフが案内人に馬を引かせる銅像がある。

スヴォーロフが峠を下ってチューリヒを目指すには「悪魔の橋」を渡らねばならなかったが、そこにもフランス軍が待ち構えていた。戦いは熾烈を極め、ロシア軍は多数の死者を出しながらも、橋を渡って軍を進めることができた。この九月二五日の「悪魔の橋」を巡る戦いで多数戦死したロシア兵を弔うために、戦いの一〇〇年後の一八九八年に作られたのが冒頭に触れた巨大な記念碑なのである。

さらに峠を下って、翌二六日に標高四五八メートルのアルトドルフに着く。そこからフィーアヴァルトシュテッテ湖を船でルツェルンに出て、チューリヒに向かおうとしたところ、フランス軍にすべての船が押さえられていることがわかった。湖畔沿いの進軍路は一列縦隊でしか進めない隘路だった。そのとき、チューリヒの戦いが連合軍の決定的な敗北に終わったという知らせが入った。スヴォーロフはロシアに戻るため方向転換をして、グラールスに向かう。

グラールスに向かうには、キンツィヒ峠（標高二〇七三メートル）を経て、いったんムオタタールに下り、今度はプラーゲル峠（一五五〇メートル）を越えねばならない。一〇月一日にグラールスに到着したが、ここにもフランス軍が立ちはだかり、チューリヒ方向とは反対の南方向に向かい、雪のパニクサー峠（二四四〇メートル）を越えて、イランツを経て一〇月八日にクールに逃げのびた。そこからライン川沿いを行き、ボーデン湖畔に到達し、ロシアに帰還した。

スヴォーロフのスイス戦役はフランス軍に負けることはなかったが、逃げ回った感はぬぐえない。しかし、三度にわたる大胆な雪の中のアルプス越えは、ローマ時代のハンニバルのアルプス越えと比較され、賞賛された。帰国後にはロシア大元帥の地位さえ授与された。現在もドミートリー・メドベージェフが大統領時代の二〇〇九年にこの記念碑を訪ねているように、スヴォーロフの人気は衰えていない。

スヴォーロフ協会記事
http://www.suworow-verein.com/index.php/de/suworow-de

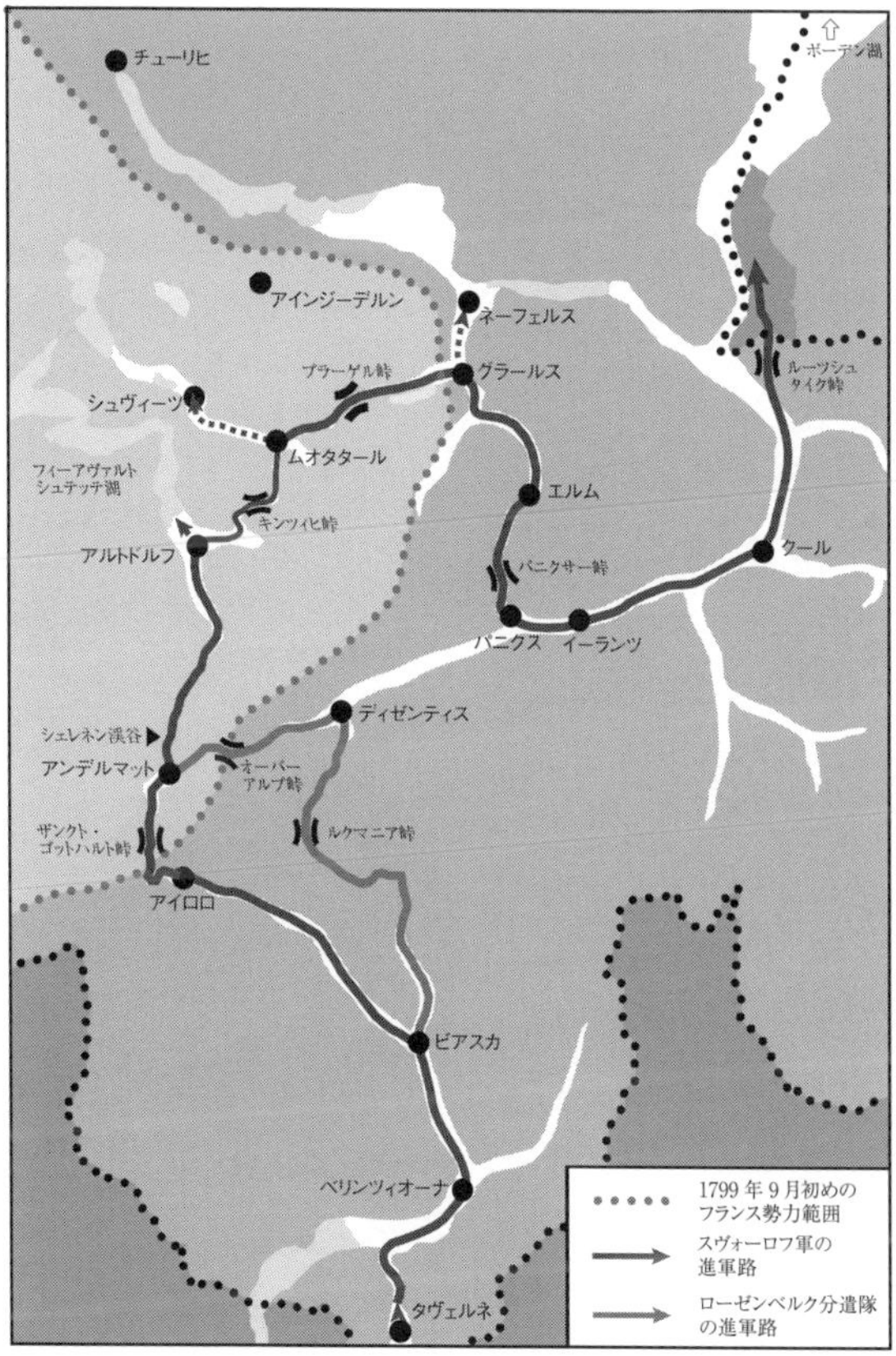

91 ナポレオン・ボナパルトの借金

ナポレオンは第二次イタリア戦争に当たり、従来のイタリアへの進入路とは異なり、進軍に困難をともなうグラン・サン・ベルナール峠を越える奇襲作戦をとった。峠越え前の露営地の村から多大な借金をした

フランス革命末期ブリュメール一八日のクーデター（一七九九年一一月九日）によってナポレオン・ボナパルトは政治の世界に躍り出た。統領政府の第一統領になったナポレオンは、翌一八〇〇年にオーストリアに対して第二次イタリア戦争を開始し、戦果を挙げて、権力の維持・拡大を図った。

彼は五〇門の大砲、八門の榴弾砲と共に四万三千の兵を率い、北イタリアに進軍した。パリから北イタリアへの最短距離をとるために、グラン・サン・ベルナール峠を越える奇襲作戦をとった。五月だったが、標高二四六九メートルの峠にはまだ雪があった。ナポレオンは峠越えの前にブール・サン・ピエール村で露営し、村人の案内で大軍での峠越えを敢行する決心をした。「余の辞書に、不可能の文字はない」と。

現在のブール・サン・ピエール[★10]は人口わずか二〇〇人の寒村である。四〇年ほど前に貧乏旅行をしたとき偶然にこの町はずれに降り立ったことがある。オルシエールの安宿に泊まり、朝一番のアオスタ（グラン・サン・ベルナール峠を越えたイタリア側の町）行きのポストバスに乗った。バスに乗ってみたら、このバスはグラン・サン・ベルナール峠を通らずに、トンネルを通ってアオスタにいくという。しかたなく峠とトンネル行きの分岐点で降りた。そこはブール・サン・ピエール村から離れた、人家のない荒涼たる場所である。夏の観光シーズンでも峠行きのバスは日に三本しかない。途方に暮れていたら、偶然にフランス人老夫婦の観光客がミニ・ルノーに乗って通りかかった。事情を話して峠まで連れて行ってもらったが、そこがナポレオンの運命を大きく開くことになった場所であることはのちに知ったことである。

ナポレオンは峠を越えるにあたって、村人と峠越えに必要なロバを徴用した。露営中の費用とあわせて、ナポレオンはブール・サン・ピエール村に当時の金額で四万フランを超える借金をした。ナポレオン直筆の借金証書は二〇世紀後半になって話題となり、村はフランス大統領に貸金の返却を求めた。一九八四年ミッテラン仏大統領は陳謝をして、借金を清算した。利子を加えれば莫大となる借金は、ナポレオンの騎乗姿を描いた大きな銅版メダルですまされた。このメダルは村役場に飾られ、観光名物となり、町の観光収入に寄与している。

ナポレオンは無事峠を越え、一八〇〇年六月マレンゴの戦いでオーストリア軍に勝利し、その後一八〇二年に終身統領となり、皇帝への道を歩むことになる。

92 「調停法」下のスイス

ヘルヴェティア共和国の分裂状況に救いの手を差しのべてくれたのはナポレオン・ボナパルトだった。しかし、ナポレオンには別の思惑があった

一八〇二年末にナポレオンはヘルヴェティア共和国の末期的状況を見て、スイスの各カントンの代表をパリに招き、スイスの将来について調停をした。一八〇三年二月に「調停法」が制定され、その前文では次のように書かれている。

スイスは激しい対立にさいなまれ（襲われ）、分裂の恐れがあったが、自ら再建する手段を見いだすことができなかった。……［盟約者団］会議と民主的な諸カントンの要請、スイス全体の民衆の希望によって、われわれはスイスを分裂させている諸党派の仲裁に入ることを義務とした。……［以下のことが協議された］スイスは自然によって連邦制に定められ、中央政府のもとで力以外の方法で維持されうるかどうかを確定すること。各カントンの希望にもっとも適した政体形式を認めること。……

前文のあとに一九のカントンの憲法がそれぞれ定められ、その後にスイス連邦法が書かれている。その前文には次のようにある。

スイスの一九のカントンは、各カントンの憲法に定められている原則に従って同盟を結びあい、外国列強ならびにカントンや特定党派の攻撃に対して、相互にカントンの憲法、領土、自由と独立を保障し合う。

一九のカントンのうち一三は旧一三邦で、残りの六カントンは共同支配地や従属邦から自立したザンクト・ガレン、アールガウ、トゥールガウ、ティチーノ、ヴォー、およびグラウビュンデンである。一九のカントンはそれぞれにカントン憲法をもって緩い同盟体を形成した。形態的には古盟約者団に近い同盟組

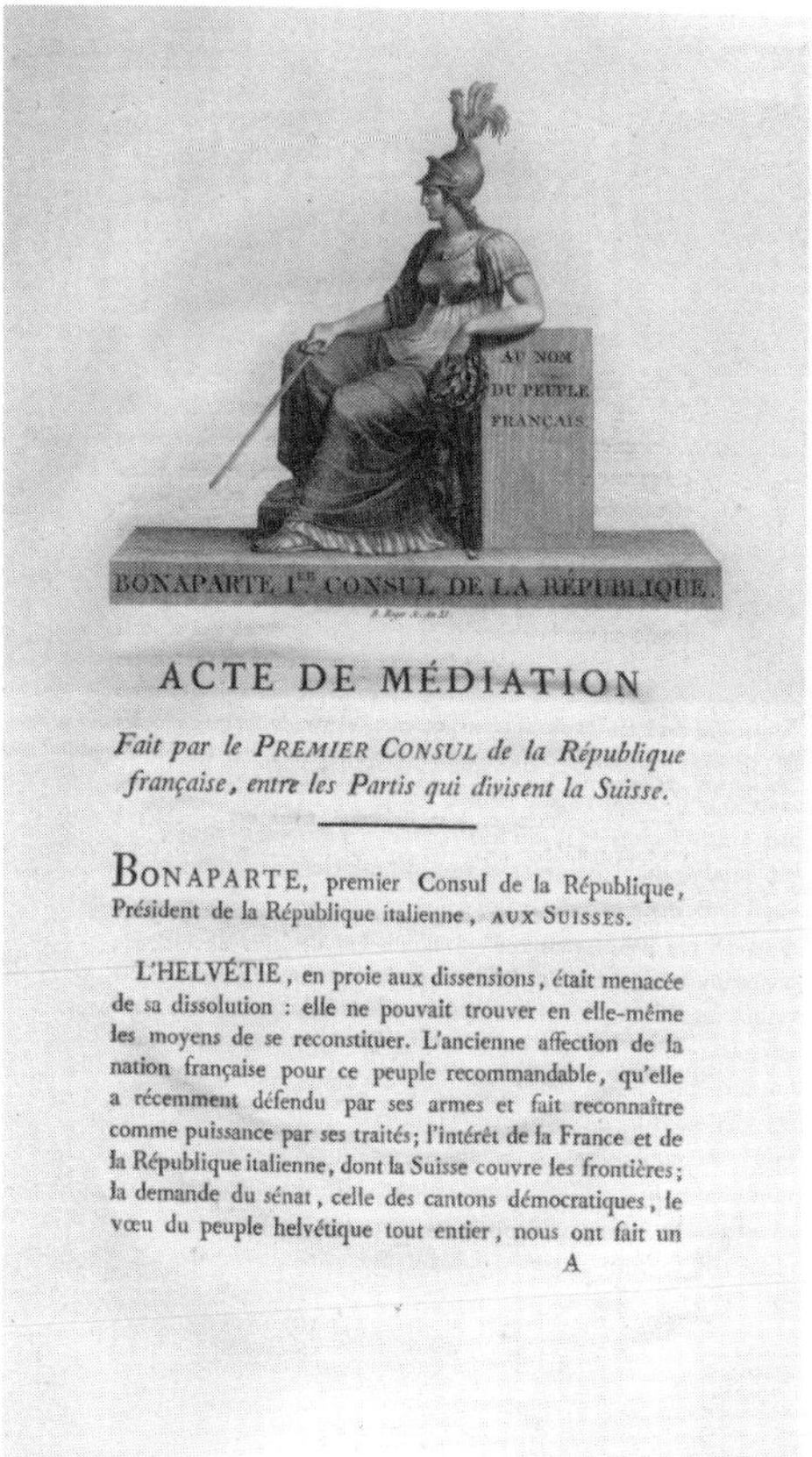
AU NOM
DU PEUPLE
FRANÇAIS.
BONAPARTE, 1er CONSUL DE LA RÉPUBLIQUE.

ACTE DE MÉDIATION

Fait par le PREMIER CONSUL *de la République française, entre les Partis qui divisent la Suisse.*

BONAPARTE, premier Consul de la République, Président de la République italienne, AUX SUISSES.

L'HELVÉTIE, en proie aux dissensions, était menacée de sa dissolution : elle ne pouvait trouver en elle-même les moyens de se reconstituer. L'ancienne affection de la nation française pour ce peuple recommandable, qu'elle a récemment défendu par ses armes et fait reconnaître comme puissance par ses traités; l'intérêt de la France et de la République italienne, dont la Suisse couvre les frontières; la demande du sénat, celle des cantons démocratiques, le vœu du peuple helvétique tout entier, nous ont fait un

A

「調停法」のタイトル頁　Wikimedia Commons

織体で、大きな違いは複雑な同盟網でまとまっているのではなく、連邦憲法のもとに組織されていることである。

六カントン（フリブール、ゾーロトゥルン、ルツェルン、ベルン、バーゼル、チューリヒ）は執政カントンと位置づけられ、その主都で盟約者団会議が一年ごとに順番に開催された。その議長はスイス知事となり、知事はスイス国の印璽を保管し、外交関係の業務を担当した。内政に関して知事がもっていた権限は軍事道路および橋梁の監視権だけであった。これはナポレオンのための措置と言える。つまり、ナポレオンの軍隊がスイスを通過するに当たり、各カントンの許可を受けずに、知事の許可だけで自由にスイスを通過できるようにしたのである。その許可を間違いなく即座に受けられるように、知事には任期中にカントンの主都を離れることが禁止されていた。

スイスの歴史的伝統を踏まえ、スイスの連邦制を認めながら、スイスの歴史にはなかった知事制を導入し、事実上スイスをナポレオンの衛星国化していたのである。その証拠にナポレオンは一八〇三年九月にスイスと防衛・同盟条約を結んで、多数のスイス傭兵を確保しているのである。一八一二年のモスクワ遠征には九〇〇〇人のスイス連隊が加わっていた。しかも、モスクワからナポレオン軍が撤退するときにスイス連隊は重要な働きをした。パリに戻るにはドニエプル川の支流ベレジナ川を渡らねばならなかったが、背後を襲ってくるロシア軍に対してスイス連隊は殿《しんがり》をつとめ、フランス軍の渡河を助けたのである。しかし、スイス連隊はほぼ全滅し、スイスに帰国できたものはわずか数百名だったという。

93 スイスが永世中立国になった日

ナポレオン敗退後、戦後のヨーロッパ保守体制を作り上げたウィーンおよびパリ会議はスイスの歴史を大きく変えていった

ナポレオンと防衛・同盟条約を結んでいたスイスは、ナポレオン敗退後開催された一八一四〜一五年のウィーン会議では敗戦国扱いだった。ところが、会議中の一八一五年二月にナポレオンがエルバ島を脱出すると、スイスは連合国側に立ってナポレオンと戦った。ナポレオンの「百日天下」が終わったあとのパリ会議では、スイスの立場は勝利国扱いになった。ウィーン会議では一八一五年三月二〇日に「スイス問題に関するウィーン会議宣言」が出されていたが、その宣言がパリ会議で正式に承認された。一一月二〇日に「スイスの永世中立とスイス領土の不可侵性の承認と保証」に関する条約が、オーストリア、フランス、イギリス、ポルトガル、プロイセン、ロシアによって調印された。その内容の重要部分は以下の通りである。

三月二〇日のウィーン宣言に署名した列強は、本文書によってスイスの永世中立を正式に、法的効力のあるものとして承認する。また、列強はウィーン会議の文書と今日のパリ協定の双方によって定められた新しい国境内のスイス領土の統合と不可侵性を保証する。……スイスの中立と不可侵性、およびあらゆる外国勢力からの独立がヨーロッパ諸国の全体の利益に合致することを認める。

ここで初めてスイスの永世中立が国際条約で承認された。さらに、スイスの領土について新しい国境が定められている。ナポレオン時代にフランスに併合されていたジュネーヴ、ヴァレー、ヌシャテルがスイスに返還され、新カントンとしてそれぞれ自立を承認された。新たな「同盟規約」が定められ、調停条約時代の一九カントンに加えて、ここに二二カントンからなるスイス盟約者団が誕生する。この二二カントン体制は一九七九年に新カントン・ジュラの誕生まで続くことになる。

このジュラ地域はナポレオン時代にフランス領に繰り込まれていたが、三月二〇日のウィーン宣言でカントン・ベルンの領土とされた。フランスに国境を接するフランス語地域のジュラがドイツ語地域のベルンに与えられたのはなぜか。ベルンはスイス内で一番軍事力があり、万が一のときにフランス軍の侵略に対応できる力がある程度あったからである。つまり、スイスが武装中立をする限りは、オーストリアにとってはスイスがフランスの防壁になっていることを意味する。

同じような観点からフランス領土であったレマン湖畔のヴェルソワがこの時の条約でジュネーヴに与えられている。それまでジュネーヴはスイス本体と陸続きになっていなかったのが、ヴェルソワ割譲でスイスと一体化できた。ここでもオーストリアの思惑でスイス・フランスの国境が強化されたのである。

スイスの永世中立は「ヨーロッパ諸国の全体の利益に合致する」として国際条約によって認められたものである。また、スイスにとっても二二カントンの連合体である限り、外交政策で対立が少なくできる中立は、国内政治の安定に繋がる好ましい制度だったのである。

94 スイスドイツ語を流暢に話したナポレオン三世

東スイスのトゥールガウにある村ザーレンシュタインの丘に瀟洒な館がある。アレネンベルク城と呼ばれ、現在はナポレオン博物館になっている。そこはボーデン湖を見下ろせる絶景の場所であるが、なぜここにナポレオン博物館があるのだろうか？

ナポレオン・ボナパルト（一世）が一八一五年のワーテルローの戦いに敗れると、ナポレオン一族はフランスに留まることはできなくなった。ナポレオン一世の義理の娘で、のちにオランダ国王となるルイ・ボナパルトの后オルタンスは南ドイツに亡命し、その後一八一七年二月にアレネンベルク城を購入し、定住した。オルタンスの息子ルイ・ナポレオン（のちのナポレオン三世〈一八〇八～七三〉）はアウクスブルクで学校教育を受けていたが、彼も一八二三年以降アレネンベルク城に主として住むようになった。もちろん年間を通じて留まっていたわけではなく、しばしばイタリアなど各地に出かけている。

彼は一八三〇年にはスイスの士官養成学校に入学している。その学校は、ナポレオン戦争においてスイスが混乱に陥ったことを反省し

アレネンベルク城の庭より見たボーデン湖　筆者撮影

て、軍事力強化のためにスイス中央部のトゥーンに一八一九年に創設されものである。創設に尽力したのは、分離同盟戦争[★95]で重要な働きをすることになるアンリ・デュフール（一七八七～一八七五）だった。彼は一八三一～三四年に士官養成学校の校長を務め、入学してきたルイ・ナポレオンに大きな影響を与えた。ルイは士官養成学校卒業後ベルン軍第三連隊の砲兵大尉になっている。

さて、ルイは一八三二年にザーレンシュタインの名誉市民になり、フランス国籍を保持したままスイス国籍を取得し、翌三三年に『スイスに関する政治的・軍事的考察』をチューリヒから出版した。そこには一八三〇年のフランス七月革命の影響を受けたスイスの政治状況や詳細な軍事制度について書かれてい

アレネンベルク城　Wikimedia Commons

る。さらに一八三六年には『ヘルヴェティア共和国の砲兵士官のための砲術手引書』をチューリヒ、ストラスブール、パリの出版社から刊行した。そのまえがきで次のように書いている。

ともに過ごした時間の思い出として、本書をトゥーンの士官養成学校の士官たちに捧げる。私の目的は、砲兵士官として欠くことができない知識を整理し、必要な研究をわかりやすくして、流布させることであり、また、亡命中に親切にも市民権を付与して栄誉を与えてくれた国に対する愛慕の情を表すことである。

青年時代を過ごしたスイスへの感謝の念を示してはいるが、本書はフランス軍人へ自らの知識を披瀝する目的があったと考えられる。

一八三六年一〇月ルイ・ナポレオンはストラスブールに赴き、ルイ・フィリップの七月王政を打倒するための蜂起を試みたが、簡単に挫折し、投獄される。その後アメリカ合衆国へ国外追放されたが、三七年八月初めには母親のオルタンスの病気を理由にアレネンベルクに戻った。一〇月の母の死まで側に付き添ったが、オルタンスの莫大な財産を相続すると、スイスを離れてロンドンに居を移した。その後波乱の生涯を経て、フランス皇帝ナポレオン三世となる。スイスにナポレオン博物館がある所以をここに紹介した。

Bonaparte (Prince Napoléon-Louis), *Manuel d'artillerie à l'usage des officiers d'artillerie de la République Helvétique.* Zürich, Strasbourg, Paris, 1836.

第十章

スイス歴史から現代へ（番外譚）

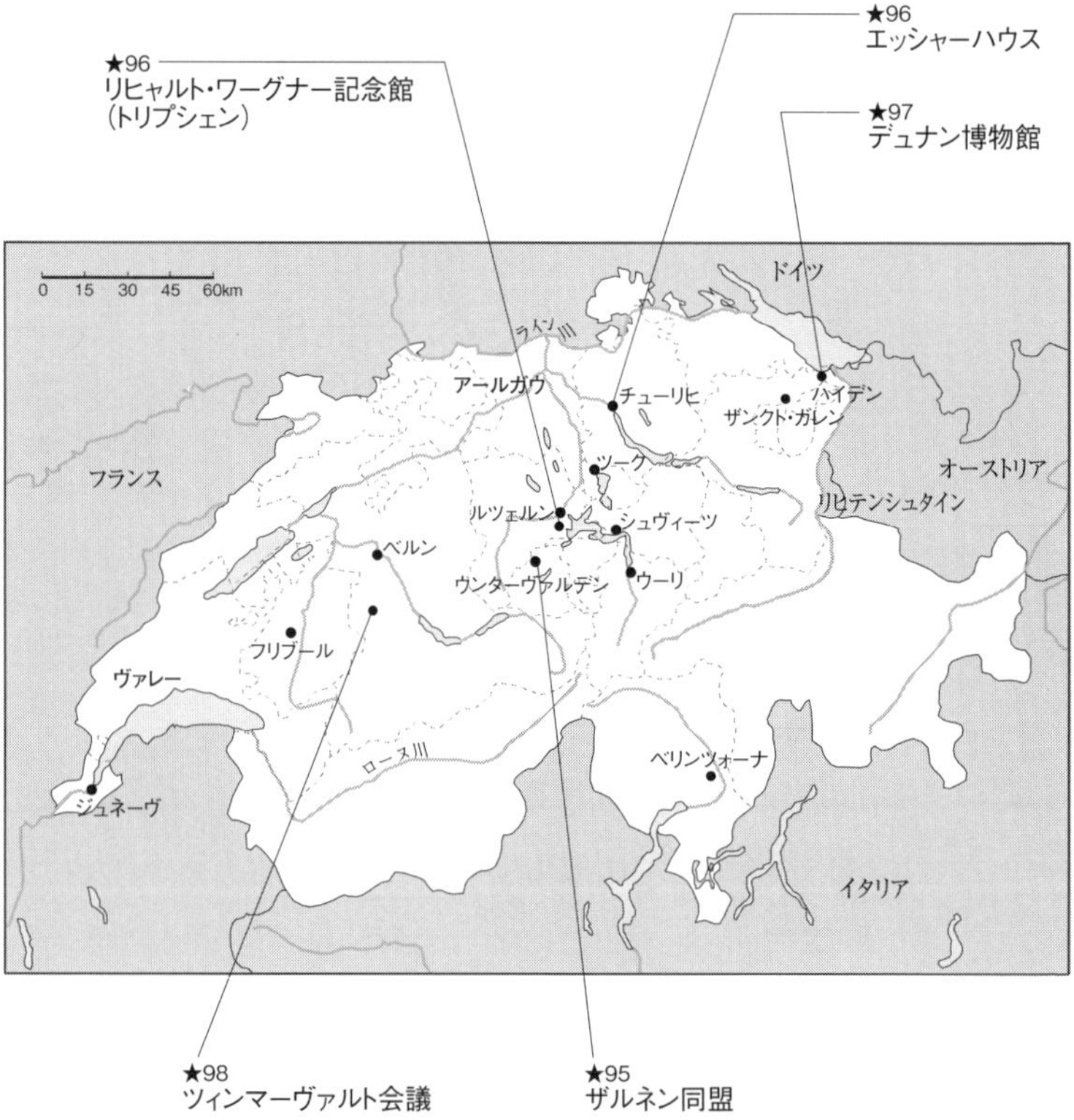
★96
リヒャルト・ワーグナー記念館
(トリプシェン)
★96
エッシャーハウス
★97
デュナン博物館
0 15 30 45 60km
ドイツ
ライン川
アールガウ
チューリヒ
ハイデン
ザンクト・ガレン
オーストリア
フランス
ツーク
ルツェルン
シュヴィーツ
リヒテンシュタイン
ベルン
ウンターヴァルデン
ウーリ
フリブール
ヴァレー
ローヌ川
ベリンツォーナ
ジュネーヴ
イタリア
★98
ツィンマーヴァルト会議
★95
ザルネン同盟

95 分離同盟戦争

ウィーン体制下のスイスで、次第にウィーン体制を支持する保守派カントンと民主化を目指す自由主義派カントンの対立が生じ、それに宗派問題が絡んで分離同盟戦争が起きた

デュフール将軍
Wikimedia Commons

一八三〇年のパリにおける七月革命はスイス各地に強い影響を与えた。人民主権、政治的・経済的平等などを求めて新憲法の制定が請願され、多くのカントンにおいて自由主義的憲法が実現した。制度が新しく生まれ変わったという意味で、スイス史の時代区分では、これ以降一八四八年までを新生時代という。新生なった諸カントンはさらにウィーン体制で認められた盟約者団の国家体制も変えようとした。しかし、保守派のカントンは巻き返しを図り、厳しい対立が生まれた。一八三二年三月にチューリヒ、ベルンなど新生なった七つの自由主義派カントンは「七カントン協定」を締結した。これに対抗してウーリ、シュヴィーツなどの六保守派カントンは同年一一月に「ザルネン同盟」を結んだ。

こうした対抗図式の中でも、個々のカントン内ではさまざまな政治的動きがあり、新生なったカントンの中にも保守派が政権を再び担うところも出てきた。当初、宗教的対立要因はなかったが、一八四〇年代に入ると様相が異なってきた。旧共同支配地だったカントン・アールガウは一八一五年以降も宗派同権で、政府・議会のメンバーはカトリックとプロテスタント半数ずつであることが憲法上認められていた。ところが一八四一年に憲法を改正して、各選挙区の議員数を単純人口比で定めることになった。少数派であったカトリック勢力は武力に訴えて、不満を解消しようとした。

分離同盟戦争　Wikimedia Commons

この武装蜂起は二日間で鎮圧され、蜂起を裏で操っていたとされたカトリックの諸修道院が廃止させられた。しかし、これはヘルヴェティア共和国後のスイス国家体制を規定した一八一五年の「同盟規約」★93に違反する措置であった。「同盟規約」第一二条は修道院の存続を明確に認めていたからである。盟約者団会議はアールガウの措置を規約違反と見なし、紛糾した。結局一部の修道院を復活させることで、この事件は一八四三年八月に決着を見た。

ところが、新たな火種がルツェルンで生まれた。一八四四年にルツェルンの保守派政府が中等教育のためにイエズス会修道士を指導者として招いたのである。教育主権は各カントンにあったが、当時イエズス会は保守反動の権化と見なされており、プロテスタントの反感を買った。ベルンやアールガウのプロテスタントのカントンから義勇軍が組織され、ルツェルンへの攻撃が行われた。保守派のカトリック七カントン（ウーリ、シュヴィーツ、ウンターヴァルデン、ルツェルン、ツーク、フリブール、ヴァレー）は自分たちの立場を守るために一八四五年一二月に「保護同盟」を結んだ。自由主義派のプロテスタントの諸カントンは、この「保護同盟」を「同盟規約」に違反するスイスの国家体制を危うくする「分離同盟」だと見なし、解散を求めた。

盟約者団会議は一八四七年一〇月に軍事力で「分離同盟」の解散を決定し、軍事司令官に前述のアンリ・デュフール★94を任命した。デュフールは「分離同盟」の各カントンを電撃的に攻撃し、二六日間で内乱を終息させた。翌四八年六月盟約者団会議は新しく連邦国家体制を定めた憲法草案を可決した。全カントンに賛否を問い、九月に四八年憲法が制定された。近代国家スイスの誕生である。その後多くの部分改正はなされたが、この憲法は二〇〇〇年の新憲法施行まで一五〇年以上存続した。

96 ワーグナーとスイス

楽劇王リヒャルト・ワーグナー（一八一三〜八三）はチューリヒとルツェルンにそれぞれかなり長い間住んでいた。特にチューリヒはバイロイトに次いで生涯二番目に長く住んだ町である

リヒャルト・ワーグナー記念館がフィーアヴァルトシュテッテ湖畔、ルツェルン近郊トリプシェンにある。記念館は、ワーグナーがフランツ・リストの娘コージマと同棲、その後結婚生活を送っていた瀟洒な邸宅で、ここに一八六六年から七二年まで居住、五三歳から六年間優雅な生活を送った。七二年にバイエルン国王ルートヴィヒ二世（在位一八六四〜八六）の援助を受けて、ドイツのバイロイトへ移住する。

このルツェルン近郊の生活に比べると、チューリヒでのワーグナーの生活は当初かなり惨めであった。

チューリヒでは盛んに音楽活動をしただけではなく、彼の思想を伝える執筆活動もしていたが、そもそもチューリヒに彼がやってきた理由はドイツからの亡命であった。一八四九年五月にザクセン王国ドレスデンで革命運動が起きるが、当時宮廷楽団長（ドレスデン管弦楽団指揮者）だったワーグナーもこの革命運動に積極的に参加した。しかし、革命は失敗し、ワーグナーは国事犯として追われる身になり、旧知を頼ってチューリヒに亡命したのである。三六歳であった。

一八四九年七月以降住んでいた住居は、旧市街の外にあったチューリヒ最初の賃貸集合住宅「エッシャーハウス」である。ワーグナーの自伝『わが生涯』によれば、彼の主要著書『未来の芸術作品』を「厳しい日々の暮らしの不安にさいなまれ、陽の当たらない一階の小部屋でひどい寒さと格闘しながら」執筆した、という。この「エッシャーハウス」には『アルプスの少女ハイジ』の著者ヨハンナ・シュピーリ（一八二七〜一九〇一）が最晩年に居住し、亡くなっている。一八五〇年一月からワーグナーはチューリヒで演奏会を開き、指揮をとるようになる。この演奏会の宣伝役を果たしたのが、ヨハンナ・シュピーリの夫であるベルンハルト・シュピーリ（一八二一〜八四）である。彼は当時保守系の新聞「スイス盟約者団新聞」の編集長をしており、ワーグナーの音楽会が開催されるたびに、その様子を記事にして、大仰に褒め称えている。一八五三年五月にはワーグナーの四〇歳を祝うがごとく、三日間にわたるワーグナー音楽祭が開催された。ワーグナー自身が全曲を指揮し、のちのバイロイト音楽祭の雛形とも言えるべきものになり、大成功をおさめた。感激したシュピーリは「スイス盟約者団新聞」で、ワーグナーに「新しい故郷を与えるべきだ」として、市民権の付与を提案しさえしている。

このワーグナー音楽祭の成功の裏には、ドイツ出身の裕福な絹織物商オットー・ヴェーゼンドンク（一八一五〜九六）の強力な財政援助があった。彼は一八五一年に絹織物取引の中心地チューリヒに来て、

ヴェーゼンドンク邸　筆者撮影

初めの六年間はチューリヒ湖畔にある豪華ホテル「ポール・オ・ラック」に宿泊していた。その後一八五七年にチューリヒ郊外に豪華なルネサンス様式のヴィラを建設し、移り住んだ。その際に隣家も購入し、その家を改築してワーグナーに貸し与えた。亡命当初のワーグナーはシュピーリらチューリヒ市民に支えられて音楽活動をしていたが、新しい有力なパトロンを得たのである。こうしてワーグナーは騒音に取り囲まれた「エッシャーハウス」から作曲環境のよい場所に移った。ところが、ヴェーゼンドンク夫人マティルダとワーグナーは色恋沙汰を起こした。この人目を忍ぶ恋愛はワーグナーの傑作「トリスタンとイゾルデ」の誕生に寄与したと言われる。

しかし、ツヴィングリの禁欲的倫理が支配的であったチューリヒではワーグナーの行為は受け入れられなかった。シュピーリは「スイス盟約者団新聞」においてワーグナーと彼の音楽会について八〇回以上の記事を書いてきたが、一八五七年になるとワーグナーについて一行の記事も書かなくなる。亡命当初のチューリヒ市民の援助を忘れたかのように、ドイツ人サロンに交流の軸を移し、その上恋愛沙汰を起こした結果、ワーグナーは五八年にチューリヒを離れざるを得なくなり、ヨーロッパ各地へさすらいの旅に出た。そして、一八六六年にスイスに戻った場所がルツェルン近郊トリプシェンだったのである。

森田安一『『ハイジ』の生まれた世界　ヨハンナ・シュピーリと近代スイス』教文館、二〇一七年。

97 赤十字創設者なのに「忘れられた男」アンリ・デュナン

国際赤十字の創設者である実業家アンリ・デュナン（一八二八～一九一〇）は一時まったく忘れられた人となったが、スイス人ジャーナリストに見いだされ、その後一九〇一年に第一回のノーベル平和賞を与えられた

アンリ・デュナンが国際赤十字の創設に向かったきっかけはソルフェリーノの悲惨な体験にあった。一八五九年六月北イタリア・ロンバルディア地方のソルフェリーノで、フランス・サルディニア連合軍とオーストリア軍が激しい戦いをした。両軍に夥しい死傷者が出て、街路で苦しみ呻いていた。その凄まじい姿を見て、デュナンは敵味方区別なく、負傷者の救援に当たった。帰国後一八六二年に『ソルフェリーノの思い出』を書き、自費出版して各国の要人を含め多くの人々に配った。そこでデュナンは、戦争のときの負傷者を看護できるように平時に救護団体をつくり、その活動を国際条約（のちにジュネーヴ条約で結実する）で保証することを提案したのである。

この考えを直ちに受け入れたのは、彼のふるさとのジュネーヴ公益協会だった。協会長のギュスターヴ・モワニエ（一八二六～一九一〇）を中心に、デュナン、分離同盟戦争を勝利に導いた将軍デュフール[★94]、その他二人の医師ら五人が討議の結果、「国際負傷軍人救護常置委員会」（いわゆる五人委員会）を一八六三年に立ち上げた。そして、翌一八六四年八月にジュネーヴ条約が締結され、国際赤十字の仕事が始まることになった。

ところが、一八六八年九月にデュナンは五人委員会から脱会させられ、その後の赤十字活動の場から彼の姿は見られなくなった。彼が破産し、ジュネーヴにいられなくなったからである。彼はかねてからフランス植民地のアルジェリアにモン・ジャミラ製粉会社を設立し、多額の投資をしていた。しかし、製粉業に必要な水利権を確保できず、経営が頓挫していた。フランス植民地当局が協力的でなかったからで、その状況を打開するために、一八五九年に彼は直接皇帝ナポレオン三世に陳情することを決意した。当時皇帝はオーストリアとの戦いのためにロンバルディアにおり、そこへ出向いていって、ソルフェリーノの体験をすることになった。製粉会社の事業が順調に進まなかったことが、赤十字を産んだが、事業の破綻がデュナンを赤十字の仕事から離すことにもなった。

ジュネーヴにいられなくなったデュナンは、パリ、ロンドンなど各地で捕虜の保護などの人道的問題について若干の活動をしたが、次第に経済的に困窮して行き、駅の待合室で夜を過ごすこともあった。一八七〇年代中頃からヨーロッパ各地を転々と渡り歩き、最後に東スイス（アペンツェル・アウサーローデン）のハイデンという町に落ち着いた。それは一八八七年、五九歳の時だった。

ハイデンの町は一八三八年に大火に見舞われ、ビーダーマイヤー様式の瀟洒で整った町並みに二年かけて再建された。ビーダーマイヤー様式とは、室内は貴族趣味的な家具ではなく、簡素な家具をしつらえ、建物の外観も過度な装飾を施さず、落ち着いた雰囲気を基調とするものである。デュナンはハイデン赤十字社の創設に深くかかわったが、健康を損ね、一八九二年から亡くなるまで、この町の老人専門福祉病院の一室を住居とした。この病院の一部が現在デュナン博物館になっている。

ほとんど忘れ去られていたデュナンを一八九五年八月にザンクト・ガレンの新聞記者ゲオルク・バウム

ベルガー（一八五五〜一九三一）が訪れ、インタービューをした。彼はその記事を九月八日にシュトゥットガルト（南ドイツ）の有名な絵入り週間新聞「ユーバー・ラント・ウント・メーア」（「陸と海を越えて」）に大きなデュナンの写真とともに発表した。この記事だけではなく、バウムベルガーは自分の新聞「東スイス」の文芸欄に九月一〇日から一〇回にわたって「アンリ・デュナンと彼の業績について」を詳細に書いた。この結果、長い間忘れ去られていたデュナンの功績が再び脚光を浴びることになり、ノーベル賞への道が開かれたのである。

デュナンの晩年に彼の病室をしばしば訪れていたアペンツェルの女性がいた。彼女の名はカタリーナ・ストゥルツェネッゲル（一八五四〜一九二九）という。彼女はおそらくデュナンの推薦を受けて、国際赤十字から日露戦争下の日本赤十字社の活動を調査するために一九〇四年に日本に来た。戦場に赴くことは軍から拒否されたが、日本の救護施設を視察し、ドイツ語の報告書を公刊した。それは『日露戦争記念愛の光』（山口正太郎訳、帝國印刷株式會社、一九〇七年）として読むことができる。そこには日本赤十字社の仕事を褒め称えるとともに、デュナンのソルフェリーノの体験についても書かれている。

Amann, Hans, *Henry Dunants zweite Heimat – das Appenzellerland*. Herisau. 1992.

98 レーニンとスイス社会民主党

ロシアの革命家ウラディミール・イリイチ・レーニン（一八七〇～一九二四）は、一九一四年にスイスに亡命し、ベルンとチューリヒに居住した。一九一七年のロシア二月革命の報を受けると、ドイツを経て、ロシアに戻った。彼とスイス社会民主党の関係はどのようなものだったのか

一九一五年五月官憲の目を欺くために鳥の生態調査団と称した一団の人々がベルンの郊外ツィンマーヴァルトに集まった。その一団は国際社会主義者会議を開くために各国から集まった人々であった。その中には前年からベルンで亡命生活をしていたレーニンもいた。

社会主義者の国際組織である「第二インターナショナル」は、第一次世界大戦が始まる前の一九一二年にバーゼルで臨時大会を開き、「国際情勢と反戦行動のための協調」を謳い、平和主義を打ち出していた。ところが、一九一四年に第一次世界大戦が勃発すると、各国の社会主義政党は政府の戦争遂行を支持し、いわば「挙国一致」の体制をとり、「第二インターナショナル」が機能不全に陥ってしまったのである。

こうしたときに、中立国の社会主義者たちに期待が寄せられ、スイスの社会民主党のローベルト・グリム（一八八一～一九五八）らが中心になってツィンマーヴァルト会議を開いたのである。総勢四〇人ほどが各国から集まり、「第二インターナショナル」の反戦決議が再確認された。しかし、レーニンたち、いわゆるツィンマーヴァルト左派といわれた人々は、戦争によって生じた危機を革命に利用しようと主張した。

翌一九一六年四月にベルンから東南四〇キロメートルほど離れた山間の保養地キンタールで、第二回「ツィンマーヴァルト会議」が開かれた。そこではツィンマーヴァルト左派の主張が強まったが、グリムは戦前の「第二インターナショナル」の立場に戻り、即時休戦を呼びかけた。

戦争を革命に転化しようとしていたレーニンはグリムの平和主義的社会主義に失望し、ベルンから少数ながら過激な社会主義者のいるチューリヒに居を移した。旧市街のシュピーゲル通り一四番地の二階である。転居日は一九一六年二月二一日だったが、その少し前の二月五日にはシュピーゲル通り一番地にダダイズムの発祥の地といわれる文芸酒場「キャバレー・ヴォルテール」が開店している。チューリヒの狭い

シュピーゲル通りの居宅

「ここにロシア革命の指導者レーニンが1916年2月21日から1917年4月2日まで居住した」と書かれた銘板がある　筆者撮影

路地が偶然にも政治と文化の革命の出発地となった。

レーニンは一九一七年四月二日までシュピーゲル通りに居住し、チューリヒ中央図書館に通って主著『帝国主義論』を執筆した。こうした折一九一七年二月、祖国ロシアで二月革命が起きた。グレゴリオ暦では すでに三月に入っていたが、レーニンは四月九日に急遽帰国する。当時ドイツとロシアは交戦中だったが、ドイツ政府はレーニン一行が列車でドイツを通過することを特別に許可した。敵国に革命が起きれば、戦いに有利になるという判断がそこにあった。ドイツ通過中に一切ドイツ人には会わないという条件で、いわゆる封印列車を仕立てた。帰国したレーニンは十月革命(グレゴリオ暦一一月)に成功した。

一年後の一九一八年一一月七日に、スイス社会民主党はロシア革命一周年を記念する集会をチューリヒで開催しようとした。第一次世界大戦の影響でスイスでも経済は疲弊し、労働者の間には不満が爆発寸前だった。連邦政府は軍隊を派遣し、集会を禁止した。これに対抗してグリムを中心とした社会民主党と労働者たちはゼネストに打って出て失敗し、グリムは投獄された。しかし、ゼネストの際の要求はその後少しずつ実現を見ていく。

一九三五年に社会民主党は新綱領を発表し、プロレタリア独裁の理念を捨て、祖国を防衛するための軍隊の必要性も認めた。その結果、この年の国民議会選挙には第一党になった。改良主義的な国民政党を確立し、一九四六年にはグリムは国民議会議長になった。

西川正雄『社会主義インターナショナルの群像　1914-1923』岩波書店、二〇〇七年。

99

救命ボートは満杯だ

多くの政治的亡命者を受け入れてきたスイスだが、ナチズムに追われたユダヤ人難民に対しては国境封鎖をした。武装中立を実施してナチズムの侵略を防いだが、これは大きな汚点となった

スイスにも古くからユダヤ人は居住していたが、一八四八年の近代憲法が制定されて以降もユダヤ人はスイス国内で自由に居住地を選ぶ権利が与えられていなかった。その権利が与えられたのは一八六六年一月に行われた「居住権と法的権利における市民の平等」に関する国民投票の結果である。四八年憲法の第四一条では「連邦はキリスト教宗派に所属するすべてのスイス人にスイス全域における自由な居住権を保証する」と規定されていたが、その規定から「キリスト教宗派に所属する」文言を削除する憲法改正の政府提案が国民投票にかけられた。その結果が五三・二パーセントの賛成で、この改正は承認されたのである。

一八九一年に憲法の部分改正に対するイニシアティヴ（国民発議）が認められると、最初のイニシアティヴが一八九三年にドイツ語圏スイス動物保護協会からなされた。それは「事前に動物の感覚を麻痺させずに屠殺することの禁止」イニシアティヴである。これはユダヤ教の戒律に基づく「シェヒター」という屠殺法を禁じようとする意図が込められたものという。「シェヒター」とは、鋭利な刃物で一気に首の大動脈を切断し、瞬時に動物の意識を失わせて屠殺する方法である。これを動物虐待だと非難したわけだが、国民投票の結果は六〇・一パーセントの賛成を得て、連邦憲法第二五条に「事前に動物の感覚を麻痺させずに屠殺することは、どのような屠殺方法および家畜種においても例外なく禁止する」という文言が加えられた。

この禁止は動物保護を謳っているが、実際には反ユダヤ主義に基づくものであった。ユダヤ人に居住権は与えたが、ユダヤ人の慣習まで認めたわけではないことをあえて示したと言える。その後もスイスには反ユダヤ主義が根強く残り、一九三〇年代からのナチス・ドイツのユダヤ人迫害に積極的な救いの手を差し伸べることはなかった。

一九三八年ユダヤ難民の大量流入を恐れていたスイス連邦政府はナチス政権と取引をして、ドイツ国内に居住するユダヤ人のパスポートに「J」という文字を押印させた。「J」はユダヤ人を意味する単語の頭文字で、これによってユダヤ人の識別ができ、ユダヤ人のスイスへの流入を容易に防ぐことが可能になった。

さらに第二次世界大戦が始まった三年後の一九四二年の夏に、スイス政府はユダヤ難民に対して事実上の国境封鎖を命じた。連邦大臣のエドゥアルト・フォン・シュタイガーは、スイスを超満員の救命ボートにたとえ、食糧の不足を理由に国境封鎖を正当化した。たしかにその年の一〇月にはスイスでもパンの配給制が実施されている。しかし、人道的観点からはスイス政府は非難を免れない。

パウル・グニュニンガー
Wikimedia Commons

もちろん個人的にユダヤ難民に救いの手を差し伸べたスイス人は少なくない。最も有名なのはザンクト・ガレンの国境警察官パウル・グリュニンガー（一八九一〜一九七二）である。一九三八年にオーストリアがドイツに併合されると、多数のユダヤ人がオーストリアからスイスへ避難してきた。グリュニンガーは彼らのために書類を偽造してスイスへ入国させた。この行為のために有罪判決を受け、職を失い、貧窮に陥った。名誉回復がなされたのは、死後二三年も経った一九九五年であった。この年にスイス政府はユダヤ人亡命者の入国拒否や送還に対して公式謝罪を行っている。

独立専門家委員会　スイス＝第二次大戦　第一部原編、黒澤隆文編訳『中立国スイスとナチズム　第二次大戦と歴史認識』京都大学学術出版会、二〇一〇年。

100　現代スイスの政治解剖

スイスは直接民主制の国である。その制度の柱はレファレンダム（国民投票）とイニシアティヴ（国民発議）である。それらを歴史的に考察しながら、そこで取り上げられる国際政治、国内政治のテーマに絡めて、現代スイスが抱える問題を見てみよう

［レファレンダム］

義務的レファレンダム

先ずレファレンダムだが、レファレンダムには義務的なものと、任意的なものとがある。義務的レファレンダムは三つの事項に対して自動的に有権者の投票に付されるものである。

①　連邦憲法の改正

②　集団的安全保障のための組織または「超国家的共同体」への加盟

③　憲法に基づかず、かつその効力が一年を超える、緊急と宣言された連邦法律

この三つの事項は投票にあたって全有権者とカントンの二重の賛否が問われる。たとえ全有権者の過半数が賛成しても、カントン票でも過半数が賛成にならないと、改正案や条約は承認されたことにならない。カントン票は二三票である。カントン数は二六だが、そのうち六カントンは二分の一のカントン票しかもたない。カントン票の数え方は「カントンにおける国民投票の結果が当該カントンの票とみなされる」（憲法第一四二条の②）と規定されている。つまり、あるカントンにおいて投票有権者の過半数が賛成ならば、そのカントンの票も賛成とみなされる。

さて、義務的レファレンダムは一八四八年から二〇二一年九月まで二二四案件について行われ、その内五六案件が否決されている。その一つとして、国内的にも国際的にも大きな話題になった例を紹介しよう。それは一九九二年一二月に行われた「ヨーロッパ経済地域」加盟に関する国民投票である。「ヨーロッパ経済地域」とは、ＥＵ（ヨーロッパ連合）の前身であるＥＣ（ヨーロッパ共同体）とＥＦＴＡ（ヨーロッパ自由貿易連合）のあいだで、カネ、モノ、サービス、ヒトの自由往来を実現し、自由貿易地域の創設を目指したもので、一九九二年五月に調印された。スイス政府は永世中立政策に齟齬を来さないと言うことで積極的参加を目指した。②の「超国家的共同体」への加盟と言うことで、国民投票が調印の七カ月後に行われた。国民投票の結果は賛成四九・七パーセント、反対五〇・三パーセントで僅差の不承認であった。ところがカントンの票決は反対一六票、賛成七票の大差であった。フランス語圏は六票あるが、そのすべてが賛成で、スイス内の独仏語圏間に明白な意見の相違があった。そしてスイスはヨーロッパの中で孤高を守ることに

なった。

この「ヨーロッパ経済地域」加盟に関するレファレンダムは、有権者・カントンの双方が反対で否決された例だが、有権者の過半数が賛成でも、カントン票の反対で案件が採択されなかった例が九件もある。人口の少ないカントンが反対でまとまると、たとえ投票有権者の過半数が賛成でも、カントン票は反対と言うことがおきてくるからである。一番最近の例は、憲法第一一五条と第一一六条の改正提案で、二〇一四年三月三日に行われたレファレンダムである。それは家族政策に関わる法案で、仕事と家庭の両立が可能な環境整備を推し進めるべきだというものだった。具体的にはヨーロッパ内でスイスが後れをとっている託児所などの保育施設を整備することをカントンに求めている。

この法案は連邦議会の両院においてともに大差で賛成、可決されている。国民投票の結果は有権者の五四・三％が賛成した。ところが、カントン票は賛成が一〇票、反対が一三票だった。議会、有権者の過半数が賛成したにもかかわらず、地域（カントン）の反対で、改正案は否決された。この二重の賛否制度はスイス国家形成の過程で地域（邦）の強い自決権を認めてきた結果と言える。

任意的レファレンダム

次に任意的レファレンダムについてだが、この制度は一八七四年の連邦憲法改正の折に認められ、憲法ではなく、連邦法律、国際条約にかかわる事項について行う投票制度である。七四年憲法では、「三万人の有権者、または八カントンの要求に基づいて」実施されるとあったが、一九七七年の改正で「五万人の有権者、または八カントンの要求に基づいて」と変更され、二〇〇〇年に発布された現行連邦憲法（第一四一条①）でもこの点は変わっていない。任意的レファレンダムは、国民有権者の賛否が問われるだけで、カントンの票決は求められない。一八七五年以来二〇二一年九月までに一九九案件が任意的レファレンダムにかけられ、そのうち八四案件が否決されている。任意的レファレンダムは最近盛んに求められるようになった。二七六～二七七頁の表、国民投票の案件総数に見られるように、一九八〇年以前では九一案件が国民投票にかけられ、五二件が否決されている。比率で言えば、政府・議会が決定した案件のうち五七％強が国民の意志で否決されていることになる。一九八一年以降では一〇八案件のうち否決された数は三二案件、比率で言えば、二九・六パーセント強で、「国民投票」にかけられる件数は増えたが、否決される比率はかなり下がってきた。それでも政府・議会の意向がほぼ三割も否決されると言うことは、考えようによってはきわめて能率は悪いといえる。それでも有権者の意見を重視する姿勢がスイスの政治なのである。

［イニシアティヴ］

直接民主制の第二の重要な柱がイニシアティヴで、有権者自らが憲法改正を提案できる制度である。連邦法律に対するイニシアティヴは認められていないが、多くのカントンではカントン憲法だけではなく、法律もイニシアティヴの対象になっている。

連邦の場合、有権者はいつでも憲法の全面改正、あるいは部分改正を要求できる。全面改正のイニシアティヴは一八四八年制定の連邦憲法の第一一三条に規定され、部分改正のイニシアティヴは一八九一年七月の憲法改正にあたって承認された。改正を求める有権者は七～二七名からなるイニシアティヴ委員会を作り、改正草案を内閣官房に提出する。それが官報に公示されてから一八〇日内に有権者一〇万人の賛同署名が集められれば、国民投票にかけられる。ただし、すぐに国民投票にかけられるわけではなく、内閣や議会での審議がなされるので、それには数年かかる場合もある。議会は審議の結果提案された草案について有権者に採択するべきか拒否するべきかを勧告する。拒否を勧告する場合には、議会は対抗提案を作成し、イニシアティヴの改正草案と同時に国民投票に付すことができる。

一八四八年から一九八〇年までの一三二年間にイニシアティヴによる改正案は七五案件が提出されたが、そのうち一一案件に対抗草案が提出された。採択されたものは対抗提案の一件を含めてわずか七件であった（以下二七五〜七六頁の表参照）。ただし、対抗草案はこの間六件が採択されている。一九八一年以降二〇二一年九月までの四〇年の間には一四四件が提出され、一六件が採択されている。一九八一年以降ではイニシアティヴ法案が一一パーセントも成立していることになる。一〇万人の有権者の要求で憲法の部分改正が一割強の割合で実現していることは、民主主義がほんとうに生きていると証しといえる。

イニシアティヴで取り上げられた重要な案件を紹介しよう。

先に述べた一九九九年一二月の「ヨーロッパ経済地域」加盟問題のあとで、むしろEU自体に加盟をすべきだとして「ヨーロッパに賛成」というイニシアティヴが提起された。スイスを越えて世界で活躍を期待する若者や知識人が提起した。しかし、連邦政府は時期尚早だと反対し、二〇〇一年の投票結果は有権者の七七パーセント、全カントンの反対で実現しなかった。政府はEUとの政治的統合を避け、経済的関係の強化を図っていく。一九九九年に第一次バイラテラル（二国間）協定、すなわち農産物の関税引き下げ、人の往来の段階的自由化などに関する七分野の一括通商協定を結んだ（発効は二〇〇二年）。

人の自由往来を決めた「自由移動協定」が漸次拡大されると、国外からの人口流入が激増し、人口のおよそ四分の一が外国人という状況が生まれた。これに対して右派の国民党は危機感を覚え、相次いで外国人に対するイニシアティヴを提出した。二〇〇九年に「イスラム教のミナレットの建設を禁じるイニシアティブ」、二〇一〇年に「重罪を犯した外国人の国外追放を求めるイニシアティブ」を提出し、それぞれ採択されてきた。勢いづいた国民党は「移民の大量流入に反対するイニシアティブ」を提出し、二〇一四年二月に国民投票が行われた。その結果は有権者の五〇・三パーセント、カントン票は一四・五票の二重の賛成を得て採択された。段階的にEUとの経済活動を強化しようとしていた動きは完全にストップとなる。

このイニシアティヴは、スイスが独自に外国人の移住を決めることを謳い、それに反する国際協定を認めないとしている。EUと結ばれた人の自由移住協定とはまったく相容れないものなのである。EUとの協定を重視する政府・議会はその実施について「限界まで効力を薄める作戦」を取った。これに対して国民党はさらに明確にEUとの自由移住協定の破棄を目指した「制限イニシアティヴ」、別名「穏健な移民政策のためのイニシアティヴ」と呼ばれるイニシアティヴを提起した。しかし、自由移住協定の破棄は第一次バイラテラル協定の七つすべてを破棄することになる。各協定には「ギロチン条項」という規定があり、ある一つの協定が破棄される場合には、他の六つの協定も自動的に破棄されるというものである。国民党はEUとの協定は他に二〇〇ほどもあり、第一次バイラテラル協定が崩れても問題がないと主張して、外国人の移住を押さえ込もうとした。

二〇二〇年九月に行われたこのイニシアティヴの国民投票結果は、有権者の六一・七パーセント、カントンの一九・五票が反対で、圧倒的な差で否決された。六年前とは異なる結果が出されたが、イギリスのEU離脱の混乱を目の当たりにした結果かも知れない。有権者の定まらない意見を問題視する意見もあるが、別の見方をすれば有権者のバランス感覚があるとも言えよう。

イニシアティヴは市民生活のさまざまな面でも提起される。スイスの税制では、結婚している夫婦の場合はそれぞれの所得が合算され、その合計金額に課税される。一方、結婚していない同居カップルは個人単位で課税される。スイスも累進税率が採用されているので、所得が多いほど税率が高くなり、多額の税を払わねばならない。結婚して共働きだと、多くの税を払うことになる。これに対して、税制上の結婚差別をなくすことを目的に「結婚と家族のために、結婚罰に反対するイニシアティヴ」が提案され、二〇一六年二月二八日に国民投票が行われた。

投票の結果、カントン票は一六・五票で賛成だったが、有権者の五〇・八パーセントが反対で、イニシアティヴは珍しい形で否決された。イニシアティヴが、結婚を「継続的かつ法的に認められた男女の生活共同体」と定義していることに問題があったと言われている。同性カップルなど新しい動きをまったく無視し、時代に逆行する結婚概念を憲法に織り込もうとしていると判断されたからである。

ところが、二〇一九年四月にスイス連邦裁判所（最高裁）がこのイニシアティヴの国民投票を無効とする判決を出した。その理由は、政府が国民投票にあたって「結婚罰」に該当する夫婦の数を八万組と説明していたが、実際には四五万組以上だったことを認めたからである。子供のいる共働きの夫婦を計算に含めなかったための誤りだったが、国民投票が僅差だったためこの数値は重要だった。この数値を有権者が知っていれば、否決ではなく、採択された可能性が高かったからである。連邦レベルの国民投票が無効という判決が下されたのは史上初めてのことだった。しかし、再投票は行われず、政府は別の手立てを考慮中と言われる。

日常の生活に関わる法案から国際条約の採否までを決める国民投票の案件数は、二一世紀に入ってから二〇二一年九月までの間に一七四件もある。国民投票は通常年に四回行われ、年平均八法案の採否を有権者は決めなければならない。たいへんな負担であるが、これは連邦レベルの話で、同じことがカントンレベルでも行われる。さらにチューリヒやベルンと言った大きな市町村（ゲマインデ）でも住民投票は実施される。有権者にとってはたいへんな負担で、最近では投票率が四〇パーセント前後になる場合も少なくないが、先の「結婚罰」に関する投票率は六三パーセントを超えていた。

＊　　＊

スイスがこのような直接民主制の制度を維持する限り、スイスがＥＵに加盟する可能性はないであろう。ブリュッセルで決められたことをスイス国民がそのまま受け入れることは考えられないからである。

投票の種別						
対抗提案のあるイニシアティブ				合計		投票案件総数
発議案		対抗案				
賛成	反対	賛成	反対	賛成	反対	
3	13	6	10	312	351	647
				2	8	10
				5	7	12
				5	7	12
				10	14	24
				8	4	12
1			1	12	3	14
	1	1		11	17	27
	1	1		10	13	22
				9	12	21
	2	1	1	18	24	40
				16	13	29
	6	3	3	47	40	81
1	1		2	27	39	64
	1		1	55	51	105
1	1		2	40	42	80
				32	50	82
				5	7	12

対抗提案のあるイニシアティブは一投票と数えているので，賛成・反対合計数と投票案件総数とは一致しない。

国民投票の案件総数（1848 ～ 2021 年）

	投票の種別					
	義務的レファレンダム		任意的レファレンダム		イニシアティブ	
賛否	賛成	反対	賛成	反対	賛成	反対
年＼合計	168	56	115	84	20	188
1848-1870	2	8				
1871-1880	2	2	3	5		
1881-1890	3	1	2	6		
1891-1900	6	3	3	7	1	4
1901-1910	4	1	3	1	1	2
1911-1920	8		2	1	1	1
1921-1930	7	2	1	4	2	10
1931-1940	7		2	7		5
1941-1950	4	3	4	3	1	6
1951-1960	13	7	4	7		7
1961-1970	12	2	4	4		7
1971-1980	33	8	11	7		16
1981-1990	18	5	6	6	2	25
1991-2000	28	7	25	11	2	31
2001-2010	11	5	23	5	5	29
2011-2020	10	2	18	8	4	40
2021 年 9 月まで			4	2	1	5

あとがき

本書執筆の話は二〇年以上前に遡る。刀水書房の前社長桑原迪也氏と現社長中村文江氏と三人で夕食会を囲んだ折「歴史百話」シリーズの話が持ち上がった。スイスについて書いてみないかということがそもそもの本書の始まりだった。そのときの構想では見開き二頁で一話ずつ書き、百の話でスイスの歴史像を描くということだった。いざ書き始めてみると、この構想に対応することは厳しかった。まごまごしている間にほかの仕事が次々と入り、この話はほぼお蔵入りになっていた。

ところが、大分時が経ち、二〇一二年末に坂井榮八郎氏が『ドイツの歴史百話』を上梓された。頂いた本を開いてみると、各話の分量はさまざまで、内容的には坂井氏の個人的体験の話なども入り、かなり自由に書かれた構成になっていた。これならば書けるかもと、書き始めて完成したのが本書である。

『ドイツの歴史百話』とは異なって、百話それぞれに簡単なリード文を設け、各話の内容をあらかじめ示した。難しいスイス史を少しでも理解しやすくするための工夫である。これは刀水書房に入社したばかりの新進気鋭の編集者、柿澤樹希也氏の発案である。また、柿澤氏は各章や各話に魅力的なタイトル名を付け、多くの地図も適宜挿入して、理解しやすくなる工夫をしてくださった。感謝を記しておきたい。

刀水書房からはスイス史関連の本を多く刊行して頂いた。そもそも中世都市史と宗教改革史を主として研究する者がなぜスイス史全般に関心を寄せたのか。それは比較的長くスイスに留学し、スイスの政治のあり方に興味を抱いたからであるが、出版するには別の理由があった。岡山大学から東京学芸大学へ籍を移したときに、講義する内容に工夫が必要になった。一般教養向けの西洋史講義をしなければならなくなったからである。そこでヨーロッパの中央に位置し、周辺諸国の歴史と常に深い関係があるスイスを取り上げ、歴史から現代へと語ることにした。そうすることで、ヨーロッパ史全体も俯瞰できるし、古い歴史に興味ない学生も若干なりとも講義に耳を傾けてくれるのではないかと期待したのである。
ちょうどその頃に、刀水書房を立ち上げたばかりの桑原氏が拙宅へ見え、刀水歴史全書への寄稿を勧めてくださった。そこで学芸大学の講義内容を話したら、それを是非書くようにと言ってくださった。その結果出来上がったのが、『スイス　歴史から現代へ』である。このタイトルも桑原氏の提案だったと思う。一九八〇年に初版が出た後、版を重ね、一九九四年には三補版まで出版された。当時類書がなかったために、世に迎えられたものと思う。『スイス　歴史から現代へ』の姉妹編となる本書はどうだろうか。少なくとも二〇一四年に他界されてしまった桑原氏は喜んでくださることと勝手に夢想している。

パンデミックなコロナ禍の中で本書を脱稿し、上梓へ向かっての作業を進めた。デジタル機器を駆使し、図像、地図など修正・校正作業もリモートで行うことが多かった。校正作業は紙媒体で行わざるを得なかったが、今回も校正には妻弘子の手を大いに煩わせた。感謝する次第である。最後に、若い柿澤氏の背後で細かい心遣いをしてくださった社長の中村文江氏にも心から感謝を申し上げたい。

二〇二一年一〇月　　コロナ禍のまもない終息を念じつつ

森田安一

ワ 行

マ　行

ヤ　行

ラ　行

タ　行

ナ　行

ハ　行

サ　行

Ⅲ．事項索引

マ 行

ヤ 行

ラ 行

サ　行

刀水歴史全書—歴史・民族・文明—

四六上製　平均300頁　随時刊　(価格は税別)

樺山紘一 1 **カタロニアへの眼**（新装版）☆ 歴史・社会・文化 1979, 2005(新装版)　000-X　四六上製　289頁＋口絵12頁　￥2300	西洋の辺境，文明の十字路カタロニアはいかに内戦を闘い，なぜピカソら美の巨人を輩出したか。カタロニア語を習い，バルセロナに住んで調査研究した歴史家によるカタロニア文明論
R. C. リチャードソン／今井　宏訳 2 **イギリス革命論争史** 1979　001-8　四六上製　353頁　￥2200	市民革命とは何であったか？　同時代人の主張から左翼の論客，現代の冷静な視線まで，革命研究はそれぞれの時代, 立場を反映する。論者の心情をも汲んで著された類書のない学説史
山崎元一 3 **インド社会と新仏教**☆ アンベードカルの人と思想〔付〕カースト制度と不可触民制 1979　＊002-7　四六上製　275頁　￥2200	ガンディーに対立してヒンドゥーの差別と闘い，インドに仏教を復興した不可触民出身の政治家の生涯。日本のアンベードカル研究の原典であり，インドの差別研究のほとんど最初の一冊
G. バラクロウ編／木村尚三郎解説・宮島直機訳 4 **新しいヨーロッパ像の試み** 中世における東欧と西欧 1979　003-4　四六上製　258頁　￥2330	最新の中世史・東欧史の研究成果を背景に，ヨーロッパの直面する文明的危機に警鐘を鳴らした文明史家の広ヨーロッパ論。現代のヨーロッパの統一的傾向を最も早く洞察した名著。図版127点
W. ルイス，村上直次郎編／富田虎男訳訂 5 **マクドナルド「日本回想記」**☆ ［再訂版］　インディアンの見た幕末の日本 1979　＊005-8　四六上製　313頁　￥2200	日本をインディアンの母国と信じて密航した青年の日本観察記。混血青年を優しくあたたかく遇した幕末の日本と日本人の美質を評価。また幕末最初の英語教師として評価されて，高校英語教科書にものっている
J. スペイン／勝藤　猛・中川　弘訳 6 **シルクロードの謎の民** パターン民族誌 1980　006-9　四六上製　306頁　￥2200	文明を拒否して部族の掟に生き，中央アジア国境地帯を自由に往来するアフガン・ゲリラの主体パターン人，かつてはイギリスを，近くはロシアを退けた反文明の遊牧民。その唯一のドキュメンタルな記録
B. A. トゥゴルコフ／加藤九祚解説・斎藤晨二訳 7 **トナカイに乗った狩人たち** 北方ツングース民族誌 1981　024-7　四六上製　253頁　￥2233	広大なシベリアのタイガを漂泊するエベンキ族の生態。衣食住，狩猟・遊牧生活から家族，氏族，原始文字，暦，シャーマン，宇宙観まで。ロシア少数民族の運命
G. サルガードー／松村　赳訳 8 **エリザベス朝の裏社会** 1985　060-3　四六上製　338頁　￥2500	シェイクスピアの戯曲や当時のパンフレット“イカサマ読物”“浮浪者文学”による華麗な宮廷文化の時代の裏面。スリ・盗賊・ペテン師などの活躍する新興の大都会の猥雑な現実

P. F. シュガー, I. J. レデラー 編／東欧史研究会訳

9 **東欧のナショナリズム**

歴史と現在

1981　025-5　四六上製　578頁　￥4800

東欧諸民族と諸国家の成立と現在を，19世紀の反トルコ・反ドイツ・反ロシアの具体的な史実と意識のうえに捉え，東欧紛争の現在の根源と今後の世界のナショナリズム研究に指針を与える大著

R. H. C. デーヴィス／柴田忠作訳

10 **ノルマン人**　［品切］

その文明学的考察

1981　027-1　四六上製　199頁　￥2233

ヨーロッパ中世に大きな足跡をのこしたヴァイキングの実像を文明史的に再評価し，ヨーロッパの新しい中世史を構築する第一人者の論究。ノルマン人史の概説として最適。図版70余点

中村寅一

11 **村の生活の記録**　（下）［品切］

(上)上伊那の江戸時代 (下)上伊那の明治・大正・昭和

1981　028-X　029-8　四六上製　195頁, 310頁　￥1845　￥1800

村の中から村を描く。柳田・折口体験をへて有賀喜左衛門らとともに，民俗・歴史・社会学を総合した地域史をめざした信州伊那谷の先覚者の業績。中央に追従することなく，地域史として独立し得た数少ない例の一つ

岩本由輝

12 **きき書き六万石の職人衆**

相馬の社会史

1980　010-7　四六上製　252頁　￥1800

相馬に生き残った100種の職人の聞き書き。歴史家と職人の心の交流から生れた明治・大正・昭和の社会史。旅職人から産婆，ほとんど他に見られない諸職が特に貴重

13 （缺番）

田中圭一

14 **天領佐渡**　（1）［品切］

(1)(2)村の江戸時代史 上・下(3)島の幕末

1985　061-1, 062-X, 063-8　四六上製　(1)275頁 (2) 277頁 (3) 280頁　(1)(2) ￥2000 (3)￥2330

戦国末～維新のムラと村ビトを一次史料で具体的に追求し, 天領の政治と村の構造に迫り, 江戸～明治の村社会と日本を発展的にとらえる。民衆の活躍する江戸時代史として評価され，新しい歴史学の方向を示す

岩本由輝

15 **もう一つの遠野物語**［追補版］☆

（付）柳田國男南洋委任統治資料六点

1994　＊130-7　四六上製　275頁　￥2200

水野葉舟・佐々木喜善によって書かれたもう一つの「遠野物語」の発見。柳田をめぐる人間関係，「遠野物語」執筆前後の事情から山人～常民の柳田学の変容を探る。その後の柳田学批判の先端として功績は大きい

森田安一

16 **スイス**［三補版］☆

歴史から現代へ

1980, 1995（三補版）　159-6　四六上製　304頁　￥2200

13世紀スイス盟約者団の成立から流血の歴史をたどり，理想の平和郷スイスの現実を分析して新しい歴史学の先駆と評価され，中世史家の現代史として，中世から現代スイスまでを一望のもとにとらえる

樺山紘一・賀集セリーナ・富永茂樹・鳴海邦碩

17 **アンデス高地都市**　［品切］

ラ・パスの肖像

1981　020-4　四六上製　図版多数　257頁　￥2800

ボリビアの首都ラ・パスに展開するスペイン，インディオ両文明の相克。歴史・建築・文化人類・社会学者の学際協力による報告。図版多数。若く多才な学者たちの協力の成功例の一つといわれる

A. ノーヴ／和田春樹・中井和夫訳　[品切]
18 **スターリンからブレジネフまで**
ソヴェト現代史
1983　043-3　四六上製　315頁　¥2427

スターリン主義はいかに出現し，いかなる性格のものだったか？　冷静で大胆な大局観をもつ第一人者による現代ソ連研究の基礎文献。ソ連崩壊よりはるか前に書かれていた先覚者の業績

19 （缺番）

増井經夫
20 **中国の歴史書**
中国史学史
1984　052-2　四六上製　298頁　¥2500

内藤湖南以後誰も書かなかった中国史学史。尚書・左伝から梁啓超，清朝野史大観まで，古典と現代史学の蘊蓄を傾けて，中国の歴史意識に迫る。自由で闊達な理解で中国学の世界に新風を吹きこむ。ようやく評価が高い

G. P. ローウィック／西川　進訳
21 **日没から夜明けまで**
アメリカ黒人奴隷制の社会史
1986　064-6　四六上製　299頁　¥2400

アメリカの黒人奴隷は，夜の秘密集会を持ち，祈り，歌い，逃亡を助け，人間の誇りを失わなかった。奴隷と奴隷制の常識をくつがえす新しい社会史。人間としての彼らを再評価するとともに，社会の構造自体を見なおすべき衝撃の書

山本　新著／神川正彦・吉澤五郎編
22 **周 辺 文 明 論**
欧化と土着
1985　066-2　四六上製　305頁　¥2200

文明の伝播における様式論・価値論を根底に，ロシア・日本・インド・トルコなど非西洋の近代化＝欧化と反西洋＝土着の相克から現代の文明情況まで。日本文明学の先駆者の業績として忘れ得ない名著

小林多加士
23 **中国の文明と革命**
現代化の構造
1985　067-0　四六上製　274頁　¥2200

万元戸，多国籍企業に象徴される中国現代の意味を文化大革命をへた中国の歴史意識の変革とマルキシズムの新展開に求める新中国史論

R. タカキ／富田虎男・白井洋子訳
24 **パ ウ ・ ハ ナ**
ハワイ移民の社会史
1986　071-9　四六上製　293頁　¥2400

ハワイ王朝末期に，全世界から集められたプランテーション労働者が，人種差別を克服して，ハワイ文化形成にいたる道程。著者は日系３世で，少数民族・多文化主義研究の歴史家として評価が高い

原田淑人
25 **古代人の化粧と装身具**
1987　076-X　四六上製　図版180余点　227頁　¥2200

東洋考古学の創始者，中国服飾史の開拓者による古代人の人間美の集成。エジプト・地中海，インド，中央アジアから中国・日本まで，正倉院御物に及ぶ美の伝播，唯一の概説書

E. ル・ロワ・ラデュリ／井上幸治・渡邊昌美・波木居純一訳
26 **モンタイユー**（上）（下［新装版］）
ピレネーの村　1294～1324
(上)1990 (下)2021　＊086-7 ＊471-1　四六上製　367頁 425頁　¥2800 ¥3300

中世南仏の一寒村の異端審問文書から，当時の農村生活を人類学的手法で描き，75年発刊以来，社会史ブームをまきおこしたアナール派第３世代の代表作。ピレネー山中寒村の，50戸，200人の村人の生活と心性の精細な描写

ダヴ・ローネン／浦野起央・信夫隆司訳

27 **自決とは何か**　［品切］

ナショナリズムからエスニック紛争へ

1988　095-6　四六上製　318頁　¥2800

自殺ではない。みずからを決定する自決。革命・反植民地・エスニック紛争など，近現代の激動を“自決 Self-determination への希求”で解く新たなる視角。人文・社会科学者の必読書

メアリ・プライア編著／三好洋子編訳

28 **結婚・受胎・労働**　［品切］

イギリス女性史1500～1800

1989　099-9　四六上製　270頁　¥2500

イギリス女性史の画期的成果。結婚・再婚・出産・授乳，職業生活・日常生活，日記・著作。実証的な掘り起こし作業によって現れる普通の女性たちの生活の歴史

M. I. フィンレイ／柴田平三郎訳

29 **民主主義―古代と現代**　［品切］

1991　118-9　四六上製　199頁　¥2816

古代ギリシア史の専門家が思想史として対比考察した古代・現代の民主主義。現代の形骸化した制度への正統なアカデミズムからの警鐘であり，民主主義の本質に迫る一書

木崎良平

30 **光太夫とラクスマン**

幕末日露交渉史の一側面

1992　134-0　四六上製　266頁　¥2524

ひろく史料を探索して見出した光太夫とラクスマンの実像。「鎖国三百年史観」をうち破る新しい事実の発見が，日本の夜明けを告げる。実証史学によってはじめて可能な歴史の本当の姿の発見

青木　豊

31 **和鏡の文化史**

水鑑から魔鏡まで

1992　139-1　四六上製　図版300余点　305頁　¥2500

水に顔を映す鏡の始まりから，その発達・変遷，鏡にまつわる信仰・民俗，十数年の蓄積による和鏡に関する知識体系化の試み。鏡に寄せた信仰と美の追求に人間の実像が現れる

Y. イチオカ／富田虎男・粂井輝子・篠田左多江訳

32 **一　　世**

黎明期アメリカ移民の物語り

1992　141-3　四六上製　283頁　¥3301

人種差別と排日運動の嵐の中で，日本人留学生，労働者，売春婦はいかに生きたか。日系アメリカ人一世に関する初の本格的研究の始まり，その差別と苦悩と忍耐を見よ（著者は日系二世）

鄧　搏鵬／後藤均平訳

33 **越 南 義 烈 史**☆

抗仏独立運動の死の記録

1993　143-X　四六上製　230頁　¥3301

19世紀後半，抗仏独立闘争に殉じたベトナムの志士たちの略伝・追悼文集。反植民地・民族独立思想の原点（1918年上海で秘密出版）。東遊運動で日本に渡った留学生200人は，やがて日本を追われ，各地で母国の独立運動を展開して敗れ，つぎつぎと斃れるその記録

D. ジョルジェヴィチ, S. フィシャー・ガラティ／佐原徹哉訳

34 **バルカン近代史**

ナショナリズムと革命

1994　153-7　四六上製　262頁　¥2800

かつて世界の火薬庫といわれ，現在もエスニック紛争に明け暮れるバルカンを，異民族支配への抵抗と失敗する農民蜂起の連続ととらえる。現代は，過去の紛争の延長としてあり，一朝にして解決するようなものではない

C. メクゼーパー, E. シュラウト共編／瀬原義生監訳, 赤阪俊一・佐藤專次共訳

35 **ドイツ中世の日常生活**

騎士・農民・都市民

1995　＊179-6　四六上製　205頁　¥2800

ドイツ中世史家たちのたしかな目が多くの史料から読みとる新しい日常史。普通の“中世人”の日常と心性を描くが，おのずと重厚なドイツ史学の学風を見せて興味深い

神山四郎 ［比較文明学叢書 1 ］

36 **比較文明と歴史哲学**

1995 182-0 四六上製 257頁 ¥2800

歴史哲学者による比較文明案内。歴史をタテに発展とみる旧来の見方に対し，ヨコに比較する多系文明の立場を推奨。ボシュエ，ヴィコ，イブン・ハルドゥーン，トインビーと文明学の流れを簡明に

神川正彦 ［比較文明学叢書 2 ］

37 **比較文明の方法**

新しい知のパラダイムを求めて

1995 184-7 四六上製 275頁 ¥2800

地球規模の歴史的大変動の中で，トインビー以降ようやく高まる歴史と現代へのパースペクティヴ，新しい知の枠組み，学の体系化の試み。ニーチェ，ヴェーバー，シュペングラーを超えてトインビー，山本新にいたり，原理と方法を論じる

B. A. トゥゴルコフ／斎藤晨二訳

38 **オーロラの民**

ユカギール民族誌

1995 183-9 四六上製 220頁 ¥2800

北東シベリアの少数民族人口1000人のユカギール人の歴史と文化。多数の資料と現地調査が明らかにするトナカイと犬ぞりの生活・信仰・言語。巻末に調査報告「ユカギール人の現在」

D. W. ローマックス／林　邦夫訳

39 **レコンキスタ**

中世スペインの国土回復運動

1996 180-4 四六上製 314頁 ¥3300

克明に史実を追って，800年間にわたるイスラム教徒の支配からのイベリア半島奪還とばかりはいいきれない，レコンキスタの本格的通史。ユダヤ教徒をふくめ，三者の対立あるいは協力，複雑な800年の情勢に迫る

A. R. マイヤーズ／宮島直機訳

40 **中世ヨーロッパの身分制議会**

新しいヨーロッパ像の試み（2）

1996 186-3 四六上製 214頁 ¥2800

各国の総合的・比較史的研究に基づき，身分制議会をカトリック圏固有のシステムととらえ，近代の人権思想もここから導かれるとする文化史的な画期的発見，その影響に注目が集まる。図写79点

M. ローランソン，J. E. シーヴァー／白井洋子訳

41 **インディアンに囚われた白人女性の物語**

1996 195-2 四六上製 274頁 ¥2800

植民地時代アメリカの実話。捕虜となり生き残った 2 女性の見たインディアンの心と生活。牧師夫人の手記とインディアンの養女となった少女の生涯。しばしば不幸であった両者の関係を見なおすために

木崎良平

42 **仙台漂民とレザノフ**

幕末日露交渉史の一側面No. 2

1997 198-7 四六上製 261頁 ¥2800

日本人最初の世界一周と日露交渉。『環海異聞』などに現れる若宮丸の遭難と漂民16人の数奇な運命。彼らを伴って通商を迫ったロシア使節レザノフ。幕末日本の実相を歴史家が初めて追求した

U. イム・ホーフ／森田安一監訳，岩井隆夫・米原小百合・佐藤るみ子・黒澤隆文・踊共二共訳

43 **スイスの歴史**

1997 207-X 四六上製 308頁 ¥2800

日本初の本格的スイス通史。ドイツ語圏でベストセラーを続ける好著の完訳。独・仏・伊のことばの壁をこえてバランスよくスイス社会と文化を追求，現在の政治情況に及ぶ

E. フリート／柴嵜雅子訳

44 **ナチスの陰の子ども時代**

あるユダヤ系ドイツ詩人の回想

1998 203-7 四六上製 215頁 ¥2800

ナチスの迫害を逃れ，17歳の少年が単身ウィーンからロンドンに亡命する前後の数奇な体験を中心にした回想録。著者は戦後のドイツで著名なユダヤ系詩人で，本書が本邦初訳

今谷明・大濱徹也・尾形勇・樺山紘一・木畑洋一編

45 20世紀の歴史家たち

⑴日本編(上) ⑵日本編(下) ⑸日本編(続) ⑶世界編(上) ⑷世界編(下)

1997〜2006　四六上製　平均300頁　各¥2800

歴史家は20世紀をどう生きたか，歴史学はいかに展開したか。科学としての歴史学と人間としての歴史家，その生と知とを生々しく見つめようとする。書かれる歴史家と書く歴史家，それを読む読者と三者の生きた時代

日本編(上)　1997 211-8

1 徳富蘇峰（大濱徹也）
2 白鳥庫吉（窪添慶文）
3 鳥居龍蔵（中薗英助）
4 原勝郎（樺山紘一）
5 喜田貞吉（今谷明）
6 三浦周行（今谷明）
7 幸田成友（西垣晴次）
8 柳田國男（西垣晴次）
9 伊波普猷（高良倉吉）
10 今井登志喜（樺山紘一）
11 本庄栄治郎（今谷明）
12 高群逸枝（栗原弘）
13 平泉澄（今谷明）
14 上原専祿（三木亘）
15 野呂栄太郎（神田文人）
16 宮崎市定（礪波護）
17 仁井田陞（尾形勇）
18 大塚久雄（近藤和彦）
19 高橋幸八郎（遅塚忠躬）
20 石母田正（今谷明）

日本編(下)　1999 212-6

1 久米邦武（田中彰）
2 内藤湖南（礪波護）
3 山路愛山（大濱徹也）
4 津田左右吉（大室幹雄）
5 朝河貫一（甚野尚志）
6 黒板勝美（石井進）
7 福田徳三（今谷明）
8 辻善之助（圭室文雄）
9 池内宏（武田幸男）
10 羽田亨（羽田正）
11 村岡典嗣（玉懸博之）
12 田村栄太郎（芳賀登）
13 山田盛太郎（伊藤晃）
14 大久保利謙（由井正臣）
15 濱口重國（菊池英夫）
16 村川堅太郎（長谷川博隆）
17 宮本常一（西垣晴次）
18 丸山眞男（坂本多加雄）
19 和歌森太郎（宮田登）
20 井上光貞（笹山晴生）

日本編(続)　2006 232-0

1 狩野直喜（戸川芳郎）
2 桑原隲蔵（礪波護）
3 矢野仁一（挾間直樹）
4 加藤繁（尾形勇）
5 中村孝也（中田易直）
6 宮地直一（西垣晴次）
7 和辻哲郎（樺山紘一）
8 一志茂樹（古川貞雄）
9 田中惣五郎（本間恂一）
10 西岡虎之助（西垣晴次）
11 岡正雄（大林太良）
12 羽仁五郎（斉藤孝）
13 服部之總（大濱徹也）
14 坂本太郎（笹山晴生）
15 前嶋信次（窪寺紘一）
16 中村吉治（岩本由輝）
17 竹内理三（樋口州男）
18 清水三男（網野善彦）
19 江口朴郎（木畑洋一）
20 林屋辰三郎（今谷明）

世界編(上)　1999 213-4

1 ピレンヌ（河原温）
2 マイネッケ（坂井榮八郎）
3 ゾンバルト（金森誠也）
4 メネンデス・ピダール（小林一宏）
5 梁啓超（佐藤慎一）
6 トーニー（越智武臣）
7 アレクセーエフ（加藤九祚）
8 マスペロ（池田温）
9 トインビー（芝井敬司）
10 ウィーラー（小西正捷）
11 カー（木畑洋一）
12 ウィットフォーゲル（鶴間和幸）
13 エリアス（木村靖二）
14 侯外廬（多田狷介）
15 ブローデル（浜名優美）
16 エーバーハルト（大林太良）
17 ウィリアムズ（川北稔）
18 アリエス（杉山光信）
19 楊寛（高木智見）
20 クラーク（ドン・ベイカー 藤川隆男訳）
21 ホブズボーム（水田洋）
22 マクニール（高橋均）
23 ジャンセン（三谷博）
24 ダニーロフ（奥田央）
25 フーコー（福井憲彦）
26 デイヴィス（近藤和彦）
27 サイード（杉田英明）
28 タカキ，R.（富田虎男）

世界編(下)　2001 214-2

1 スタイン（池田温）
2 ヴェーバー（伊藤貞夫）
3 バルトリド（小松久男）
4 ホイジンガ（樺山紘一）
5 ルフェーヴル（松浦義弘）
6 フェーヴル（長谷川輝夫）
7 グラネ（桐本東太）
8 ブロック（二宮宏之）
9 陳寅恪（尾形勇）
10 顧頡剛（小倉芳彦）
11 カントロヴィッチ（藤田朋久）
12 ギブ（湯川武）
13 ゴイテイン（湯川武）
14 ニーダム（草光俊雄）
15 コーサンビー（山崎利男）
16 フェアバンク（平野健一郎）
17 モミリアーノ（本村凌二）
18 ライシャワー（W.スティール）
19 陳夢家（松丸道雄）
20 フィンリー（桜井万里子）
21 イナルジク（永田雄三）
22 トムスン（近藤和彦）
23 グレーヴィチ（石井規衛）
24 ル・ロワ・ラデュリ（阿河雄二郎）
25 ヴェーラー（木村靖二）
26 イレート（池端雪浦）

戸上　一

46 **千　利　休**

ヒト・モノ・カネ

1998　＊210-6　四六上製　212頁　￥2000

高価な茶道具にまつわる美と醜の世界を視野に入れぬ従来の利休論にあきたらぬ筆者が，書き下ろした利休の実像。モノの美とそれにまつわるカネの醜に対決する筆者の気迫に注目

大濱徹也

47 **日本人と戦争**☆

歴史としての戦争体験

2002　220-7　四六上製　280頁　￥2400

幕末，尊皇攘夷以来，日本は10年ごとの戦争で大国への道をひた走った。やがて敗戦。大東亜戦争は正義か不正義かは鏡の表と裏にすぎないかもしれない。日本人の“戦争体験”が民族共有の記憶に到達するのはいつか？

K.B.ウルフ／林　邦夫訳

48 **コルドバの殉教者たち**

イスラム・スペインのキリスト教徒

1998　226-6　四六上製　214頁　￥2800

9世紀，イスラム時代のコルドバで，49人のキリスト教徒がイスラム教を批難して首をはねられた。かれらは極刑となって殉教者となることを企図したのである。三つの宗教の混在するスペインの不思議な事件である

U.ブレーカー／阪口修平・鈴木直志訳

49 **スイス傭兵ブレーカーの自伝**

2000　240-1　四六上製　263頁　￥2800

18世紀スイス傭兵の自伝。貧農に生まれ，20歳で騙されてプロイセン軍に売られ，軍隊生活の後，七年戦争中に逃亡。彼の生涯で最も劇的なこの時期の記述は，近代以前の軍隊生活を知る類例のない史料として注目

田中圭一

50 **日本の江戸時代**☆

舞台に上がった百姓たち

1999　＊233-5　四六上製　259頁　￥2400

日本の古い体質のシンボルである江戸時代封建論に真向から挑戦する江戸近代論。「検地は百姓の土地私有の確認である」ことを実証し，一揆は幕府の約束違反に対するムラの抗議だとして，日本史全体像の変革を迫る

平松幸三編　2001年度 沖縄タイムス出版文化賞受賞

51 **沖縄の反戦ばあちゃん**

松田カメ口述生活史

2001　242-8　四六上製　199頁　￥2000

沖縄に生まれ，内地で女工，結婚後サイパンへ出稼いで，戦争に巻込まれる。帰郷して米軍から返却された土地は騒音下。嘉手納基地爆音訴訟など反戦平和運動の先頭に立ったカメさんの原動力は理屈ではなく，生活体験だ

52 **（缺番）**

原田勝正

53 **日 本 鉄 道 史**

技術と人間

2001　275-4　四六上製　488頁　￥3300

幕末維新から現代まで，日本の鉄道130年の発展を，技術の進歩がもつ意味を社会との関わりの中に確かめながら，改めて見直したユニークな技術文化史

J.キーガン／井上堯裕訳

54 **戦争と人間の歴史**

人間はなぜ戦争をするのか？

2000　264-9　四六上製　205頁　￥2000

人間はなぜ戦争をするのか？　人間本性にその起源を探り，国家や個人と戦争の関わりを考え，現実を見つめながら「戦争はなくなる」と結論づける。原本は豊かな内容で知られるＢＢＣ放送の連続講演（1998年）

M.シェーファー／大津留厚監訳・永島とも子訳
55 **エリザベート—栄光と悲劇**
2000 265-7 四六上製 183頁 ¥2000
ハプスブルク朝の皇后“シシー”の生涯を内面から描く。美貌で頭が良く，自信にあふれ，決断力を持ちながらも孤独に苦しんでいた。従来の映画や小説では得られない“変革の時代”に生きた高貴な人間像

地中海学会編
56 **地中海の暦と祭り**
2002 230-4 四六上製 285頁 ¥2500
季節の巡行や人生・社会の成長・転変に対応する祭は暦や時間と深く連関する。その暦と祭を地中海世界の歴史と地域の広がりの中でとらえ，かつ現在の祭慣行や暦制度をも描いた，歴史から現代までの「地中海世界案内」

堀　敏一
57 **曹　　操**
三国志の真の主人公
2001 ＊283-0 四六上製 220頁 ¥2800
諸葛孔明や劉備の活躍する『三国志演義』はおもしろいが，小説であって事実ではない。中国史の第一人者が慎重に選んだ“事実は小説よりも奇”で，人間曹操と三国時代が描かれる

P.ブラウン／宮島直機訳
58 **古代末期の世界** ［改訂新版］
ローマ帝国はなぜキリスト教化したか
2002 ＊354-7 四六上製 233頁 ¥2800
古代末期を中世への移行期とするのではなく独自の文化的世界と見なす画期的な書。鬼才P.ブラウンによる「この数十年の間で最も影響力をもつ歴史書！」（書評から）

宮脇淳子
59 **モンゴルの歴史** ［増補新版］
遊牧民の誕生からモンゴル国まで
2018 ＊446-9 四六上製 320頁 ¥2800
紀元前1000年に中央ユーラシア草原に遊牧騎馬民が誕生してから，現在21世紀のモンゴル系民族の最新情報までを1冊におさめた，世界初の通史。2017年には，モンゴルでも訳書完成

永井三明
60 **ヴェネツィアの歴史**
共和国の残照
2004 285-1 四六上製 270頁 ¥2800
1797年「唐突に」姿を消した共和国。ヴェネツィアの1000年を越える歴史を草創期より説き起こす。貴族から貧困層まで，人々の心の襞までわけ入り描き出される日々の生活, etc. ヴェネツィア史の第一人者による書き下ろし

H.バイアス／内山秀夫・増田修代訳
61 **敵　国　日　本**
太平洋戦争時，アメリカは日本をどう見たか？
2001 286-X 四六上製 215頁 ¥2000
パールハーバーからたった70日で執筆・出版され，アメリカで大ベストセラーとなったニューヨークタイムズ記者の日本論。天皇制・政治経済・軍隊から日本人の心理まで，アメリカは日本人以上に日本を知っていた……

伊東俊太郎 ［比較文明学叢書 3］
62 **文明と自然**
対立から統合へ
2002 293-2 四六上製 256頁 ¥2400
かつて西洋の近代科学は，文明が利用する対象として自然を破壊し，自然は利用すべき資源でしかなかった。いま「自から然る」自然が，生々発展して新しい地球文明が成る。自然と文明の統合の時代である

P.V.グロブ／荒川明久・牧野正憲訳
63 **甦る古代人**
デンマークの湿地埋葬
2002 298-3 四六上製 191頁 ¥2500
デンマーク，北ドイツなど北欧の寒冷な湿地帯から出土した，生々しい古代人の遺体（約700例）をめぐる“謎”の解明。原著の写真全77点を収録した，北欧先史・古代史研究の基本図書

藤川隆男編

73 **白人とは何か？**

ホワイトネス・スタディーズ入門

2005　＊346-2　四六上製　257頁　￥2200

近年欧米で急速に拡大している「白人性研究」を日本で初めて本格的に紹介。差別の根源「白人」を人類学者が未開の民族を見るように研究の俎上に載せ，社会的・歴史的な存在である事を解明する多分野17人が協力

W. フライシャー／内山秀夫訳

74 **太平洋戦争にいたる道**

あるアメリカ人記者の見た日本

2006　349-1　四六上製　273頁　￥2800

昭和初・中期の日本が世界の動乱に巻込まれていくさまを，アメリカ人記者の眼で冷静に見つめる。世界の動きを背景に，日本政府の情勢分析の幼稚とテロリズムを描いて，小社既刊『敵国日本』と対をなす必読日本論

白井洋子

75 **ベトナム戦争のアメリカ**

もう一つのアメリカ史

2006　352-1　四六上製　258頁　￥2500

「インディアン虐殺」の延長線上にベトナム戦争を位置づけ，さらに，ベトナム戦没者記念碑「黒い壁」とそれを訪れる人々の姿の中にアメリカの歴史の新しい可能性を見る。「植民地時代の先住民研究」専門の著者だからこその視点

L. カッソン／新海邦治訳

76 **図書館の誕生**

古代オリエントからローマへ

2007　＊356-1　四六上製　222頁　￥2300

古代の図書館についての最初の包括的研究。紀元前３千年紀の古代オリエントの図書館の誕生から，図書館史の流れを根本的に変えた初期ビザンツ時代まで。碑文，遺跡の中の図書館の遺構，墓碑銘など多様な資料は語る

英国王立国際問題研究所／坂井達朗訳

77 **敗北しつつある大日本帝国**

日本敗戦７ヵ月前の英国王立研究所報告

2007　＊361-5　四六上製　253頁　￥2700

対日戦略の一環として準備された日本分析。極東の後進国日本が世界経済・政治の中に進出，ファシズムの波にのって戦争を遂行する様を冷静に判断。日本文化社会の理解は，戦中にも拘わらず的確で大英帝国の底力を見る

史学会編

78 **歴史の風**

2007　＊369-1　四六上製　295頁　￥2800

『史学雑誌』連載の歴史研究者によるエッセー「コラム 歴史の風」を１巻に編集。1996年の第１回「歴史学雑誌に未来から風が吹く」（樺山紘一）から昨2006年末の「日本の歴史学はどこに向かうのか」（三谷 博）まで11年間55篇を収載

青木 健→99巻『新ゾロアスター教史』

79 **ゾロアスター教史**　［絶版］

古代アーリア・中世ペルシア・現代インド

2008　＊374-5　四六上製　308頁　￥2800

本邦初の書下ろし。謎の多い古代アーリア人の宗教，サーサーン朝国教としての全盛期，ムスリム支配後のインドで復活，現代まで。世界諸宗教への影響，ペルシア語文献の解読，ソグドや中国の最新研究成果が注目される

城戸 毅

80 **百 年 戦 争**

中世末期の英仏関係

2010　＊379-0　四六上製　373頁　￥3000

今まで我が国にまとまった研究もなく，欧米における理解からずれていたこのテーマ。英仏関係及びフランスの領邦君主諸侯間の関係を通して，戦争の前史から結末までを描いた，本邦初の本格的百年戦争の全体像

R. オズボン／佐藤 昇訳

81 **ギリシアの古代**

歴史はどのように創られるか？

2011　＊396-7　四六上製　261頁　￥2800

最新の研究成果から古代ギリシア史研究の重要トピックに新しい光を当て，歴史学的な思考の方法，「歴史の創り方」を入門的に，そして刺戟的に紹介する。まずは「おなじみ」のスポーツ競技，円盤投げの一場面への疑問から始める

藤川隆男

82 **人種差別の世界史**

白人性とは何か？

2011　＊398-1　四六上製　274頁　￥2300

差別と平等が同居する近代世界の特徴を，身近な問題（ファッション他）を取り上げながら，前近代との比較を通じて検討。人種主義と啓蒙主義の問題，白人性とジェンダーや階級の問題などを，世界史的な枠組で解明かす

Ch. ビュヒ／片山淳子訳

83 **もう一つのスイス史**

独語圏・仏語圏の間の深い溝

2012　＊395-0　四六上製　246頁　￥2500

スイスは，なぜそしていかに，多民族国家・多言語国家・多文化国家になったのか，そのため生じた問題にいかに対処してきたか等々。独仏両言語圏の間の隔たりから語る，今までに無い「いわば言語から覗くスイスの歴史」

坂井榮八郎

84 **ドイツの歴史百話**

2012　＊407-0　四六上製　330頁　￥3000

「ドイツ史の語り部」を自任する著者が，半世紀を超える歴史家人生で出会った人，出会った事，出会った本，そして様ざまな歴史のエピソードなどを，百のエッセイに紡いで時代順に語ったユニークなドイツ史

田中圭一

85 **良寛の実像**

歴史家からのメッセージ

2013　＊411-7　四六上製　239頁　￥2400

捏造された「家譜」・「自筆過去帳」や無責任な小説や教訓の類いが，いかに良寛像を過らせたか！　良寛を愛し，良寛の眞実を求め，人間良寛の苦悩を追って，その実像に到達した，唯一，歴史としての良寛伝が本書である

A. ジョティシュキー／森田安一訳

86 **十字軍の歴史**

2013　＊388-2　四六上製　480頁　￥3800

カトリック対ギリシア東方正教対イスラームの抗争という，従来の東方十字軍の視点だけではなく，レコンキスタ・アルビショワ十字軍・ヴェンデ十字軍なども叙述，中世社会を壮大な絵巻として描いた十字軍の全体史

W. ベーリンガー／長谷川直子訳

87 **魔女と魔女狩り**

2014　＊413-1　四六上製　480頁　￥3500

ヨーロッパ魔女狩りの時代の総合的な概説から，現代の魔女狩りに関する最新の情報まで，初めての魔女の世界史。魔女狩りの歴史の考察から現代世界を照射する問題提起が鋭い。110頁を超える索引・文献・年表も好評

J.＝C. シュミット／小池寿子訳

88 **中世の聖なるイメージと身体**

キリスト教における信仰と実践

2015　＊380-6　四六上製　430頁　￥3800

中世キリスト教文明の中心テーマ！　目に見えない「神性」にどのように「身体」が与えられたか，豊富な具体例で解き明かす。民衆の心性を見つめて歴史人類学という新しい地平を開拓したシュミットの，更なる到達点

W. D. エアハート／白井洋子訳

89 **ある反戦ベトナム帰還兵の回想**

2015　＊420-9　四六上製　480頁　￥3500

詩人で元米国海兵隊員の著者が，ベトナム戦争の従軍体験と，帰還後に反戦平和を訴える闘士となるまでを綴った自伝的回想の記録三部作第二作目 *Passing Time* の全訳。「小説ではないがそのようにも読める」(著者まえがき)

岩崎 賢

90 **アステカ王国の生贄の祭祀**

血・花・笑・戦

2015　＊423-0　四六上製　202頁　￥2200

古代メキシコに偉大な文明を打ち立てたアステカ人の宗教的伝統の中心＝生贄の祭りのリアリティに，古代語文献，考古学・人類学史料及び厳選した図像史料を駆使して肉迫する。本邦ではほとんど他に例のない大胆な挑戦

藤川隆男

91 **妖獣バニヤップの歴史**

オーストラリア先住民と白人侵略者のあいだで

2016　＊431-5　四六上製　300頁＋カラー口絵８頁　￥2300

バニヤップはオーストラリア先住民に伝わる水陸両生の幻の生き物。イギリスの侵略が進むなか，白人入植者の民話としても取り入れられ，著名な童話のキャラクターとなる。この動物の記録を通して語るオーストラリア史

ジョー・グルディ＆D.アーミテイジ／平田雅博・細川道久訳

92 **これが歴史だ！**

21世紀の歴史学宣言

2017　＊429-2　四六上製　250頁　￥2500

気候変動を始め現代の難問を長期的に捉えるのが歴史家本来の仕事。短期の視点が台頭する今，長期の視点の重要性の再認識を主張。歴史学研究の流れから，膨大な史料データ対応の最新デジタル歴史学の成果までを本書に

杉山博久

93 **直良信夫の世界**

20世紀最後の博物学者

2016　＊430-8　四六上製　300頁　￥2500

考古学，古人類学，古生物学，現生動物学，先史地理学，古代農業……。最後の博物学者と評されたその研究領域を可能な限り辿り，没後30年に顕彰。「明石原人」に関わる諸見解も紹介し，今後の再評価が期待される

永田陽一　野球文化學會学会賞受賞

94 **日系人戦時収容所のベースボール**

ハーブ栗間の輝いた日々

2018　＊439-1　四六上製　210頁　￥2000

「やる者も見る者もベースボールが本気だった」カリフォルニアから強制立ち退きでアメリカ南部の収容所に送られた若者たち。屈辱の鉄条網のなかで生き延びるための野球に熱中，数千の観衆を前に強豪チームを迎え撃つ

三佐川亮宏

95 **紀元千年の皇帝**

オットー三世とその時代

2018　＊437-7　四六上製　430頁＋カラー口絵２頁　￥3700

その並外れた教養と知性の故に，「世界の奇跡」と呼ばれた若き皇帝。彼の孤高にして大胆な冒険に満ちた儚い生涯と，「紀元千年」の終末論の高揚する中世ローマ帝国の世界に，今日のヨーロッパ統合の原点を探る旅

山﨑耕一

96 **フランス革命**

「共和国」の誕生

2018　＊443-８　四六上製　370頁　￥3000

「革命前夜のフランスの状況」から説かれる本書。１冊で，「革命」とは何か，複雑なフランス革命の諸々の動きと人々の生き方，共和国の成立からナポレオンの登場，帝政の開始までの，すべてを理解できる革命史が完成

ヒュー・ボーデン／佐藤昇訳

97 **アレクサンドロス大王**

2019　＊442-１　四六上製　234頁　￥2300

歴史の中に浮び上る真の姿。「西アジアで発見の重要文書から，アレクサンドロスは基本的に「西洋的な人物」であると考えなくなる」と，著者。最新の研究成果を踏まえ旧来のアレクサンドロス像に異議を唱えた入門書

トーマス・W.アルフォード／中田佳昭・村田信行訳

98 **インディアンの「文明化」**

ショーニー族の物語

2018　＊438-４　四六上製　300頁　￥3000

小さな部族のエリートが「白人的価値」と「インディアンの価値」の中で苦悩し翻弄されながら，両者の懸け橋を目指して懸命に生きた姿。アメリカ白人社会への強制的同化を受け入れ生き残る ⇒ 現代社会への問いかけ？

青木　健

99 **新ゾロアスター教史**

古代中央アジアのアーリア人・中世ペルシアの神聖帝国・現代インドの神官財閥

2019　＊450-６　四六上製　370頁　￥3000

10年前の本邦初の書下ろし(本全書79巻)が既に品切れて，全面改稿！　最新の研究成果と巻末に詳細な日本におけるゾロアスター教研究の現状を記録。旧版の良さを生かしながら，本来の諸言語の音を取り入れる

森田安一

100 **スイスの歴史百話**

2021 ＊462-9 四六上製 310頁 ¥2700

ヨーロッパの中央に位置するスイスの歴史は，周囲の大国との関係を無視して語ることはできない。あえて，いやむしろスイスから語った百遍の歴史エピソードから，連綿と続くヨーロッパの物語を浮かび上がらせた

桜井万里子

101 **古代ギリシアの歴史**

(2022年刊行予定)

2022 ＊445-2 四六上製 370頁 (仮)

永田雄三

102 **トルコの歴史**

(2022年刊行予定)

2022 ＊458-2 四六上製 370頁 (仮)

〈歴史・民族・文明〉

刀水歴史全書 100
スイスの歴史百話

2021年11月26日　初版 1 刷発行

著　者　森田安一
発行者　中村文江

発行所　株式会社 刀水書房
〒101-0065　東京都千代田区西神田2-4-1　東方学会本館
TEL 03-3261-6190 FAX 03-3261-2234 振替00110-9-75805

印刷　亜細亜印刷株式会社
製本　株式会社ブロケード

　ISBN978-4-88708-462-9　C1322

《著者紹介》

森田　安一（もりた　やすかず）

1940年東京・新宿に生まれる。東京大学大学院人文科学研究科博士課程中退，博士（文学）。専攻はスイス史・宗教改革史。東京学芸大学教授を経て，日本女子大学名誉教授

〔主要著書〕

『スイス　歴史から現代へ（地域主義・直接民主政・武装中立）』刀水書房 1980年，『スイス中世都市史研究』山川出版社 1991年，『ルターの首引き猫―木版画で読む宗教改革』山川出版社 1993年，『物語　スイスの歴史　知恵ある孤高の小国』中央公論新社 2000年，『スイス　中世都市の旅』（世界歴史の旅）山川出版社 2003年，『図説　宗教改革』河出書房新社 2010年，『木版画を読む　占星術・「死の舞踏」そして宗教改革』山川出版社 2013年，『『ハイジ』の生まれた世界―ヨハンナ・シュピーリと近代スイス』教文館 2017年，『ルター　ヨーロッパ中世世界の破壊者』(世界史リブレット人)山川出版社 2018年，『「ハイジ」が見たヨーロッパ』河出書房新社 2019年など

〔主要編著〕

『スイス・ベネルクス史』山川出版社 1998年，『スイスの歴史と文化』刀水書房 1999年，『岐路に立つスイス』刀水書房 2001年，『スイスと日本―日本におけるスイス受容の諸相』刀水書房 2004年，『日本とスイスの交流　幕末から明治へ』山川出版社 2005年，『ヨーロッパ読本　スイス』河出書房新社（踊共二氏と共編）2007年，『ヨーロッパ宗教改革の連携と断絶』教文館 2009年など

〔主要訳書〕

F.ビュッサー『ツヴィングリの人と神学』新教出版社 1980年，R.シュトゥッペリヒ『ドイツ宗教改革史研究』ヨルダン社 1984年，B.メラー『帝国都市と宗教改革』（共訳）教文館 1990年，U.イム・ホーフ『スイスの歴史』（監訳）刀水書房 1997年，H.キュング，J.チン『中国宗教とキリスト教の対話』（共訳）刀水書房 2005年，R. W.スクリブナー，C.スコット・ディクスン『ドイツ宗教改革』岩波書店 2009年，R.モッティーニ『未知との遭遇　スイスと日本 16世紀～1914年』彩流社 2010年，A.ジョティシュキー『十字軍の歴史』刀水書房 2013年など

索　引

Ⅰ．人名索引

ア　行

カ 行

サ 行

タ 行

ナ 行

ハ 行

マ 行

ヤ 行

ラ 行

ワ 行

Ⅱ．地名索引

ア 行

カ 行